教师可以不是名师
但不能没有自己的特色

孙海舰 著

杏坛流年

三十三载中学历史教学行与思

天津出版传媒集团

天津人民出版社

图书在版编目(CIP)数据

杏坛流年：三十三载中学历史教学行与思 / 孙海舰
著. -- 天津：天津人民出版社，2021.11
ISBN 978-7-201-17860-8

Ⅰ.①杏… Ⅱ.①孙… Ⅲ.①中学历史课—教学研究
Ⅳ.①G633.512

中国版本图书馆 CIP 数据核字(2021)第 235314 号

杏坛流年：三十三载中学历史教学行与思
XINGTAN LIUNIAN:SANSHISAN ZAI ZHONGXUE LISHI JIAOXUE XING YU SI

出　　版	天津人民出版社
出 版 人	刘　庆
地　　址	天津市和平区西康路35号康岳大厦
邮政编码	300051
邮购电话	(022)23332469
电子信箱	reader@tjrmcbs.com

责任编辑	吴　丹
封面题字	陈　健
封面设计	秦晓明
美术编辑	汤　磊

印　　刷	天津新华印务有限公司
经　　销	新华书店
开　　本	710毫米×1000毫米　1/16
印　　张	19.75
插　　页	2
字　　数	284千字
版次印次	2021年11月第1版　　2021年11月第1次印刷
定　　价	56.00元

◎ 历史教研活动剪影

邀请天津历史名家指导教学

举办教师继续教育讲座

与高中统编教材编写者对话

与北京专家进行听课交流

带领历史组开展课题研究

◎行走在历史与现实之间

守望海疆·威海刘公岛

古刹听禅·南京鸡鸣寺

无言的诉说·北京圆明园

古村寻踪·安徽西递

静谧的古战场·内蒙古乌兰布统

沧桑记忆·天津望海楼

本书为北京师范大学天津附属中学资助项目

序　一

　　辛丑暑期,孙海舰老师发来联系信息,盛邀本人为其即将出版的专著《杏坛流年:三十三载中学历史教学行与思》(以下简称《杏坛流年》)作序。翌日,又亲自登门详谈托付,并送上印制装帧精美的书稿打印稿。本人心念历史教育同仁出版专著,实乃幸事,能受托为之作序,亦不胜荣幸,便欣然应允。

　　海舰老师为世纪之交参加教育部"跨世纪园丁工程"国家级培训的历史学科省市级骨干教师,引进调入天津市后,则为河西区乃至天津市中学历史教学界一线骨干名师。但他一向不事张扬,踏实任教,埋头实干,故不为更多同仁了解。本人也是在很长时间内,仅仅知道他是天津市引进的历史教师,直到近些年才因一些偶然因素与其有所接触了解。因同有摄影爱好,我们曾于业余时间一起参加天津《每日新报》摄影俱乐部的摄影活动。2019年暑期,本人受托参加北京课程建设项目,组织天津老师设计、录制(历史学科)网络课程,经河西区教研室郎老师推介,邀请海舰老师承担一个类型课的设计制作任务。课程的详细脚本和资料几经修改业已完成,最初因赴京录课周期太长,档期分散,一再推延,随后因疫情发生,海舰老师这门课也被无限期拖延下来。网课录制虽无果而终,但期间他勤于思考、虚心学习、严谨认真、精益求精的治学态度,给我留下了非常深刻的印象。

　　海舰老师20世纪80年代毕业于哈尔滨师范大学历史系,先后在大庆五十六中、北师大天津附中任教,有着三十余年教龄,一线历史教育教学及研究经验丰富、积淀深厚,身兼诸多教职,获得诸多省市级荣誉称号和奖励,既教书,又育人,深受学生爱戴,有着"孙叔"的美称。在他的教育教学生涯中,时时处处浸透着踏实、执着、实干的精神,海舰老师谦称自己是"土八路""实干家",当然是他踏实执着的真干、实干的精神体现。本人以为,这种真干、实干的精神既富传统内涵,又具现实意义,是基础教育一线教师的一种极其难得、极其宝贵的精神品质,是一种财富。

因暑期忙于参与准备天津师大师范认证的各类材料及其他琐事,又接连安排列入计划的外出活动,所以海舰老师的《杏坛流年》书稿是在断断续续中读完的。翻读着书稿,扑面而来的是作者满满的读史治学精神、历史教育者的一腔情怀:深沉的激情、特有的温情……

《杏坛流年》全书分为"课堂教学研究""教师专业发展""高考复习攻略""文史交融"和"教学随笔"五个板块,收录作者教育教学论文、史学学术研究论文、教学设计案例与反思评析、学访考察报告、科研项目结题报告、教研工作总结、教育活动讲话稿、教育教学随笔等四十余篇,涉猎广泛,类型多样,内容丰富,几乎囊括了海舰老师三十多年教书育人生涯的"行与思"。无论是短短几百字的感言,还是洋洋洒洒上万字的教学、学术论文,均真实可信,言之有物,是源自作者教育教学与研究亲身实践的真知灼见。浏览、细品著述文字,节节闪亮,篇篇耀眼,颇有目不暇接之感。

在"课堂教学研究"板块,既有类似"讲、练、评三到位"、发挥师生"双主"作用"提高历史课堂教学效率"等这样微观教学环节方法和技能方面的实践研究,也有关于"注重学生学习方式的变革与能力训练"、通过《第一次世界大战》一课的教学反思、变革"一言堂""满堂灌"的历史学科教学方式与学习方式的思考与实践探究;既有按照新课程理念、思路与方法进行的重要教学课题设计和单元教学设计的理论与操作的研究,也有新世纪素质教育下的历史学业评价体系的研究等。其中很多研究虽开展于二十年前的世纪之交,但其内涵的教育教学理念至今仍具有重要现实实践意义。

在"教师专业发展"板块中,收录了作者赴澳大利亚学访培训后对"爱国主义教育"的反思、高中历史新课程培训的收获与困惑(思考)、史料教学设计实施研究、历史教学立意研究、高中学生历史学习心理与自主学习能力培养及对策研究、新课程下的校本教研等,反映出海舰老师从教育思想、教育理念、教学策略方法,从学科教育教学研究到学科教研管理的多视角的实践思考,体现出海舰老师全方位开展研究,促进自身全方位专业成长,并成为学生"明师"的成长历程,对一线教师如何实现综合发展,成为教育教学骨干,颇具借鉴意义。

高中教学的重心,离不开高考复习教学,因而在"高考复习攻略"板块,收录了海舰老师通过实干实践而取得的若干宝贵经验和做法。如文科班"一轮"复习的三个"着力点"、"一轮"复习的"变"与"不变"、高三历史复习中的"示范"与"模仿"等教学方式方法,以及结合时事热点编制试题的命题研究、历史试卷(考试)讲评课研究、规范答题过程与"选择题满分"的学生临场解题技能策略方法研究等,反映了海舰老师新世纪以来以历史学科能力训练和以学科核心素养统领的高考复习教学的思考、研究与实践,对高三历史教学具有实践借鉴价值。

"文史交融"板块,虽然仅收入四篇文稿,但却是笔者最欣赏的内容之一。这里反映了海舰老师作为专业历史学科教师的学术专业研究过程及其成果。其中,收入的本科毕业论文,是作者在后来执教生涯中,于繁忙教学工作之余坚持进行历史学术研究和撰写的原生动力和起点,也说明,本科学习阶段为海舰老师日后的教学研究奠定了学术的基础,并产生积极影响。"绝代清官于成龙""乾隆'千叟宴'",为历史人物梳理与评述;"廉洁文化润泽心灵"讲座稿,从传统历史文化视角研究和颂扬廉洁的美德,在校内外连做多场主题讲座,反响热烈,深受好评。据此可见海舰老师非常善于结合史学及历史文化,思考社会现实问题,并通过讲座、讲课,彰显历史学的魅力、历史教师的风采与修养,为历史学科和历史教师加分增色。

"教学随笔"板块,收集了海舰老师结合教育、教学、教研、工作、生活的所思所想，文章不拘形式，内容广泛，寓意丰富。"一个中学教师眼中的'三十年'"，以"写史"的思维和笔法，呈现了一位改革开放三十年的亲历者的人生感悟，颇具历史味儿，也极有深度；"上海、苏南教育考察报告"，记录了二十年前中国经济社会发展前沿地区学校改革发展状态、理念、智慧及作者受到的启发和思考，可见作者作为当时历史教育名师的成长足迹；赴澳洲教育考察报告（前文提及）的同类文章"发挥历史育人功能，培养学生责任意识"，可见作者极其重视学习、思考与教育教学实践的结合；随笔中仍见教学反思和对校本教研的总结与感悟，对新时期新课改背景下，如何发挥学科带头人作用，带动学科教师同伴互助、共谋发展，海舰老师也有着自己的深入思考与成功实践。这部分还收录了作者在高中新生入学典礼、高三毕业典礼、学校新学期开学典礼上的讲话稿，字里行间，散发着深沉而饱满的教育情怀、教师情怀。电视剧《奠基者》观后感，则勾起作者十五年"大庆人"的人生经历，表达了对大庆油田前辈的敬意及自己"曾为大庆人"的骄傲与自豪。本板块的收官篇——"假如来生自主择业——从教三十年感言"，表明了深受学生爱戴的"孙叔"义无反顾选择教育、选择教师乃至历史教师的朗朗心志，读来令人动容。

《杏坛流年》一书的一个细节和亮点是，在每篇文字末尾，均配有一段与正文内容相关的文字，短则几十字，长则数百字，或交代文章写作、发表的年代背景，或做文字内容的补充说明，或为作者收录整理该文时的追忆、反思和感怀，成为正文的一个密不可分的组成部分，借此可了解作者文章的主旨、内涵，窥见作者学术研究和教育教学历程中的所思所想。绝大多数文字极富情感和感染力，也很有价值。

总之，本书是海舰老师三十余年历史教育教学及教坛生涯的实践经验与理论研究、思考的结晶，是一份很有价值的宝贵财富。本书对历史教育、教学同仁研究中学历史教育、教学、教研，提升历史教师专业素养，尤其对中学新入职教师、青年教师熟悉了解跨世纪三十年历史教育、教学发展历程，汲取历史教育、教学、教研的智慧,实现个人专业成长发展,大有裨益,同时,作为中小学教育、教学、教研和教师培训的参考资料,也具有一定借鉴意义和价值。

全国历史教师教育专业委员会常务理事

天津市教育学会历史教学专业委员会副理事长

天津师范大学教育学部教授　陈志刚

2021年8月15日

序　二

　　我校历史学科组长孙海舰老师的新书《杏坛流年：三十三载中学历史教学行与思》即将出版，孙老师委托我为这本专著写一个序。我很高兴，也很荣幸。

　　在附中，不论是学校年轻的老师，还是教与没教的学生，凡是认识孙老师的，除非特别正式的场合，大多都会亲切地称呼他——"孙叔"。这个雅号由哪届学生率先叫响已不可考，但其中包含的敬重与爱戴却与日俱增。

　　博大的爱心，是他忘我工作的不竭动力。他把自己对学生的满腔热爱，落实在点点滴滴的行动上，潜移默化地影响和激励着每一个学生。无论是"文科生活漫谈"的讲座，还是第一次历史作业上给每一个同学的寄语；无论是考试之后给进步学生准备的小礼物，还是对学习暂时有困难的学生的关爱和鼓励，时时处处都体现着他对党的教育事业的热爱。他为人低调，不事张扬，认认真真教课，老老实实做人，其学识、风范和个人魅力，逐渐成为学校师生心目中的一个标杆。

　　孙老师教学成绩优异，这得益于他在教学实践中善于思考、善于发现、善于科研。在他的办公桌上，教育理论书籍和历史教学刊物随手可及，这为他改进教学提供了助力。他不拘泥于教材表述，常常就教材和教学中出现的问题进行研究，提出独到的见解。他常说的一句话是"课比天大"，所以他总是以敬畏之心研究每一节课，上好每一节课。直到今天，作为一个三十多年教龄的老教师，在上课之前，他仍然会花大量的时间精心备课，重写教案。他使用过的历史教材，字里行间写满了自己的感悟和注解，对很多章节的注释，其文字量甚至超过原文的字数。

在学识上，他征服了学生；在学风上，他带动了学生；在人格上，他影响了学生。现在，每教一届，孙老师都会收获不少的粉丝。很多原本不喜欢历史的学生，对历史的态度也由"斜视"和"轻视"，逐渐变为"正视"和"重视"。在他的影响下，每届毕业生都有人报考历史专业，其中一些学生已经成为他的同行和挚友。

孙老师是河西区人民满意教师标兵，还是天津市师德先进个人，有着多方面的影响力。作为历史学科组长，孙老师的学术精神影响并带动了自己的团队。只要有历史老师作课，他都会组织全员参与。"附中出品，必是精品"是历史学科组的原则和标准，"勤奋进取，潜心研究，精诚合作，共谋发展"是历史学科组的学术生态。在孙老师的带领下，历史学科组在教育、教学、科研上全面开花，成就斐然。他们多次承担市级、国家级课题研究，先后有数十篇论文发表或获奖；在市区级教学比赛中获得十几项一等奖；陈小兵和陈艳这两位当初的青年教师代表天津，在全国历史教学专业委员会优质课和说课大赛中分别夺得一等奖。

今天，翻阅着手中厚厚的手稿，心里很替孙老师高兴。教学三十三年，孙老师始终坚持在教学第一线。他的文章，没有故作高深的理论和概念，却有着鲜明的个人风格和很强的实用性，一看就是长期在一线深耕的结果。他坚持把"课堂教学探究"和"教师专业发展"两个栏目放在最重要的位置，还非常用心地给每一篇文字写了后记，或介绍写作的相关背景，或补充新的感悟，娓娓道来，字里行间渗透着对学科教学的热爱、执着与坚守。

华东师范大学教授聂幼犁先生曾经说过："教师的文章离不开课堂，离不开课堂教学中发生的故事。这是教师拥有的'专利'，是所有专家无法取代的'先天'优势，只是需要平时不断积累。"我觉得，这本书就是这番话的最好证明。这是一个有情怀的中学教师对教学艺术不懈的追求，是一名一线优秀历史教师成长的记录，更是他杏坛三十三年"行"与"思"的智慧结晶。

希望这本著作能早日出版,让更多的同仁从中受益。同时,也真心希望更多的教师积极加入教育教学研究中来,研究教学实践中的实际问题,从教学实践中汲取经验,改进办法,总结规律,不断提升,走出自己的名师之路,开创教育教学更加美好的未来。

北京师范大学天津附属中学办学集团总校长

北京师范大学天津附属中学校长 杨伟云

2021年8月6日

前　言

　　1988年7月，我从哈尔滨师范大学历史系毕业。毕业后，先后在黑龙江省大庆市第五十六中学和北京师范大学天津附属中学（按：本书所提"附中"即指此校）任教。似乎是弹指之间，从事教育工作已经三十三年。

　　三十多年来，我一直兢兢业业地工作在教学第一线。在这期间，我担任过十四年班主任，辅导过九届高考，还兼任过二十四年历史学科组长。我的工作态度和教学成绩得到了学生、学校、家长和社会的认可，《大庆教育》、大庆教育电视台、河西有线电视台、《天津教育报》等多家媒体曾对本人进行过专题报道。2015年7月，我所任教的北京师范大学天津附属中学策划出品的微电影《"孙叔"的故事》，在河西区教育局"师德建设行动"启动仪式暨师德楷模微电影首映式上首映，并在教育局网站进行展播。这既是对我以往成绩的充分肯定，也是对我以后工作的有力鞭策。

　　我酷爱历史教学，能站在历史讲台上，是我最大的乐趣。我以为，一个好的历史教师，不仅要具有一线教师的实践精神，还应具有学者的探究精神。因此，在忙于教学实践的同时，我也时常把教育教学过程中的所思所想凝结成文字。

　　为了铭刻这些记忆，也为了激励自己更好地前行，我把从教以来发表过的文章结集出版，并将书名定为"杏坛流年"。这本集子汇集了一位普通一线教师三十三年教坛深耕的所思所想，也在一定程度上反映了我自己的生活态度和教育情怀，为此我又加了一个副标题——三十三载中学历史教学行与思。

本书具有比较鲜明的个人特色和较强的实用性，全书分课堂教学研究、教师专业发展、高考复习攻略、文史交融、教学随笔等五个部分，共收录四十余篇文章。一些论文发表时间较早，有些观点和内容未必与当下的语境和说法完全吻合，但所论述的问题依然具有一定的现实意义。故在收入本书时，除对个别文字进行必要的订正或微调之外，基本保持着论文发表时的原貌。当然，在收录的每篇文章后面，我都特意补加了后记，交代文章的相关信息，并对文章内容进行适当的拓展和延伸。

由于水平有限，书中不成熟甚至错漏之处在所难免，期盼读者朋友不吝赐教。

目　录

课堂教学研究

教师专业发展

高考复习攻略

文史交融

教学随笔

课堂教学研究

假如每一位中学教师都从改变自己的课堂开始，还原历史的趣味性和丰富性，学生就会喜欢历史课，历史教学的面貌就会出现极大的改观。

——《历史教学》原主编、天津师范大学教授任世江

有什么样的教师就有什么样的教育，有什么样的教育就有什么样的学生。只有成功的教师，才能培养有成功感和为成功而执着奋斗的学生。

——海河中学校长、天津市历史特级教师卞永海

讲、练、评三"到位"

讲课、练习与试卷讲评,是教学与复习的三个重要环节。由于高中历史教学与复习时间紧、内容多、任务重,因此,实际教学中往往会出现诸如死扣课本满堂灌、训练大搞"题海战"、试卷讲评对答案等弊端,影响到复习的效果。那么如何正确地对待这三大环节,扎扎实实地提高学习成绩? 本文试从以下三个方面进行说明:

一、讲课起点要高,知识传授力争到位

这里所说的"到位",包含着密切相关的三个方面:

(一)超越教材认识,力争观点准确

这一点,突出地表现在世界近代现代史教学中。历史教学的一个显著特点就是观点统率材料,史论结合。而现行世界近现代史教材,已是多年未变的老面孔,观念滞后现象严重,与当前高考命题者的认识存在较大差距。高考命题人曾多次明确表示,绝不会在学术观点上迁就陈旧的甚至错误的东西。相反,他们往往利用考试来促进中学教改。如1993年"三股进步的历史潮流"、1994年"1789年革命与1848年革命的主要不同之处"等高考试题,就已突出地显现了这一点。这种状况既然不是我们中学老师所能扭转的,现阶段我们只能面对现实,千方百计地搜集大学教材,尤其是命题人的论著加以研究,力争在观点上、认识上与高考命题人尽量接近,使知识的传授和能力的培养从一开始就在高起点上进行。如资本主义制度的历史进步性问题,对帝国主义腐朽性的再认识问题,对门罗主义、苏德互不侵犯条约的重

新评价问题，以及垄断组织的进步性等问题，史学界已有全新论断，命题人论著中也有明确表述。因此，在这些观点上，我们就应尽量与命题人保持一致，否则就必然在高考中吃亏。

（二）重视知识梳理，形成科学的知识结构体系

历史知识结构，是指历史知识之间的相互联系。历史教学内容如此之多，异常散乱，要想加以准确记忆和深入理解，就必须使学生掌握科学的知识结构，弄清知识之间的内在联系。在设计板书时，教师最好能用大小括号将有关内容按从属或并列关系联结起来，把一个个孤立的知识点纳入历史发展的整体中来，给学生以清晰深刻的印象，形成完整的知识结构体系。使散见于教材中的琐碎知识有机地连成一个整体，这对于学生深入理解和准确记忆主干知识无疑是有益的。

（三）补充重要知识，深入挖掘内在联系

教材的表述，由于受篇幅限制，往往是简单的。知识之间的联系往往需要我们教师去挖掘和分析，有时也不得不补充一些相关的材料，以使讲授更清楚一些。如在讲帝国主义国家德国时，我就向学生介绍了德国统一后，俾斯麦长期控制首相大权。他的对外政策是典型的"大陆政策"，即把同欧洲大陆各国处理好关系，防止法国复仇作为重点，而不主张在世界范围内扩张，以免造成新的矛盾。但向帝国主义阶段过渡时，俾斯麦的这种相对保守的对外政策已不能再满足垄断资产阶级的要求。尤其是1888年，新皇帝威廉二世继位，他积极向世界扩张，与俾斯麦政见不合，俾斯麦终于在1890年递交辞呈。从此，德国开始向世界扩张，"要求日光下的地盘"，要求重新瓜分世界，从而同殖民地最多的英国产生尖锐的矛盾，并最终导致以英德矛盾为核心的两大军事侵略集团的产生。这样分析，就使学生对知识的内在联系有了更深刻的认识。

再比如讲工业革命的后果时，我不但根据教材归纳出工业革命的三大后果，即它使生产力迅猛发展、东方从属于西方，以及两大对立阶级产生，而

且还继续分析：随着生产力的迅猛发展，工业资产阶级力量增强，他们要改变工场手工业时期或前资本主义时期的生产关系和上层建筑，于是引发了19世纪中期资产阶级改革或革命的潮流；由于英法等国加紧掠夺殖民地，引起了殖民地、半殖民地人民的强烈反抗，从而引发了民族解放运动的潮流；由于社会日益分裂为两大对立的阶级，而他们从产生那天起就不断斗争，从而出现了工人运动和社会主义运动的潮流。然后，再引导学生回看教材目录，弄清各章节内容分别属于哪股潮流。经过这样的挖掘和分析之后，整个教材有机地融成了一个整体。

二、练习讲求实效，习题训练到位

（一）由浅入深，狠抓基础，注重能力

从知识的掌握方面来说，必须从基本的知识练起。如果操之过急，一开始便做大题难题，势必造成一些同学的畏惧和厌学心理。因此，训练还是应夯实基础，多做中小型的基础题，且贯穿于教学的全过程。扎扎实实地搞好量的积累，为质的飞跃铺平道路。实际上高考题中也常常出现由基础题组合而成的试题，如1993年"说明世界反法西斯联盟形成的原因、时间，指出联盟形成后采取的重大军事行动，简述美、英、苏三国政府首脑举行的重要国际会议及主要成果，评价反法西斯联盟在第二次世界大战中的作用"一题，即是典型的数个基本题的组合。因此，我们可以在训练中小基础题的基础上把几个相关的基础题进行合理组合。由于学生对这些基础题比较熟悉，在此基础上答较难一些的大题自然比较顺手，进而增强了学生学习历史的信心。

（二）练习形式多样

除作业练习和课堂问答之外，还应侧重训练学生的动手能力和解题思路。在专题训练或平时训练中，把一些重要的专题归类任务分配给学生，让学生自己动手整理。这种做法，既完成了繁杂的专题复习任务，又节省了时

间,取得了较好的复习效果。至于每日一题活动,即每天给学生选择一道较好的题,由学生轮流抄于黑板上,以训练答题思路,第二天答案上墙,根据反馈情况进行适当点评。因这些题多由教师精心选出,尽量覆盖教材各重点章节,且在题的质量上较有保证,效果不错,因此很受学生欢迎。

(三)精心命制各阶段考试题

考试是更高级的练习。一般在题型方面应与高考保持一致,但根据教学与复习的不同阶段,在内容方面应有所侧重。高二阶段侧重夯实基础,适当进行能力训练。高三则侧重进行能力训练,兼顾基础复习。在高三的三个循环中,每一循环的试题都要明显地体现该循环的特点,进行扎扎实实的训练。第一循环单元复习题,在能力培养的基础上要照顾到单元的边边角角,并体现出该单元历史事件的阶段特征;第二循环专题复习题,则尽可能纵横联系,左牵右连,以开阔学生视野,能力要求自然应大大加强;第三循环综合复习题,则重在进行考前模拟,利用典型的类型题进行解题和应试能力强化训练。

三、重视试卷讲评,力争讲评到位

讲评是考试环节的重要组成部分,尤其是高三阶段的试卷讲评,具有非常重要的、特殊的意义。每次考试后由试卷反映出的学生复习中的得与失、成绩与不足,只有通过认真的总结讲评来解决。只有通过及时的讲评、全面的总结、科学的分析,才能及时发现和弥补知识的缺陷,夯实、巩固基础知识,提高审题和解题能力与技巧,从而提高复习的质量。因此,在讲评中,教师应尽量做到以下几点。

(一)有的放矢,重点突出

讲评试卷绝不可不分主次地对答案。必须重点突出,有针对性,才能真正起到讲评的作用。这就需要教师在讲评前进行认真批阅并作精心的准备,逐题统计失分情况。对出错率相对较低的不予讲评,只有部分同学出错的可于课下个别进行,或适当点评。只有对错误率较高的题才集中精力重点讲评。这样一方面节省了时间,更重要的是出错率高恰恰说明该题学生没有掌握好,学生也特别迫切地要求弄明白这样的地方,因此最值得我们下大力气去解决。

比如,1848年法国革命的任务是:

A.解决工人阶级的经济要求　　B.解决工业资产阶级的政治要求

C.解决工人阶级的政治要求　　D.解决国家体制的变革问题

此题在考试中学生的答案较分散,正确答案应为B,多数同学选择的是A或C。可见这一难点题学生掌握得普遍较差。因此,我们在讲评时把这道题作为一个重点,进行了深入讲解。首先回忆工业革命的后果之一,生产力迅猛发展,新兴工业资产阶级壮大,要求改变旧的生产关系和上层建筑,从而在1848年发生革命。然后,重申1848年欧洲革命的性质,再把法国革命置于1848年革命的大背景中去理解。这样,教学中的一个难点通过试卷讲评而最终解决。

(二)分析不足,查找原因

答卷失分的主要原因大致有以下几个方面:一是知识欠缺(如答不出或答错),二属能力欠缺(如分析不透、表述不清),三是审题失误(如未看清题意和答题要求),四是技术性失分(如笔误等)。讲评时应结合有代表性的试题及学生的典型答案,进行深入分析,使出错学生在较深层次上弄清自己失误原因,明确自己的主要缺陷和今后的努力方向,从而更有针对性地进行复习。

(三)传授方法,培养解题能力

解题方法的指导和训练是非常有必要的。但专门安排方法指导课,则往往缺少针对性且效果也未必很明显。而在讲评试卷时,由于能结合具体试题及学生答题情况进行有针对性的指导,比如结合审题失误讲审题方法,结合答题弊病强调答题要求等等,效果自然会更好一些。如能补充典型试题进行学以致用的即兴训练，学生的积极性会更高。

上好一次试卷讲评课所费的时间，往往会超过一次考试的时间。由于必须进行精心的准备，才能讲有内容，评有针对性，教师的工作量明显增加了。但从效果上看，我觉得这样的讲评收效最大，因而多付出一些也是值得的。

总之，讲、练、评是教学过程中相互依存、缺一不可的三大环节。如能切实抓好讲、练、评这三大环节，正确地处理好这三者的关系，文科班历史教学与复习就一定能取得令人满意的成果。

（1988年7月，我从哈尔滨师范大学历史系毕业后，被分配到大庆市第五十六中学，任教高一年级历史。开学不到两周，由于初中一位语文老师调出教育系统，我被学校领导紧急安排到语文组救急，担任初中语文老师兼班主任。六年之后，1994年，我才得以重返历史组，回到我的历史课堂。当时高考命题比较超前，与中学教材和教学严重滞后的巨大反差，让无数师生痛苦不堪，我这个重新归队的历史组新人更是在困惑和迷茫中不断挣扎。1996年，在忐忑中送走我的第一届高三毕业班，幸运的是，我校历史高考成绩竟然名列大庆市前茅。时任大庆教育学院历史教研员的王秀艳老师叮嘱我好好总结，并力荐我这个历史学科新面孔在大庆市高考经验交流会上介绍经验，因此成就了我在中学历史教学领域公开发表的第一篇文章。本文原载《中学历史教学参考》1997年第5期，并被中国人民大学书报资料中心复印报刊资料《中学历史教学》1997年第5期全文转载。）

如何提高历史课堂教学效率

课堂教学效率低下是目前中学历史教学中普遍存在的问题。在历史学科高考要求日益提高、教学时间严重不足的今天，提高课堂教学效率已成为培养学生学科能力与提高学生素质的关键。要提高课堂教学效率，备课到位是前提。教师在上每一节课之前，必须充分准备，吃透教学大纲与《考试说明》对本课的要求。必须立足教材知识，超越教材认识，根据当今高考的要求和学生的实际，精心设计好授课的每一个重要环节。只有在备课到位的基础之上，才有可能真正提高课堂教学效率。就其具体操作而言，必须充分发挥教师的主导作用与学生的主体作用。

一、充分发挥教师的主导作用

当前，历史高考命题是以《考试说明》为依据，以中学教材为依托，基本摆脱了中学教材的束缚，其考查的着眼点和着力点主要放在考查能力上，这对历史教师和考生的要求大大提高。因此，在历史课堂教学中，教师的主导作用主要应体现在改革教学内容和传授学习方法两个方面。

（一）改革教学内容

1.教授知识结构

所谓历史知识结构是指历史概念之间的内在联系及其结合方式，它是历史学科教学内容的基础。只有掌握了历史知识结构，才算真正掌握了历史学科知识及其体系，历史学科能力的培养和思想教育才有了切实基础和依托。因此，在设计板书和讲课时，最好将有关内容按从属或并列关系联结起来，把一个个孤立的知识点纳入历史发展的整体中来，给学生以清晰深刻的印象，从而形成完整的知识结构体系，这对于深入理解和准确记忆历史事实、认知和把握历史的活性与动态、认清历史现象的本质与特性、掌握历史发展的规律、汲取历史的经验和教训都是很有益处的。

2.扩充教学内容

众所周知，课本是教学内容的基本材料和基本依据，为教学活动提供了知识内容，反映了编者认同的史观和史识，对教学活动无疑具有重要的指导作用。然而，它也不可避免地有其局限性，科学性、准确性也不完善，其表述因受篇幅限制，往往是简单的，有些观点也陈旧滞后。仅仅凭这点书本知识，要想理解和掌握历史学科的知识，达到高考要求是远远不够的。因此，必须补充重要材料，优化教学内容。如我在讲《主要帝国主义国家》中的德国问题时，就向学生补充介绍了德国统一后，俾斯麦长期控制首相大权，他对外实行典型的"大陆政策"，始终同欧洲大陆各国和好，防止法国复仇，因而并不主张在世界范围内扩张，以免造成新的矛盾。但随着德国经济实力的上升，俾斯麦的这种保守的对外政策已不能再满足垄断资产阶级的要求。尤其是1888年，新继位的皇帝威廉二世主张积极向外扩张，与俾斯麦政见不合。久掌相权的俾斯麦终于在1890年递交辞呈。从此，德国的对外政策就由传统的"大陆政策"变为"向世界扩张"，也"要求日光下的地盘"，即重新瓜分世界，从而与殖民地最多的英国产生尖锐的矛盾。英德矛盾成为主要帝国主义国家之间最主要的矛盾，导致以英德矛盾的双方为核心的两大军事侵略集团同盟国和协约国的产生，并最终导致了一战的发生。在补充了德国对外政策的转变，进行了科学的讲解分析之后，这个教学难点就突破了，学生对其理解在理论上也提高了。

3.挖掘内部联系

目前，历史高考很少再考孤立的知识点，对知识点之间的联系却情有独钟。然而现行中学历史教材的表述过于浅显，知识点之间的联系只能靠教师去深入挖掘和分析。也只有如此，课堂教学才能达到对知识内涵进行实质性的分析，才能使所传授的知识体系化，使历史知识的理性与活性相续一。如《资本主义世界的工业革命》一章,根据教材表述,一般可归纳出工业革命的三大后果,即:使生产力迅猛发展、使东方从属于西方和两大对立阶级产生。在此基础上,我又进行了深入的挖掘和分析:(1)随着生产力的迅猛发展,工业资产阶级力量增强,他们要改变工场手工业时期或前资本主义时期的生产关系和上层建筑,于是引发了19世纪中期资产阶级改革和革命的潮流;(2)由于英法等国加紧进行殖民掠夺,引起了殖民地、半殖民地人民的强烈反抗,从而引发了民族解放运动的潮流;(3)由于社会日益分裂为两大对立的阶级,即工业无产阶级和工业资产阶级,而这两大对立阶级从产生那天起就相互斗争,从而出现了工人运动和社会主义运动的潮流。然后,再引导学生阅读教材目录,弄清教材所列内容分别属于哪股进步的历史潮流。经过这样的挖掘和整理,世界近代史的三大线索被清晰地勾勒出来,整个教材内容有机地融为一体,从而提高了课堂教学的效果。

4.提高认识水平

思想教育是历史教学的三大任务之一。进行思想教育的主要目的就是提高认识,这是目前历史高考的主要内容之一,同时也是历史高考难度大的重要原因。这种认识主要来自两个方面:一是中学历史教材上已有的观点;二是高于教材的史学界的新观点,尤其是高考命题人的观点。后者突出地表现在世界近代现代史教学之中。众所周知,历史教学的一个显著特点就是进行史论教学。然而1998届高三仍将使用的老教材,观点滞后现象非常严重,与当前高考命题人在认识上存在较大差距。命题组权威人士多次表明,高考命题绝不会在学术观点上迁就陈旧的甚至错误的东西。相反,他们往往利用高考来促进中学教学改革和教材改革。例如1993年"三股进步的历史潮流"、1994年"恩格斯修改自己的预言"、1995年"法国1848年革命的根本原因"及1996年"分析法国1789年革命与1848年革命的主要不同之处"等高考试题,就已清楚地证明了这一点。

再如资本主义制度及垄断组织的历史进步性问题、对帝国主义阶段的重新评价问题、对苏德互不侵犯条约的再认识问题等等,史学界已有了全新的观点,高考命题人也有专著论述。因此,我们必须尽力搜集大学教材,尤其是高考命题人的论著加以研究，大胆舍弃现行中学历史教材的陈旧滞后观点，使知识的传授和能力的培养从一开始就在高起点上进行，否则，就无法向学生传授科学准确的历史知识，进行正确的思想教育，高考中还会因观点错误而失分。令人欣慰的是，世界史教材的修订版已经出现，并在高一年级使用，高三复习中不妨拿来参考。

（二）传授学习方法

历史教学任务的完成是建立在学生理解和准确记忆的基础之上的。因此，在传授知识的同时必须渗透学习方法。这也是教会学生自己会学的关键。在具体教学实践中，我要求学生必须明确每个章节的重难点知识，并引导学生自己动手整理单元的知识体系，让学生对知识的纵横联系先自己进行分析整理，我在其基础上给予指导点拨。对史论结合、概括分析、文字表达等能力的培养，我则结合具体题目的解题指导，让学生自己归纳总结，使学生在具体的学习中积累并学会学习历史科学的方法，在分析—综合—总结的具体实践中学会学习。

二、充分发挥学生的主体作用

在课堂教学中，常有这样的情况：教师费了很大精力备课和讲课，但学生的吸收和巩固率并不理想。究其根本原因，我认为还是"重教轻学"的结果。教学本是"教"和"学"两个方面的有机结合，然而，在许多学校的文科历史教学中，教师基本上还是注入式地教，学生也只是被动地接受。因此，有不少老师的课讲得十分精彩，但这种"一讲到底"的办法，由于缺少了学生独立思考这一重要环节，知识是"灌"进来，而不是学进来的，因而达不到及时吸收、全面掌握的目的。

教育心理学的研究表明，学生的学习过程，必须经过大脑的分析、综合、比较、概括，通过独立思考去主动选择和获取知识。因此，在文科班历史教学中，除了充分发挥教师的主导作用外，还必须充分发挥学生的主体作用。关于这一点，我认为应抓好以下四个问题：

(一)培养兴趣,变被动接受为主动学习

只有课讲得生动有趣,学生才能产生兴趣。因此,教师运用生动的语言和准确的描述,创造历史情境,丰富教学内容,是提高学生学习历史兴趣,从而提高课堂教学效率的重要手段。例如在二战中占有重要地位的"诺曼底登陆"这一重大的历史事件,由于现行教材的表述过于简单,索然无味,如果照本宣科,学生肯定不会留下太深的印象,也无法激发起他们的兴趣。因此,在讲课时,我抓住诺曼底登陆中两个有趣的"出其不意"进行了讲解。一是登陆地点出其不意。英吉利海峡到诺曼底半岛沿途暗礁密布,航行相当困难,而诺曼底又非良港,不适于登陆,所以,德军根本未予重视,在此设防很少。而英美盟军恰恰选择此地作为登陆点。二是时间上出其不意。据德国气象军官预测,6月上旬英吉利海峡风急浪大,盟军绝不可能此时渡海。但美英气象部门经过更科学的计算后,精确地预测到6月6日和7日两天将出现难得的风平浪静的好天气。因此,当美英盟军向诺曼底半岛挺进之际,恰恰是德军最松懈之时,连其最高统帅隆美尔元帅也离开指挥部回国休假。正是由于这两个出其不意,美英盟军在诺曼底一举登陆成功,开辟了欧洲的第二战场,从而大大加速了法西斯德国的灭亡。从本节课的课堂效果来看,学生的兴致很高。在此,创设历史情境,丰富教学内容的做法无疑起了很大作用。

根据学校搞的调查问卷,在我教过的两届高二学生中,由于教第一届时教学语言平铺直叙,教学内容又局限于课本而很少引申,因此,喜欢上历史课的学生不到40%;而教第二届时,喜上历史课的学生已达80%以上,学习的积极性和主动性也有了明显提高。

(二)精心设问,引导学生积极思考

学生掌握知识是以积极思维为前提的,没有思维就无所谓学习了。启发学生积极思维的办法就是精心设问。在教学过程中,教师所提的问题既要有一定的思维力度,又不能高深莫测,使学生无从下手。如在讲完《帝国

主义的凡尔赛—华盛顿体系》一章中英国传统的"势力均衡"政策之后，我提出了这样的问题："英国政治家帕默斯顿说过：'我们没有永恒的盟友，也没有永恒的仇敌，只有永恒的利益。'请联系20世纪20年代以前英、法、德关系的有关史实，说明这一观点。"由于刚刚学完"势力均衡"政策，学生在此基础上进行积极思考，国际关系中的一个难点——英法关系问题——较好地得到了解决，学生的思维能力也有了一定的提高。

（三）调动学生，归纳总结学习方法

中学历史课内容繁多，时空跨度大，学生普遍反映学时容易记时难。为此，教师在传授学习方法的基础上还应尽量引导学生自己动脑动口动手，发现和总结适合于自己的学习方法。在课堂教学中，我还鼓励学生尝试列图表，把一些重要的专题归类列表任务分给学生，每人一个专题，分头整理，各负其责，教师把关，最后集中张贴，成果共享。这种做法既完成了任务，又节省了时间，对学生积极性的调动也起了一定的作用。

（四）训练思维，切实搞好知识迁移

培养学生思维能力是历史学的重要任务之一，也是高考考查的重点所在。在课堂教学中，如果教师只告诉学生某一具体的历史现象，即使讲得天花乱坠，学生也不过是死记结论，无助于新问题的解决。为此，必须教给学生分析问题的方法，训练其思维能力，使其能举一反三，学会独立地分析同类问题。如对文科班学生普遍感到难以把握的历史人物的评价问题，我们就曾以克伦威尔、拿破仑和林肯为例，进行历史人物评价的专项训练，并总结了评价历史人物的三条标准：一是，是否促进了社会的进步和生产力的发展，二是，是否顺应了历史发展的趋势，三是，是否符合当时的客观要求。

经过这样的训练和总结以后，80%的同学基本上能做到把历史人物放在特定的历史环境中去考察，从而比较全面、客观地评价历史人物。

　　（提高历史教学效率是历史教学和研究的一个永恒的主题。如何在有限的四十五分钟内夯实基础、培养能力、愉悦情感，其实更多的要到课堂之外，在老师的备课之中寻找答案。至于发挥学生的主体作用，虽是一个老生常谈的话题，但也是一个永远不会过时的话题。原载于《中学历史教学参考》1998年第5—6期合刊，后被中国人民大学书报资料复印中心《中学历史教学》1998年第5期重要论文目录索引收录。）

变换视角　重评历史

——高一历史研讨课实录

一、课堂导入

学习了中国近代史以后，总有一种感觉，就是教材中的中国近代史，实际上是以"中国革命史"为主线的。1840—1919年，是旧民主主义革命时期；1919—1949年，属新民主主义革命时期。这种以"中国革命史"为主线的传统做法，看待问题最常用的是进行"阶级分析"。这种方法固然有其合理的成分，但如果仅仅用这一种视角去研究和学习中国近代史，人们的思维很容易受到许多条条框框的限制，产生很多的弊端。

请大家看一道经典的高考问答题。

> 1999年高考问答题
>
> 关于洋务运动的历史作用，有不同的看法，大致是：主要是积极的，但也有消极作用；主要是消极的，但也有积极的作用。请按照自己的理解，说明你同意哪种看法并阐述理由。（注意：本题旨在考查独立思考能力、不论同意哪种看法，或者别的看法，只要有理有据，均同等评分。）

大家有什么感觉？

最近几年，史学界越来越多地变换角度看问题，尤其是以近代化的标准审视中国近代史上的一些问题。反映在高考之中，就是出现了一些开放性的试题。

高考命题人已经把史学界的一些新观点引入高考，可是中学历史教材中的观点却依然相对滞后。面对这种情况，我们怎么应对？我觉得必须"立足教材知识,超越教材认识",应该"变换视角,重评历史"。

今天我们这三个研究性学习小组要向大家汇报的,就是对洋务运动、清末新政、义和团运动三个历史事件的重新认识。

二、提出问题,各小组分别陈述本组研究成果

(一)关于洋务运动

教师:有人说洋务运动是中国近代化开端,其积极意义是主要的,也有人说洋务运动是维护清朝反动统治的一场自救运动,没有使中国富强,主要是消极的作用。那么,洋务运动到底做了哪些事情,我们应该怎样评价洋务运动呢? 请第一小组介绍一下他们的研究成果。

组长王健:我们小组主要成员有6人。本人担任组长。后面是我的亲友团。我们小组一致认为:洋务运动是中国近代化的开端。

所谓洋务运动,就是19世纪60—90年代中期,地主阶级洋务派进行的一场"师夷长技以自强"的运动。代表人物有中央的奕䜣,地方的曾、左、李、沈、丁、张等地方大员。在历时30多年的向西方学习的过程中,在顽固派的进攻中,洋务派做了很多的工作,把林则徐、魏源等人"师夷长技"的想法变成了现实。下面有请我们组员分别陈述各自的成果。

学生1:洋务运动期间,创办了大约20个近代军工企业,40个近代民用工矿企业,还修筑了477千米铁路,架设了沟通全国各主要省份的通信线路,在生产技术方面出现了工业文明的曙光。应该说,洋务运动为中国的近代化提供了物质条件。

学生2:洋务运动在一定程度上抵制了外国资本主义的经济侵略。它打破了中国市场上外国商品一统天下的局面,为中国经济逐步近代化迈出了关键的一步。最为典型的就是李鸿章于1872年在上海创办的轮船招商局。另外,洋务运动促进了中国资本主义的产生。随着洋务运动的兴起,一些官僚、地主和商人投资近代企业,于是产生了中国民族资产阶级。客观上为戊戌变法和辛亥革命奠定了初步基础。

学生3: 洋务运动为中国军事近代化创造了条件。洋务运动初期, 创办近代军事工业, 组建新式军队, 建立北洋水师、南洋水师、福建水师三支海军舰队, 使清政府抵御外国侵略的能力有所增强。

学生4: 洋务运动为中国培养了一批近代化的人才。洋务运动中举办的最成功、最有远见卓识的一项内容, 就是在封建文化教育制度上打开了一个窗口, 到1896年为止, 一共兴办新式学堂34所, 毕业的学生1000多人; 洋务运动中还派遣留学生出国, 整个洋务运动期间有200余人出洋留学。我们所熟知的詹天佑、冯如、严复, 还有唐绍仪等等, 都是其中的佼佼者。

学生5: 洋务运动使中国外交走向近代化。1861年, 清政府建立了中国第一个外交机构——总理各国事务衙门。总理衙门的建立, 意味着清政府开始放弃闭关锁国的政策, 顺应世界形势变化, 是适应国际交往需要的明智之举。

教师: 同学们的发言, 丰富了教材的内容, 也反映出了一些新的观点。在我们的历史教材上, 却缺少对洋务运动的评价。如果让你们小组来修订教材, 你们会怎样评价洋务运动?

组长: 我们要补充这样一段话: 洋务运动是中国近代化的开端。它虽然没有使中国走向富强的道路, 但是, 引进了一些近代科学技术, 培养了一批科技人员和技术工人, 在客观上刺激了中国资本主义的产生和发展, 对外国经济势力的扩张也起到了一定的抵制作用。

以上就是我们小组的主要研究成果。谢谢大家。

(二)关于清末新政

教师: 1901年1月29日, 正当西方列强在北京准备签订《辛丑条约》的时候, 逃亡到西安的清政府却发布了一道变法和改革的御旨, 宣布要参酌西法, 实行"新政", "以期渐至富强"。4月, 清政府在北京成立督办政务处, 作为推行"新政"的专门机构。此后, 逐步推出了一项又一项的"新政"措施。这就是"清末新政。"

那么, 教材中的"清末新政"是怎样表述的。历史上真实的"清末新政"

又是怎么回事呢?

我们应该怎样认识清末新政?

有请第二小组组长。

李裕组长:我们先请大家看教材第80页,阅读第一段。

教材上对清末新政的表述非常简略。不足100字,而且还是小字,可见对这段历史并不重视。清末新政在历史上的地位和作用其实是非常重要的。而且我们还认为,教材表述有误导作用,似乎清末新政就是从1901年开始到1905年结束。

实际上清朝最后的十年,都在进行新政。预备立宪也应是清末新政的一个重要组成部分。

教师:这的确是教材上的一个漏洞。你们都研究出了哪些成果呢?

学生1:我认为,清末新政的发生固然具有"为了应付严重的国内危机"自我挽救的意味,但并不能排除"自强"的要求。历史上凡是主持改革的统治者,都希望通过改革,尤其是借助改革的成果来巩固和加强自己统治地位。

学生2:我认为,教材表述过于简单。实际上在历史上清末新政改革的内容是非常广泛的。在政治、经济、军事、法制、社会、文化生活等领域都进行了改革,其广度和深度超过以前的洋务运动和戊戌维新。

例如清末新政期间的教育改革,奠定了中国现代化教育的基础,科举制度就是在新政期间废除的,一大批新式学堂就是这时创办的,现代教育体系就是新政期间确立的。

学生3:现代法律体系和司法制度也是在新政期间建立的,影响最为深远的是三个总结性的大法:《大清刑事民事诉讼法》《大清新刑律》《民律草案》。这为中国法律的现代化奠定了牢固的基础。辛亥革命爆发后,民国取代了清政府,可是这一系列法律却都保留了下来。

学生4:新式军队、警察制度,都是在清末新政中建立的,而且都和我们天津有关。

别组同学(插话):教材用了很大篇幅来介绍"预备立宪的骗局",你们怎么看"预备立宪的骗局"? 到底是不是骗局?

学生5：预备立宪主观上固然有"骗"的成份，但也不能说一点真东西都没有。我们知道，近代化不能单纯地理解为工业化，而至少包括三个方面：一是在生产力发展方面，由手工操作向机器生产的转化；二是在生产方式方面，由封建主义向资本主义转化；三是在政治方面，由封建专制向资产阶级民主共和转化。

我们认为，"预备立宪"，就是一次具有政治近代化性质的改革。

教师：根据是什么呢？

学生5：宪政就是民主政治。1908年，清政府颁布的《钦定宪法大纲》，虽然是由君主本人"钦定"的，仍规定皇帝有至高无上的大权，23条中有14条说的是"君上大权"，但君主的权利多少受到了法律的约束，《钦定宪法大纲》序言，就列举了人民的种种权利，包括参政、言论、著作、出版、集会、结社，以及人身不受侵犯等权利和自由。应该说这是一个不小的进步。

学生6：我补充一点。清政府在1911年裁撤军机处和建立责任内阁，虽然是被动的，而且后来被认为是一场骗局，但不可否认其中也确实包含着在体制上限制君权的要素。从他们准备召开国会和设立资政院、谘议局来看，也具有一定的立法权和监督权。

教师：请组长总结一下你们组的结论。

组长：我们小组认为，仅仅从目的和动机出发，来评价历史事件的作用，是不够的，清政府推行新政的目的，固然是为了挽救和维护自身的统治，但客观上，也为中国经济、文化、科技、教育、法制和军事等方面的发展创造了条件。

所以，我们应该充分肯定清末新政在中国近代化历程中的重要地位和作用。我们建议教材编者，重新编写这部分内容，至少把小字变成大字。

（三）关于义和团运动

教师：我们刚才讨论的，都是地主阶级进行的活动，19世纪末，农民阶级掀起了轰轰烈烈的义和团反帝爱国运动。我们天津就是义和团运动的重要活动地区之一。

那么对于这场失败了的农民运动,我们应该如何来看待? 如果说义和团运动带来的影响既有消极影响,又有积极影响,那么哪种更大一些? 为什么?

组长:义和团运动一直被当作反帝的英雄创举,教材上几乎都是从正面来论证义和团运动的伟大历史作用。其实只要仔细研究一下就会发现:义和团运动其实有很大弊端,它的历史作用也未必像我们原来想象的那样大。

教师:请说一说你们的根据。

学生1:最典型的,就是义和团散发的揭帖里有一段话叫"毁铁路,把线砍,旋再毁坏大轮船",这里针对和要破坏的就是近代科技。这体现了很大的落后性。

学生2:还有滥杀无辜。只要是"洋人"就一概杀掉,甚至有人悬赏杀外国人,连外国老人和小孩也不放过。另外,还有围攻外国使馆。荷兰、比利时、西班牙的使馆就被义和团放火烧掉,以至于后来签订《辛丑条约》的时候,八国之外,又增加了荷兰、比利时、西班牙三个国家。这些行为都具有狂热性和破坏性,是非理性的。

学生3:义和团运动失败以后,清政府与11个帝国主义国家签订的《辛丑条约》,使中国社会完全沦为半殖民地半封建社会。

外组同学(插话):面对外来侵略,我们难道不应该抵抗吗?

学生4:抵抗是必须抵抗的,关键是怎样抵抗。义和团运动中这种落后盲目排外,这种"灭洋"的抵抗方式,根本起不到阻止帝国主义侵略的作用,其结果只能是一场悲剧和灾难。不知大家看没看过一部电影,叫《神鞭》?神鞭的故事就发生在我们天津。主人公神鞭傻二参加了义和团。尽管武艺高强,但根本无法抵御敌人枪炮的打击,几乎全军覆没。最后,不得不换上双枪。

组长:综上所述,义和团的所作所为,尽管具有爱国主义的内涵,但不可否认,与中国近代化的历史潮流是背道而驰的,给中国社会带来的消极影响不容忽视。这就是我们的结论。

教师:三个小组的汇报都进行完了。看来同学们意犹未尽,尤其对于义和团运动,似乎还存在一些质疑,我们课下还可以做进一步的讨论。今天这种研究性学习方式对我们来说是一个全新的学习活动。我对大家在这次活动中的表现表示满意。现在我想知道,同学们在这堂课的学习过程中有什么收获?请历史课代表来进行一下本课小结。

三、课堂小结

历史课代表: 今天我们各研究小组从近代化这一新的视角,对洋务运动、清末新政、义和团运动进行了分析与评价,得出了与教材表述和认识不完全一致的观点,丰富了我们的学习内容,也提高了同学们分析问题的能力。更重要的是,我们得到这样的启示:对于历史上的同一个事件,站在不同的视角,可以得出全新的认识。今后的历史学习,要开动自己的脑筋,"不唯上,不唯书,只唯实"。用发展的眼光,全面地、辩证地、实事求是地分析历史现象,这样,才能真正地学好历史。

四、开放型作业

教师: 课代表总结得非常好。我也非常欣赏同学们展现出来的独立思考的潜能和勇气。尽信书不如无书,应该"立足教材知识,超越教材认识",尽量地还历史以本来面目。在中国近代史上,有一个颇具争议的人物。有人说他是镇压农民起义的刽子手,出卖民族权益的卖国贼;还有人说他是运筹帷幄的外交家,不可多得的改革家。

他就是晚清重臣——李鸿章。

请同学们"变换视角",对近代史上最具争议性的历史人物李鸿章进行重新评价,写一篇历史小论文。

参考题目:"我为鸿章鸣不平!"

(曾经有一段时间,我热衷于带着学生进行研究性学习,跟高中历史教材中的观点和表述较劲,还美其名曰"变换视角,重评历史"。学生对这种研究性教学和研究性学习也非常欢迎。那时候的中学历史教材观点陈旧,漏洞较多，很多中学老师对此虽有微词，但囿于资料的缺乏和观念的束缚，不敢过于质疑和颠覆教材表述。著名的高考命题专家、北京师范大学历史系教授刘宗绪先生曾直言不讳地说过：高考命题的一大任务，就是纠正中学历史教材中的错误。高考命题比较超前，与中学教材严重滞后的巨大反差，倒逼着一线历史老师改变自己的教学观、教材观。世纪之交，一份著名的历史教学刊物就中学历史教材中的诸多错误和争议之处专门征集文章，集中发表；人教社有关教材编者也曾出面进行辩驳。这件事在中学历史教学界引起巨大震动，当然也大大推动了此后一轮又一轮的中学历史教材改革。"变换视角，重评历史"这种做法，对于提高学生的历史学习热情，对于老师摆脱历史教材僵化的表述，对于运用所学知识解决实际问题，对于应对高考试题的挑战，当年，非常有效，今天，也未必过时。）

构建素质教育的历史学业评价体系

中学历史教学评价是历史教学的重要组成部分，它直接关系到教学质量的认定，影响到教学目标的确立和教学方法的选择。在由应试教育向素质教育转轨的今天，构建适应素质教育要求的中学历史学业评价体系，强化评价内容的全面性、评价方式的科学性和评价结果的准确性，是摆在历史教育工作者面前的一项刻不容缓的任务，不能不引起我们的思考。

一、传统历史教学评价的弊端

教学评价离不开考试，作为检测和反馈的手段，我们不能把考试作为应试教育和素质教育的分界线，考试不是应试教育的本质特征，素质教育也要用考试作为检测质量水平和反馈的手段。问题是在于把考试作为追求的目的，还是作为检测和反馈的手段；在于赋予它什么样的地位和作用；在于考核内容和方式是否有利于学生的全面发展。传统的考试存在极大的弊端，主要表现为：

第一，评价方法单一。书面知识型考试是传统的方法，对学生学业成绩的评价是依据每学期一次或两次考试的分数作为价值的判断。这种把教学成绩按一两次考试分数排队的单一评价方法，使基础教育的本质属性和基本特征逐步被扭曲，偏离了教育应有的方向，背离了教育教学的基本规律和青少年的身心发展规律，并在一定程度上破坏了教育教学秩序和规范，导致了学生素质的片面发展，甚至是畸形发展。

第二，评价内容片面。历史成绩仅靠一张试卷来评估显然是不够的。考试的内容局限于书本知识，学生的综合能力、学习效果、个性心理品质等就不能有效地得到检测。因此，长期以来，课堂教学不讲效率，只靠延长学时和加大作业量；不讲能力培养，只靠机械重复和习题堆砌；不讲教学艺术和现代化教学手段，只靠满堂灌、填鸭式、生塞硬给；不讲教学的针对性和层次性，搞一个标准，全力应付考试。由于忽视教书与育人相结合、传授知识与培养能力相结合等，致使学生历史能力较差，应用意识薄弱，思维机械。要改变这种状况，就必须调整中学历史教学评价内容。

第三，命题随意性和偶然性。传统考试在命题上往往带有命题者的主观意志，有拔高或降低要求的现象，记忆性的内容多，灵活性的内容少，因而带有不科学的误导性。所以，教师在教学中，重结果轻过程，时刻围绕着试题转，更有甚者，让学生背题目，背答案，导致学生分析问题和解决问题的能力很差。另一方面，还使学生出现猜题现象，忽视自身素质的提高，真可谓舍本求末。

第四，评价效果的虚假性。根据一张试卷评判出来的好学生，在很大程度上带有虚假性，不少"好"学生高分低能，而相当一部分没得到高分的学生能力未必低。应试教育是一种淘汰式教育，面向的是少数升学有望的学生，它窒息了学生的智慧，扼杀了学生的创造精神，阻碍了学生素质的全面发展。

二、中学历史学业评价应包含的内容

从应试教育向素质教育转变是一个渐进的、由量变到质变的过程。要改变现状，并不是一下子取消考试，而是改革评价方法。考虑到中学历史教学评价的过渡性、操作性、可行性以及推进作用，评价内容可从以下几方面入手：

第一，对基础知识和基本技能的评价。建立试题库，实行标准化考试，减少命题的随意性。此项测试可在期末进行，并赋予它占终结性评价分数一定比例的分值。

第二，对平时学习效果的评价。学生平时的学习效果主要包括预习、作业、课堂提问、单元测试、复习等等。检测者可通过教师记录、口试、查笔记等形式对学生平时的学习效果进行检测，并且在终结性评价将检测项目分别赋予中适当比例的分值。这样，一次性卷面考试的压力适当分解，既减轻了学生负担，也有利于培养学生良好的学习习惯和学习方法。

第三，对学生综合能力的评价。按大纲要求，结合学生实际和不同的阶段，拟订相应标准的检测内容，以培养学生思维的灵活性和敏捷性，增强学生的历史意识，激发学生的学习兴趣。

第四，对学生学习态度的测评。可通过观察法、谈话法、问卷法等形式进行，并依据测评的结果，及时调整教学，唤起学生学习历史的热情，形成良好的个性心理。

三、历史学业评价模式和实施途径

（一）评估方法

1. 期末总评(100%)

（1）考试成绩占50%。期中考试成绩占20%；期末考试成绩占30%。

（2）平时表现占50%。课堂表现30%（正确率20%，学习主动性10%）；作业20%（认真完成、及时上交10%，正确率10%）。

2. 加分规定

能提出高质量的问题，或发表自己的独特见解，加10分；有特殊表现，如在历史材料收集整理、家乡名胜古迹考察、历史题材作品观后感、撰写历史小论文活动中有突出表现，酌情加分。此分可以弥补考试成绩的不足，至满分为止。

（二）实施途径及功能

为方便操作，我们对平时成绩中的各项分别以不同的符号表示。课堂提问中回答正确用"V"，回答不出或错误用"O"，积极举手发言用"+"，作业认真书写、及时上交为"优"，字迹非常优秀且答案无误为"优+"，有错误则注"订（正）"，迟交或未完成为"×"，另外，对提出高质量问题者或有特殊表现者,则记录"★"。以上按学生情况逐一记录在记分册上,作为学期结束时的评价依据。

至于作业,应少而精,可以将作业分成两类:"基础型",即课后练习题;"提高型",由教师结合课文重点及思考题布置一至两道有一定深度的问题。两类作业,同学们可以自由选择。对于"基础型"作业,要求学生正确率高,书写工整,以培养其严谨认真的学习态度;而对于"提高型"作业,教师可以采用采意给分的方法,只要言之有理、言之有据就可以得高分,因为这正是培养他们自主学习的良好途径,同时还可以增强他们的自信。作业无论难易,应一律强调认真书写,及时上交,从而使学生自觉养成严肃认真、讲究效率的良好的学习习惯。

另外,以上所有情况的记录宜采取公开化原则,课前或课后同学们可以亲自来查阅记分册,这样,学生能更清楚地了解自己的进步与不足,同时也使他们学会对自己所做的一切负责,从而培养和增强责任感。

四、实施新的评价体系必须注意的三个基本观念

素质教育最核心的目标是让学生全面地发展,它的本质不是选拔教育,而是发展教育。因此,任何妨碍学生发展的因素都要克服。为此,必须要确立三个基本观念。

一是以人为本的学生主体观。要让学生的主体意识(自主性、主动性、创造性)和潜能得到充分的尊重,并给予充分发展表现的机会。

二是民主平等的观念。只有尊重学生的独立人格,才能让学生学有兴趣,学得轻松。不应简单粗暴地否定学生独创的观点和见解。应创设良好的氛围,让学生独立思考,大胆质疑。

三是面向全体学生。特别是要设法让那些过去被认为学习有障碍的学生认识自己在其他方面的长处,从而激发学生学习的热情,增强信心。

参考文献

[1]于友西主编:《历史学科教育学》,高等教育出版社,1998年。

[2]聂幼犁：《中学历史教育论》，学林出版社，1999年。

[3]施和金、宋昌颐主编：《历史教育学新编》，南京师范大学出版社，
1998年。

[4]李秉德主编：《教学论》，人民教育出版社，1997年。

[5]任顺元编著：《素质教育论》，杭州大学出版社，1997年。

[6]赵恒烈、冯习泽：《历史学科的创造教育》，山东教育出版社，1997年。

（传统的历史学业评价体系，存在方法单一、内容片面、随意性强和评价效果差等诸多弊端。为此，必须对传统的评价内容和评估方法进行相应变革，以适应素质教育的要求。本文是我于2000年在南京师范大学参加教育部"跨世纪园丁工程"骨干教师国家级培训期间的一个研究课题，发表于《大庆高等专科学校学报》2003年第1期。）

"一言堂"还要坚持多久?

——对《第一次世界大战》一课的教学反思

《第一次世界大战》这一课,我已经讲授过多次,也听过一些老师讲授这一课,包括市级的公开课。无非是挂上两张地图,一张是《两大帝国主义军事集团形势图》,另一张是《第一次世界大战欧洲战场形势图》;使用一些"新式武器",诸如投影仪、实物投影、多媒体课件、划分小组等等。偶尔再穿插几个小故事,或者播放一段影视资料。最多在结束授课时再传授点记忆方法:按照"一、二、三、四"来记忆本课有关重要内容:一个性质、两个集团、三个战场、四大战役。

正因为如此,本人在教这一届文科班学生,讲授这一内容时,仍然沿用以前的"一言堂"老办法,几乎从头讲到尾,以为这些也就足够了。当然,我仍然没有使用多媒体,不是不会用,我始终觉得多媒体在历史教学中华而不实。然而这堂课的教学效果并不如意。就像平时一样,学生们稳稳当当地坐在那里,听我口若悬河地白话了一堂课后,如释重负地长出一口气。过去似乎也偶尔听到过这种声音,只是今天听起来格外刺耳。这一声叹息,也终于引起了我的注意,引起了我的反思。

高二的学生,正是思维活跃的时候,可是在这节课上,学生除了听我的讲授外,思考了没有? 收获了些什么? 假如换个位置,让我这样一言不发地坐一堂课,听一天课,听老师从头到尾讲,我还能坐得下去吗? 有没有更好的办法,让学生参与进来? 怎样让学生的思维活起来? 我第一次感到这种"一言堂"式的教法的确应该改一改了。

如何提高历史课堂教学效益,是历史教师应该思考的一个永恒的主题,自己也曾经写过《如何提高历史课堂教学效率》的论文在《中学历史教学参考》上发表；"问题教学法"，也是自己一直琢磨的一个问题，也认为是提高学生兴趣，训练学生思维的必由之路。但一到实际教学过程中，就忘掉了这种想法，还是"一言堂"来得顺手。

文章好作，积习难改。

看来，自己还是满足于以前的经验，没有真正深入地下一番功夫去研究怎么上课更有效。说穿了，就两字——惰性。

反思之余，我对这一课进行重新备课。假如我再教这一课，我一定改变"一言堂"似的教学，不要再"灌你没商量"，让我的学生只能被动地接受，我要用情境导入法引入第一次世界大战这个课题，接下来，提出以下四个问题：

你认为谁应该对第一次世界大战的发生负责？谈谈你的理由。

你认为第一次世界大战发生的根本原因是什么？

第一次世界大战给人类带来了什么？

你认为避免当今世界大战的最好方法是什么？

然后，我会让同学们带着这四个问题研究教材，附近的同学可以相互讨论，几分钟后，最先讨论好的同学，向全班同学汇报。大家集思广益，相互补充。

要回答出以上四个问题，不仅要对教材深入学习，而且要深入思考，充分发挥发散性思维，甚至互相讨论才能回答出问题。这四个问题的设计，体现了教师为主导，学生为主体，思维训练为主线的思想，使学生参与到课堂教学中来，而不仅仅被动地听。在整个课堂上，学生能通过研究自主解决的问题，尽量引导学生自主解决。

心理学告诉我们：兴趣是人的一种心理活动，不是自发产生的，而是需要由外部事物的刺激来引起。兴趣又是有层次性的，培养学习兴趣，首先要从低层次的、直接的学习兴趣入手。

今后我的历史教学，应该贯穿着这样的理念：精心设问，自主探究。一定要调动学生参与到教学活动中来，使教学活动成为以学生学习为中心的活动,使学生真正成为教学活动的主体,成为自主学习的探索者。

这,恐怕是我在本课的教学中的最大收获了吧。

(自我反思是校本教研的基础和前提,只有教师的反思成为个体的自我意识,成为自觉自愿的行为,校本教研才能成为可能。本文被收录于《校本教研策略丛书:三维联动 诠释新教研》,四川教育出版社,2005年。)

《当今世界的经济全球化趋势》教学设计

和平与发展是当今时代的主题,经济全球化是当今世界经济发展的主要趋势之一。本课内容具有较强的时代感和现实意义,教师应立足当今社会,密切联系现实,在课前自主学习、课堂合作学习、课后延伸学习的全过程中,培养学生合作学习和自主学习的能力,提高学生历史学科素养。

一、教学内容分析

一是分析课标要求:了解经济全球化的发展趋势,探讨经济全球化进程中的问题。其中,经济全球化的原因及存在的问题是本课的重点,理解经济全球化是一把双刃剑是本课的难点。

二是本课的地位和作用:本课内容是人教版必修二第八单元的最后一课,具有对整个模块的总结性的作用,反映了经济成长历程的最终趋势——走向全球化。通过对本课的学习,可以使学生理解经济全球化的本质,认识在全球化趋势之下发展中国家所面临的机遇和挑战,辩证地看待全球化。

三是本课内容与初中教材的区别和联系:初中教材中的经济全球化的内容,重在对基本史实的学习,停留在感性认识阶段;高中的学习更侧重于理性的分析和思考,使学生认识经济全球化的本质,辩证地看待全球化。

二、学情分析

一是从学生的认知水平和能力状况来看,学生在初中阶段已经对经济全球化的基本史实有所了解,在前一阶段的政治和历史课学习中,已经初步了解了经济一体化的趋势;学生已初步掌握了归纳和概括问题的能力,初步具备了查找和收集材料、获取有效信息以及自主学习的能力。

二是从学生存在的学习问题以及学生的学习需要、学习行为来看,学生的兴奋点仍集中在直观教具或有趣的历史事件上,对历史的认识仍处在感性认识阶段,辩证看待历史问题的能力不强。因此,在教学中要增强直观性和趣味性,调动学生学习的积极性和主动性;通过让学生动口、动手、动脑,活跃思维,提高他们分析问题和认识问题的能力,并能在感性认识的基础上进行理性思考,形成较为全面的历史观点。

三、教学目标

(一)知识与能力

一是学生能熟悉经济全球化的原因、表现、影响;理解经济全球化是历史发展的必然趋势及全球化进程中问题。

二是学生能通过对经济全球化的历史进程、原因、表现和影响的具体分析,提高辩证分析问题的能力;通过研究教材、解决问题,提高自主学习和独立思考的能力。

(二)过程与方法

按设计的教学流程,辅以多媒体教学。学生通过课堂自主阅读教材,搜集、整理和运用相关资料,参与合作学习和讨论等活动。在掌握基础知识的过程中,养成独立思考的习惯,提高运用材料论证问题,以及同他人合作学习、交流的能力,形成对经济全球化全面的认识。

(三)情感态度与价值观

学生通过学习正确理解经济全球化的本质及其利弊,更好地理解我国所面临的机遇和挑战,增强为我国社会主义现代化建设而奋斗的历史使命感和社会责任感。

四、教学策略

经济全球化是当今的一个热点问题，学生关注点较集中，学生也搜集到与教材内容相关的学习资料，有利于学习积极性的调动和发挥主体作用；在网络上也有很多相关的图文资料，便于教师利用多媒体创设情境辅助教学。因此，本课采用学生自主探究学习为主，辅以多媒体创设情景、问题诱导、讨论等教学方法。

五、教学过程（见下表）

教学过程展示表

流程		教师活动	学生活动
课前准备		布置课前预习，引导学生寻找身边的经济全球化踪迹	寻找身边的经济全球化踪迹，并拍照上传微信群
导入新课		推荐书籍《世界是平的》。推测作者的研究内容，即经济全球化背景下世界的紧密联系；展示同学们上传的"身边的经济全球化的踪迹"图片。进入本学期最后一课——《当今世界的经济全球化趋势》	引起对经济全球化的兴趣，进入课堂角色
讲授新课	第一板块 走近经济全球化	选取"寻找身边的经济全球化踪迹"中苹果手机的照片。创设情境，提出问题。界定概念："什么是经济全球化？"提出问题：经济全球化的具体表现	观看图片，回答经济全球化的表现，如生产、资本、贸易的全球流动等
		探究1：经济全球化的发展历程 引导学生回顾教材，归纳新航路开辟以来的相关教学内容，研究其与经济全球化的关系	阅读教材，结合课件提示，总结经济全球化的发展历程
	第二板块 探究经济全球化	探究2：90年代以来，推动经济全球化加速的幕后推手 创设情境，设置问题：为何经济全球化在90年代加速发展？	阅读教材，归纳分析90年代以来推动经济全球化加速的幕后推手
		探究3：90年代以来经济全球化加速的重要标志——WTO的建立 引导学生阅读本课教材	阅读教材，自主学习：WTO建立的时间、前身、宗旨、意义
	第三板块 认识经济全球化	推荐书籍《新全球史》，展示图片《平衡的世界经济》。过渡到第三板块——应该如何认识经济全球化？	思考问题

续表

流程	教师活动	学生活动
	探究4:经济全球化的利与弊 经济全球化是一把双刃剑,有利有弊。如何看待经济全球化的利弊?	研读材料,合作学习,分组讨论。说明经济全球化带来的积极影响,分析经济全球化过程中存在的问题。对利大于弊还是弊大于利做出自己的判断,并说明理由
第四板块 应对经济 全球化	展示图片:《中美贸易战》《特朗普退群》等热点问题图片,激发学生对此思考	学生反思
	探究5:如何应对经济全球化? 播放《习近平纵论经济全球化》视频,分享应对经济全球化的中国智慧	观看视频,积极反思:经济全球化的趋势不可阻挡,不应该实行狭隘的贸易保护主义,而应该因势利导,趋利避害,积极融入并推动经济全球化的发展,以实现一个国家的长远发展
小结	引导学生回顾本节课的主要内容,利用思维导图展示本节课的知识结构	完善知识结构,整体把握本节课的内容
课后延伸学习	布置课后延伸作业:历史小论文——如何看待当今的逆全球化现象?	课下延伸学习,完成历史小论文和巩固练习

(本教学设计是在学习高中历史课程标准、分析教材和学生水平的基础上,制定符合实际的教学目标,采用科学的教学方法并结合多媒体教学手段设计的。

这节课灵活运用了多样化的教学手段和方法,为学生的自主学习、合作学习创造了多样化、开放式的学习环境,充分发挥了学生的主体性、积极性与参与性,培养了学生探究历史问题的能力和实事求是的科学态度,提高了他们的创新意识和实践能力。通过对这些方法的掌握和能力的培养,使学生能从本质上认识经济全球化,辩证地看待全球化的利与弊,并进一步思考我国目前发展经济所面临的机遇和挑战,从而增强学生的社会责任感,充分体现出高中历史新课标中有关课程目标的理念。

学生在课前能够积极主动开展"寻找身边的经济全球化踪迹"的课外活动,课堂上能争相发言、积极参与,从不同的角度去发现问题,积极探索解决问题的方法,独立思考,对相关的问题进行较为全面的比较、概括和阐释;与其他同学合作探究,共同寻找解决问题的方法,较好地完成了课程标准的各项目标要求。从学生后续延伸学习的情况来看,学生参与度依然较高,兴趣盎然。我很欣慰。)

发挥历史育人功能　培养学生家国情怀

——以人教版高中《历史》必修三单元教学为例

一、问题的提出

家国情怀是学习和探究历史应该具有的社会责任和人文追求，也是历史学科核心素养中价值追求的目标。引导学生在历史学习中增进智识、浸润心灵，形成正确的情感态度和价值观念，是新时期中学历史教学贯彻立德树人教育根本任务的价值诉求和使命担当。

然而在中学历史教育教学实际过程中，学生对历史学科的态度却不尽如人意，对历史学科轻视甚至"斜视"的现象比比皆是。由于升学考试等等现实的压力，很多历史老师也容易忽视这方面的熏陶。网络上屡曝不当言行，当事人扭曲的价值观，在激起广大网友愤怒的同时，也让我们对"家国情怀"教育的重要性和迫切性有了更深刻的认识。

作为人文学科的中学历史学科，承担着培养"家国情怀"，提升社会责任感的重要任务。那么，在高中历史教学中应该怎样发挥历史育人功能，培养学生的家国情怀呢？

二、问题解决策略及过程

（一）锤炼教学主题：在教学目标设计中渗透家国情怀

教学目标是一切教学活动的出发点和最终归宿，而教学立意是一节课的灵魂和中心。家国情怀的孕育，应该起于教学目标的定位和教学主题的确立。

以高中历史必修三《孙中山三民主义的形成与发展》一课为例,我确立的教学主题是"应时而变、顺势而为——孙中山三民主义的形成与发展"。之所以确立这样的主题,其目的就是凸显三民主义学说"内审中国之情势,外察世界之潮流,兼收众长,益以创新"。

孙中山的家国情怀贯穿于三民主义形成与发展的整个过程。孙中山三民主义形成的背景,正是在国家前途和命运面临重大危难之际。外有甲午战败,民族危机空前加深、帝国主义掀起瓜分中国的狂潮;内有康梁戊戌变法失败,改良道路在中国行不通。而孙中山本人也因为自己革命的主张而被清政府通缉。但孙中山置个人安危于不顾、以天下为己任的胸怀,正是他的家国情怀体现。

另外,孙中山的三民主义思想的来源或者特点,本身就是"中国传统思想和西方近代民主思想相结合的产物"。中国传统思想主要是对儒家民本思想的继承和发扬,也体现了三民主义思想是建立在对国家、民族、文化的高度认同感和归属感的基础之上。至于三民主义中民生主义的主张,就是要防止以后中国出现欧美那样严重的贫富差距,这种对天下苍生的朴素情感,普惠民生的人文精神,对国家和人民的深情大爱,为国家富强、人民幸福而奋斗的使命感和责任感,是对"家国情怀"素养的最好诠释。

(二)创设学习情境:在教学活动中渗透家国情怀

家国情怀的养育,最终指向的是学生能形成正确的世界观、人生观和价值观。这种情感和价值观的形成,不是简单的传授知识就可以完成的。而是需要老师带着"培养什么人,怎样培养人,为谁培养人"的时代思考,在教学中善于创设学习情境,以问题为驱动,充分调动学生参与学习,在学习中体验和感悟,在感悟中不断内化。从而树立国家和民族认同,树立正确的人生观和价值观。

仍以高中《历史》必修三的教学为例,我曾做了这样几项尝试:

1. 淡化自豪感教育,加强"危机感教育"

缺乏忧患意识,是我们这个民族的一大弊端。传统的历史教学较多体现的是民族自豪感教育，却很少进行危机感教育。这种一厢情愿式的所谓爱国主义教育，使学生不能了解真正的中国，也就不能形成强烈的危机意识，更不能产生强烈的责任意识。

在学习《古代中国的发明和发现》一课后，我没有像以往那样使学生沉浸在祖先曾经的辉煌之中，而是引用鲁迅的话："外国用火药制造子弹御敌，中国却用它做爆竹敬神；外国用罗盘针航海，中国却用它看风水。"进而提出了这样的问题："为什么中国的四大发明推动了西方的社会进步，在中国却起不到应有的作用？"引导学生反思问题的根源和解决的办法。在学习《近代以来世界的科学发展历程》时，我又提出了这样的疑问："中国古代科技成就曾经长期领先于世界，为什么近代的科技成就中缺少中国人的身影？""中国传统文化中哪些因素阻碍了我们的创新和进步？"

这些问题，引起了学生们思索，也使学生们意识到如果再不反思历史，奋起直追，进而寻求改变，总有一天会被历史淘汰。

2.拒绝否定思维，客观公正地对待前人的贡献

否定思维是我们历史研究和教学的一大弊病。很多对国家和民族做出过贡献的人物及其功绩，可能因为阶级立场或政治观点不同就被我们忽略和淡化，这不符合实事求是的态度，对培养学生的责任意识也相当不利。

在学习《近代中国的思想解放潮流》时，我对曾国藩、李鸿章等人顶着巨大的压力和阻力"向西方学习"，艰难地迈出了中国近代化的第一步给予了充分的肯定。对康有为、梁启超，对胡适、陈独秀，也都进行了积极的评价。我希望我的学生明白：思想的解放、社会的进步，都是继承发展，是由浅入深的一个过程。不能因为后人的进步就否定前人曾经的努力，更不能因为政见分歧而忽视和淡化他们对国家、对民族的历史贡献和功绩。所有为国家和民族做出过贡献的前辈都值得我们尊敬和感恩。只有更多的人具有了社会责任感，中华民族的伟大复兴才能早日实现。

3.发掘儒家知识分子的闪光之处，弘扬民族精神的精髓

儒家思想是中国传统文化的主流思想，历经数千年的传承，浓缩了太多精华，对我们民族性格和民族精神的形成都产生了深深的影响。其中，一个非常值得关注的地方就是儒家知识分子那种强烈的社会责任感和使命感。

在学习《中国传统文化主流思想的演变》单元时,我与学生一起深入分析了儒家思想诞生的社会背景,并得出了这样的共识:面对春秋时期那个动荡不安、急剧变化的时代,面对尖锐的社会矛盾和人与人之间关系紧张的情况,孔子提出以"仁"为中心的儒家学说。儒家思想的诞生就是为了解决当时社会所面临的各种问题。而孔子周游列国,四处碰壁而无悔,其实就是在用自己所掌握学问、知识和能力积极主动地去解决当时的社会问题,并以此为己任的最直观的表现。

在进行本单元总结时,我进一步引导学生回顾在儒家思想和精神的熏陶之下,一代又一代仁人志士的爱国行为。我和同学们一起朗诵孟子的"老吾老以及人之老,幼吾幼以及人之幼"、范仲淹的"先天下之忧而忧,后天下之乐而乐"、文天祥的"人生自古谁无死,留取丹心照汗青",一起研究张载的"为天地立心,为生民立命,为往圣继绝学,为万世开太平"、顾炎武的"天下兴亡,匹夫有责"以及林则徐的"苟利国家生死以,岂因祸福避趋之",体会古代知识分子那种忧国忧民的报国之情,感受古代先贤的崇高气节与追求。当这些平时并不太陌生的名言集中到一起的时候,学生们很自然地领悟到儒家知识分子的闪光之处和传统民族精神的精髓,那就是强烈的社会责任意识和历史使命感。

(三)端正价值取向:在考试测评中渗透家国情怀

在核心素养立意的时代,高考的根本价值取向就是要贯彻立德树人和社会主义核心价值观,深入回答"培养什么人,怎样培养人"的问题。因此,在中学历史考试测量中,应该把家国情怀的培养充分渗透到历史试题中去。

例如,2016年高考全国II卷第27题:

福建各地族谱中大量关于入台族裔回乡请祖先牌位赴台的记载,此类现象在清乾隆年间骤然增多,这说明乾隆年间

A.族谱编修顺应了移民的需求　B.大量移民已在台湾安居繁衍

C.内地宗族开始整体迁移台湾　D.两岸居民正常往来受到阻碍

通过这道题，学生能很好地体验对祖国、对中华民族的认同感。早在康熙皇帝统一台湾之后，大陆移民就大量来到台湾，到乾隆年间，有的已经在台湾长期安居繁衍。割裂不断的，是台湾同胞与大陆同胞同根同族、血浓于水的血脉亲情，他们的思想上和生活中仍有浓厚的宗法情节，故而回乡请祖先牌位赴台。把这样富有正能量的内容和试题引入历史考试测评之中，学生在不知不觉之中也就接受了正确的价值引导。

（四）开发创新平台：在校本课程中渗透家国情怀

高中历史学科在部分地区属于考试学科，历史教师和学生需要面对较大的应试压力，但这不是我们忽视家国情怀渗透和培养的理由，相反，更需要我们创造条件去实现教学目标。校本课程是中学阶段的选修课程，并不会占用常规的教学时间，教师也不必担心因此影响教学成绩。因此，选择比较适合的内容，开发和利用校本课程来开展相关教育，就是值得尝试的重要做法。

晚清民国时期，正值国家和民族面临千年未有之大变局，很多历史风云人物在历史的大势面前都有不俗的表现。在高二上学期，我为学生开设了一门选修课——"晚清民国风云人物评说"，在对曾国藩、李鸿章、左宗棠、康有为、梁启超、孙中山等历史风云人物的学习和点评中，一个个血肉丰满的历史人物，站立在学生们面前。面对风云变幻的历史大势，这些风云人物身上那种异乎常人的特质，尤其是为了国家和民族的前途命运，敢于尝试、勇于担当的精神，逐渐被发掘出来，并以此感召学生，落实育人的内涵。

这一校本课程的开设，充分利用了学校提供的这一创新平台，有效发掘了历史名人这一学科育人资源，拓宽了学生视野，扩大了学生参与的广度和认知的深度，从而实现了学科育人功能，涵养了学生的家国情怀。

三、成效及反思

经过不断的尝试和努力，我的这些做法取得了比较令人满意的成效。很多学生在学习了一段时间历史课后，对历史学科的态度由轻视和"斜视"，逐渐变为正视和重视。他们的情感态度价值观都有了一定程度的改观。文科班学生李坤这样写道："以前从没想过我们所学的历史与自己有什么关系；听孙老师的历史课，不知不觉就产生了一种对国家的使命感和责任感。"

值得注意的是，家国情怀的培养，绝不能依靠单纯的知识灌输和说教，而应该拉近教学内容与学生生活实际的距离，营造良好的学习情境，要通过富含思维品质的探究与实践活动，引导学生体验、思辨、认知。要润物细无声的启迪智慧，渗透和融入浓郁的家国情怀。

爱国主义是一个永恒的主题。作为一门人文学科，历史学习应该做到"历史问题现实思考，现实问题历史借鉴"。发挥历史育人功能，构建具有家国情怀的历史课堂，这是我们的愿景，更是我们历史教育工作者义不容辞的责任。

（家国情怀是中国优秀传统文化的基本内涵之一，也是历史学科五大核心素养的重要组成部分。作为人文学科的中学历史学科，承担着培养"家国情怀"，提升社会责任感的重要任务。本文曾获得2020年"中国好老师"公益行动计划全国优秀育人案例二等奖。）

教师专业发展

作为中学历史教师,应该始终将严谨、求真、求实视作执教理念与要求的底线。尽信书而不读书,守成论而不思考,崇专家而无质疑,是决然不能实现高水平历史教学,决然不能高水准完成历史教育任务的。

——全国历史教师教育专业委员会常务理事、天津市教育学会历史教学专业委员会副理事长、天津师范大学教育学部教授陈光裕

教育是塑造的过程,而塑造的对象不仅是学生,更包括教师自己。

——天津市和平区教师发展中心历史教研员、正高级教师郑晓峰

爱国主义教育要内容与形式并重

——从澳大利亚的爱国主义教育说开去

2006年的暑期笔者随天津市河西区非英语专业骨干教师教育培训团赴澳大利亚，参加为期二十多天的教育培训。这次澳大利亚之行，尽管时间非常短暂，值得回味的东西却很多很多。特别是澳大利亚那无处不在的爱国主义教育，使我深受启发的同时，也产生了很多联想。

一、澳大利亚无处不在的爱国主义教育

（一）注重培养爱国意识

澳大利亚是一个历史很短、人口较少的移民国家，可能正因为如此，澳大利亚政府十分重视对国民进行爱国主义教育。

在澳大利亚，只要通过了安全检查，中小学生随时都可以去国会大厦，坐在旁听席上现场观看国会参、众两院开会的实况，目的是让孩子们从小热心公众事务，关心政治，潜移默化地涵养一些从政和为人的素质。可惜我们去的那天是个星期天，参、众两院休会。我们只能坐在旁听席上，想象着国会议员们讨论国家大事的情景，思考着在应试教育压力之下我们国家的中小学生对国家事务的关注程度。

在澳大利亚科技馆，我们感受到了另一种形式的爱国主义教育。在巨大的堪培拉城市沙盘模型前，借助声、光、电等高科技手段，我们欣赏到了澳大利亚首都堪培拉城市规划的天才设计。那醉人的风光和近乎完美的展示固然令人赞不绝口，而印象最深的，却是在展示之后，广播中传出的那个浑

厚而饱含深情的男中音："这就是你的祖国，这就是你的国家。"短短几句话，就如同一幅名画中的点睛之笔，强烈地冲击着人们的心扉，唤起澳大利亚人浓郁的爱国之情。

（二）不忘历史，珍爱和平

自第一次世界大战以来，澳大利亚军人在历次战争中一共阵亡了十多万人。澳大利亚政府将所有阵亡将士的名字都镌刻在大理石纪念碑上，放置在一些重要的公共场所，供人们凭吊和瞻仰，每天都有民众自发地到纪念碑前献花。为了让后人知道战争的惨烈以及和平的重要，政府投入巨资建造了澳大利亚战争纪念馆，向观众免费开放。

澳大利亚战争纪念馆是一座城堡式建筑，位于国会山的对面，澳新军团大道的尽头。这是一座世界水平的超级战争博物馆，更是年轻一代了解战争、追求人类和平的大课堂。

进入纪念馆内，便可以看见一个用花岗岩砌成的长长的水池，水池里，一盏为纪念无名勇士而设立的长明灯在燃烧。大理石墙壁上镌刻着澳大利亚人去打过仗的三十多个国家的名称，而在纪念馆的走廊上，则镶着一排排的黑色的石碑，上面刻着为国捐躯者的名单。在名单旁边的缝隙里，插着参观者献上的一朵朵红色的小花，表达着对烈士们的敬意。

置身于澳大利亚战争纪念馆之中，就如同展开了一幅澳大利亚战争史的画卷。在纪念馆内，不但陈列着澳大利亚参与的大大小小的战争和维和行动中的四百多万件展品，而且还运用声、像、景、物、图等手段，详细地介绍了从一战到二战，从朝鲜战争、越南战争到阿富汗战争和伊拉克战争中，澳大利亚军队参与的主要战役和相关人物。由于行程太紧，我们没有看到战争纪念馆闭馆的那一幕。据说每天闭馆的时候，纪念馆馆长都会带领全体馆员在长明灯前肃然站立，在凄厉而悲凉的风笛声中，右手按在胸前默默祷告，既为那些战争中的遇难者，也为世界的和平。

为了培养学生的爱国主义、英雄主义和国防意识，让下一代人不忘历史、珍惜来之不易的和平，澳大利亚政府对中小学课程做了专门的规定，定期组织他们参观展览和参与军事活动。战争纪念馆也与澳大利亚全国历史教师协会一道,根据各州不同的课程设置分别制定教学配合计划。每周二邀请一名老兵,分别就某一段历史为学生们作演说。每周四,由馆长或专门指定的馆员按计划带学生们参观,做讲解。纪念馆经常采纳学生们的意见,调整教学计划,丰富演说内容,以更加生动活泼的形式执行教学配合计划。纪念馆还专门为中小学生设立了"发现室",陈列着很多套二战期间军队使用过的帐篷、背包、厨具、医护救助用具等。学生们经常到这里体验军旅生活,锻炼吃苦耐劳的精神和自理、自立的能力。

(三)褒奖英烈,心怀感恩

为了褒奖在战争中牺牲的军人,澳大利亚还常常搞一些很有人情味的活动。我曾看到过这样一段资料:在每年的9月6日,澳大利亚政府和国防部都会组织一些现役军人上街义卖,将筹集到的资金用于抚恤在历次战争中牺牲的军人的家属,主要用作其子女的教育资金。军人们沿街叫卖的认真劲和市民们积极购买的热情,让每一个来访的外国游客为之动容。试想一下,这个小小的举动,对那些牺牲的军人来说是多么大的慰藉,对那些失去亲人的军人家属来说是多么大的安抚,对于澳大利亚现役军人来说,又是多么大的激励和鞭策。

在悉尼,有一家名叫"好运来"的中餐自助餐厅,每周五,都会举行一个特殊的纪念仪式。一个周五的晚上,我们正巧在这里就餐,也顺便参与了那激动人心的一幕。六点整,灯光熄灭,蜡烛燃起,在场所有人员,停止一切活动,默默地肃立,聆听电视里简练的英语演讲。我的英语水平尽管有限,但还是听了出来,那是在悼念为国牺牲的将士,在祈祷世界的和平。置身于这简短而又肃穆的纪念仪式之中,你会真切地感受到澳大利亚人对和平的珍视,对曾经为国家做出过贡献的人们的感激之情。

二、基于参观学习的反思

爱国主义,是一个永恒的主题,每一个国家都非常重视对国民进行爱国主义教育。遗憾的是，我们的爱国主义教育还显得有些苍白无力，流于形式，效果不佳。

升旗校会，这是我们对学生进行爱国主义教育的重要活动之一。在比较正规的学校，每周都会进行一次。然而，在本该庄严神圣的升旗仪式上，我们常常可以看到一些不和谐的举动。当《义勇军进行曲》奏响，五星红旗冉冉升起的时候，心不在焉者，随意说笑者，大多自然是不谙世事的学生，而肩负着爱国主义教育职责的人类灵魂工程师们，也未必都有合格的表现。

每年9月18日的上午10点，当凄厉的防空警报回响在城市上空的时候，不知有多少人还能想起：八十多年前的9月18日，日本人侵略中国东北，大好河山惨遭日侵略者践踏，东北同胞沦为生不如死的亡国奴。在这个记载着民族灾难和耻辱的日子里，作为一个中国人，我们该做些什么，我们又做了些什么？

笔者常常想，如果不是单位出面组织，我们有多少人会自费去参观抗日战争纪念馆、南京大屠杀纪念馆？如果不是直系后代，还有多少人会记得，那些曾经为反对外来侵略而献出鲜血和生命的老兵？那些与我们政见相同或者不同的民族英雄们，他们的爱国行为，后人是否都给予了同样客观公正的评价？他们的报国壮举，是否都得到了后人应有的尊重和感恩？

作为生命个体，我们的确无法改变这种大的环境；但是作为一名历史教师，我们至少可以在一定程度上改变我的课堂。至少，我们可以少一些照本宣科、穿靴戴帽的说教，多一些实实在在、入情入理的分析。当我们敢于正视历史，尽量还历史以本来面目的时候，我们的学生，对祖国的历史就会多一份深沉的感悟；当我们真正站在国家和民族的立场之上来探究和反思中国历史，尤其是中国近现代史的时候，我们的爱国主义教育一定会多一份真实的效果。

别再让爱国主义教育流于形式。

这，是一个历史老师的良心，也是每一位教育工作者肩上沉甸甸的责任。

（2006年暑假，笔者随天津市河西区非英语专业骨干教师教育培训团赴澳大利亚，参加为期20天的教育培训。这次澳大利亚之行，时间尽管非常短暂，值得回味的东西却很多很多。特别是澳大利亚那无处不在的爱国主义教育，让我深感震撼，最终提笔写下了这样一篇考察报告——《别再让爱国主义教育流于形式——澳大利亚的爱国主义教育观感》，发表于《河西教育》2007年第1期，并引起一定反响。此后若干年，河西教育局对外交流科再外派教师出国考察时还常常提起这篇文章。十几年后的今天，我们欣喜地发现，家国情怀已经作为历史学科的五大核心素养之一写入新修订的历史课程标准，爱国主义教育也已经越来越受到社会各界的重视，爱国主义教育的内容与形式、手段和效果更是有了明显的改观，我很欣慰。本文曾在《中学历史教学参考》下半月刊2011年第5期发表。）

新课程　新实践　新机遇　新挑战
——聆听天津市新课改骨干教师咸水沽培训的收获

又一轮新课改就要来了。暑假期间，我有幸接受了天津市第一批课改骨干教师的培训，在津南区咸水沽现场聆听了徐蓝、叶小兵、张汉林、李月琴等几位顶级专家为期三天的培训讲座。河西区教研员郎越轩老师嘱咐我向大家转达培训精神、汇报培训的收获和体会，我很荣幸。

说起新一轮课改，老师们可能已经通过不同渠道了解了一些相关信息。现在，《普通高中历史课程标准》（以下简称《历史课程标准》）修改稿已经完成所有的审查和汇报，即将公布，北京、天津、山东、海南四省市已经开始着手新课改、实施新方案。与以前的课程标准相比，《历史课程标准》修改稿有了很多的变化。其中最重大的变化，就是提出历史学科的五大核心素养。未来的高中历史课程将分为三类：必修课程《中外历史纲要》上下两册，通史体例，中外分编，高一完成；选修I课程一共三本，专题史方式，分别是《国家制度与社会治理》《经济与社会生活》《文化交流与传播》，中外混编，也是高考内容；还有选修II课程两本：《史学入门》和《史料研读》。2018年新教材即将启用，2017级学生和老师在使用旧教材情况下，也必须适应新的方案和新的理念。

这次给我们培训的这几位老师都是国内顶尖的学者专家，他们明确表示：历史课程要将培养和提高学生的历史学科核心素养作为重心，使学生通过历史学习逐步形成具有历史学科特征的关键能力、必备品格和价值观念。课程目标的确定、课程内容的编制、课程教材的编写、课程实施的措施、课程评价和考试的标准等等，都要始终贯穿学生发展历史核心素养这一核心任务。

面对即将到来的新一轮课改,作为一线老师,我们最关心的问题就是以下四个方面:一是如何理解历史学科核心素养,二是以学生核心素养为中心的历史教育下应该如何备课,三是基于核心素养的历史教学应该如何开展,四是基于核心素养的学习评价如何进行。

一、历史学科核心素养解读(如何理解)

上一波历时十余年的课程改革即将落下帷幕。即将颁布实行的历史课程标准虽然叫修改稿,但实际上是重新写的。在重写的历史课程标准中,有两大新的亮点:核心素养和学业质量标准(后者是对核心素养的一个测评标准),而历史学科核心素养则是这次新课改提出的最重要的新理念。

(一)什么是核心素养?

核心素养是指高于一般能力或一般素养的最重要的关键能力、必备品格与价值观念。核心素养不是天生的,而是可以培养、发展的。在相应阶段,通过学习,逐步形成的适合个人发展和社会发展需要的必备品格和关键能力,这种整体思维的特征和解决问题的能力,就界定为核心素养。

(二)历史学科核心素养的内涵与培育目标

通过历史课程的学习,不仅要求学生掌握必备的历史知识,更重要的是要在唯物史观、时空观念、史料实证、历史解释、家国情怀等五个核心素养方面达到具体的要求。

1.唯物史观

唯物史观是历史学科核心素养的灵魂。要了解唯物史观的基本观点和方法,能够正确认识人类历史发展的总趋势,能够将唯物史观运用于历史学习与研究之中,并将其作为认识和解决问题的指导思想。

2.时空观念

时空观念包括历史时序的观念和历史地理的观念,是在特定的时间联系和空间联系中对事物进行观察、分析的意识和思维方式。它是了解和理解历史的基础,是历史学科核心素养的基础,是历史学科区别于其他学科的本质特征。

3.史料实证

史料实证是指对获取的史料进行辨析,并运用可信的史料努力重现历史真实的态度与方法。证据意识的养成是落实史料实证的途径,要努力做到史论结合、论从史出,还要注意孤证不立,有一分材料说一分话,切忌望文生义和断章取义。

4.历史解释

是指以空间观念为前提,以史料证据为支撑,以历史理解为基础,有意识地对过去提出理性而系统的具有因果关系的叙述。进行历史解释的时候,要注意按照时间序列和空间逻辑对历史事物、历史人物和历史现象进行合乎逻辑的意义关联。此外,还需要合理的想象力,依据可靠的史料作基础,设身处地地理解具体的历史史实,对历史情境展开合理的想象。

5.家国情怀

家国情怀是学习和认识历史在思想、观念、情感、态度等方面的重要体现,是实现历史育人功能的重要标志,也是学习和探究历史应有的人文追求。家国情怀体现了对国家富强、人民幸福的情感,以及对国家的高度认同感、归属感、责任感和使命感。

(三)历史学科五大核心素养之间的关系

历史学科的五大核心素养是一个整体。唯物史观是学习和探究历史的核心理论和指导思想,是诸素养得以达成的理论保证,是历史学科核心素养体系的灵魂。时空观念是诸素养中学科本质的体现,是了解和理解历史的基础,也是认识历史所必须具备的重要观念。史料实证是学习历史和认识历史所特有的思维品质,是理解和解释历史的关键能力和方法,也是诸素养得以达成的必要途径。历史解释是诸素养中对历史思维与表达能力的要求,是在形成历史理解和认识的基础上叙述历史的能力,是检验学生的历史观和历史知识、能力和方法的水平的主要指标。家国情怀是诸素养中价值追求的目标,是学习和认识历史在思想观念、情感态度等方面的重要体现,是实现历史教育育人功能的重要标志。

二、开展以学生核心素养发展为中心的教育(如何备课)

(一)基于核心素养的教育所必需的四大转变

首先,人才观的转变——培养能解决问题的人。真正的人才,不是考试考得好的人,而是能解决问题的人,这才是抓住了最根本的问题。

第二,课程观的转变——综合的跨学科的学习。过去非常强调学科课程,这当然很重要,将来也不会消失。现在更为强调综合性的学习,特别是跨学科的学习。因为要最终解决问题,不是靠某一学科的知识就能解决掉的,一定是综合知识的运用,才能够更好地解决问题。因此,课程的编制也发生了变化,体现在新课程为什么有三类课程(必修、选一、选二),为什么走班,要求学生自主选择,以及学科课程内部的内容的调整。教学不再过度学术化,而是要研究它怎么样更加贴近社会实际。

第三,教材观的转化——打开观察世界的窗口。过去说教材是知识的载体,或者说课本就是一课的根本,老师教课本,学生学课本,记课本,考试还考课本。现在一改革、一考试我们就不适应了。受了半天累,考的都是课本里没有的。这个问题的关键是考试命题人的观念已经发生了变化,而我们的教材观还没有发生变化。

观念变化的核心点是你只管打开窗口,打通一条知识大道,引导学生走上这条大道,走上探求知识的过程。这样,教材就是一个平台,课本并不能包括所有的东西,而是要打开学生的视野,进入知识的海洋之中。这一点,教材编者要理解,不能什么都往上堆,我们教师对教材的看法也要改变。

过去的教材,给学生呈现的是一幅风景画,让学生观察和分析这幅画,考试还考这幅画。现在则要打开一个看风景的窗户,而不是让学生记住一幅现成的,固定的风景画。考试也是考你怎么看风景。

过去教教材,现在用教材教,过去把教材当"圣经",现在把教材当作一个通道，一个简易的平台，把学生引向纵深。

第四，知识观的改变——意义在于运用与拓展。知识的真正价值在于运用。过去强调记住知识，现在强调运用知识。不被运用的知识就是死知识，无用的也是很容易被遗忘的。另外知识要好用、管用，将来能够解决问题，在学完知识的基础上，学生要能够拓展、纵深。如果学完这个知识就不能再发展，就一定是僵化的知识，不能解决问题。所以要运用知识，使现有的知识更深入的发展、能够不断拓展。

基于以上人才观、课程观、教材观和知识观的分析，叶小兵先生提出了以下基于核心素养教育的六大基本特征。

（二）基于核心素养教育的六大基本特征

1.自主性

学生是学习的主体，要尊重学生的兴趣爱好，注重学习的个性化。应当由学生自己完成学习的全过程，教师可以指导，但不可设限和包揽。

2.情境性

矛盾、问题出自真实的情境，需要利用课程资源开展学习活动，进行真实的探究。情景就是生活化，当然这个情景性还应该是真实的，应该让学生真正去解决问题。过去很多知识的呈现没有情境性，光让学生知道结果，学生得不到真正的提升。

比如大泽乡起义。九百戍卒，陈胜一句"王侯将相宁有种乎"大家都跟着造反，这怎么可能？其实陈胜为此做了大量的铺垫，做了很好的动员工作。在布满干柴情况下，一点儿星星之火才点燃了大泽乡起义的烈火。

3.开放性

学习的目标、内容、方式、过程、结果等具有开放性，可以超越学科知识体系和课堂教学的时空局限，使学生获得丰富多彩的体验。

4.实践性

通过引导学生亲身经历各种实践的学习方式，在实践活动中发现和解决问题，积累和丰富经验，运用知识，发展实践能力和创新能力。

过去还是在书本中学习,现在要注意学习过程中经验的积累,而不是知识的积累。一定不要从书本到书本。真正去解决问题,才会提升思维。

现在看那些能干的人,很多是有经验的人。历史学科的实践,跟理工科不一样,没法那么实践。但高中历史可以像历史学家那样去看问题,使教学更有生活的气氛、历史的气氛,而不是教死知识。要强调学习过程中的实践性。

5.生成性

注重发挥学生在活动过程中的自主建构和动态生成的作用,妥善处理教学的预设性和生成性的关系,使学生的认识和体验不断深化。

特别提倡质疑,过去强调预设性,现在更注重生成性,更有意义。

比如有学生提出造纸术的发明在提升生活品质、改变生活环境等方面的作用,这就表明学生在思考,真正的意义在于打开了一个窗口。这就是一个真正的生成性的问题。生成新的东西能够拓宽视野,这在核心素养中是非常值得关注的问题。

6.整合性

学生的全面发展和个性发展是通过对知识的综合运用而不断探索世界与自我的结果。为此,课程内容、进程等须根据需要进行整合。可以是自身整合,也可以与其他学科整合。

(三)立足学生核心素养发展的教学目标

只有制定了教学目标,才能去想怎样达成这个目标。立足学生核心素养发展的教学目标要注意以下几点:

1.从学生的实际情况出发

从识记知识的定位,转变为根据学生现有的认知水平来确定经过学习可生成的程度,以发展学生的核心素养为教学目标。

不同的学生,不同的班级,不应该用统一的教学目标,要有所区别。

2.确定五位一体的综合目标

原来三维目标都是分述的,而且只有知识目标是明确的,其他都是虚的,于是在实际操作中,就剩下了知识。而核心素养一定要讲究综合、整体。

这五个核心素养是你中有我、我中有你，因此没必要分开说，一定要结合起来。一定要聚焦到解决问题，目标要具有可操作性。

3.聚焦问题解决的水平程度

要从掌握知识的要求转变为学生探究问题和解决问题的思维品质和关键能力的实际水平与程度，并以学业质量标准为依据。

4.确定具有可检测性的目标

从简单的、形式上的目标转变为具体的、可操作并可检测的目标，使目标的指向针对学生通过学习表现出来的进步程度。从机械分述知识、能力、方法、情感态度与价值观等转变为通过学习学生的历史学科五个核心素养所发展的综合体现。

传统的三维目标设计，更多的是从教师的角度来预设的，学生是被动的。

叶小兵先生以必修一《古代中国的政治制度》第二课为例，为我们提供了一个教学目标设计的范例：

能够从历史的角度了解嬴政自称"始皇帝"的因由；能够运用秦朝疆域图，说明秦朝疆域的四至以及郡县制在秦朝的实施；能够根据有关材料，概括秦始皇加强皇权、建立中央集权制度的具体措施，并从当时的情境和历史的角度论述秦朝建立大一统国家的重要意义；能够运用正确的历史观阐释秦朝建立的政治制度对此后中国历史发展的深远影响。

与传统的三维目标设计相比，叶先生的这个设计为我们提供了全新的教学目标设计范例，从观念、方法甚至格式上都发生了相应的变化，非常值得大家研究和借鉴。

（四）基于培养核心素养的教材分析

要根据现行课标对教学内容的叙述，将教学的指向从具体的知识点转向通过知识的掌握进而形成的历史认识，即定位在历史专题问题的认识。

现行模块是专题的,不仅是学习的专题,也应该是认识问题的专题。

我们以《秦朝的统一》一课为例,略做介绍:

1.主题分析

该学习专题中包括诸多学习主题:加强皇帝权力的措施、地方行政管理的体制、中央集权制度的影响等。

在研究这些问题的时候,一定要解决这个专题相关的最核心、最关键的问题。哪怕解决一个,其他可以举一反三。不是聚焦在知识,而是聚焦在可探究和学习的问题。

以下几个问题,都是值得探究的,可根据学生情况选两个左右核心问题进行探究。

2.关键问题

该学习专题中有哪些可探究的问题:

秦朝的皇权与此前的王权有何不同? 秦朝中央与地方关系的特点是什么? 中央集权制度形成的历史原因有哪些? 秦朝中央集权制度的历史影响有哪些?

比如第一个问题,以前一般人都不太重视,讲完商周宗法制、分封制就讲秦朝,但秦为什么会加强皇权,加强以后与以前有什么不一样的地方,其实这很值得去探讨。

3.教学重点

现行高中课标有很多问题,内容的含量太大,从知识的角度根本讲不完,这就要在观念上有所变化,从技术层面要抓住重点,以点带面。比如上述问题中最主要的问题就是中央集权是怎么回事,应该怎么看?该专题中的教学重点就是建立中央集权制度的措施以及秦朝政治制度的历史地位。

4.联系

第四个要分析的就是联系,就是与这一课教学内容相关的历史知识或认识。这样的联系可以列出很多,比如:商周时期的政治制度、商周时期的疆域、中央集权与地方分权、皇权加强的特点、秦朝在中国历史上的地位及影响等。

我们教历史，原来比较忽略的地方，往往是高考又特别重视的地方。高考比较重视的，是就一个点瞻前顾后、左顾右盼，换句话说就是前后左右联系。

联系地看问题，才能真正看到切中要害的问题和核心的地方，在联系和比较中，认识具体知识。当然这种联系必须是教学的重点。

5.课程资源

要想解决问题，培养核心素养，要尽可能多地运用各种各样的材料，一定要打破一本书打天下的情况。因为那只是在教书本上的知识，甚至只是在教书本上的核心的字儿而已，这样的历史教学是没有意义的。

只有资源才可能生成情境，也只有资源才可能解决问题，只有资源才可能使学生的认识更为全面和客观。

学习该专题需要的课程资源有：原始的文献资料、史学研究的成果、图像资料、地方史资源等等。最重要的就是文献资料，因为史料实证主要是运用有价值的第一手的史料。

当然，高中阶段还需要适当运用一些史学研究成果。

三、基于核心素养的教学过程和教学设计（如何教学）

传统的教学设计是以课文内容的授受为基本过程和主要环节的，这种设计思路与新课改是不相吻合、必须改变的。必须以核心素养导向的学习设计替代知识记诵导向的教学设计，使教学过程围绕着学生对历史问题的自主探究来展开。这种以学生自主探究为特征的教学过程，主要包括以下五个环节。

（一）情境创设

学生要认识历史，需要了解、感受、体会历史的真实境况和当时人们所面临的实际情况，因此，在教学过程的设计中，教师要设法引领学生在真实的历史情境中展开学习活动，进而对历史进行探究。

我们在进行教学设计的时候，要做的就是怎么样创设真实的情境，研究当时的人碰到了什么问题,包括大致的背景、具体状况、人们的思想观念等等。想办法让学生体悟真实的历史情境,而不是假问题,才可能想到真实的问题。

比如《大泽乡起义》中,秦末九百个戍卒碰到的是生死问题,不拼命就全都没命。再比如《商鞅变法》,碰到的问题是什么? ——富国强兵。秦国要做的就是怎么样富国强兵,否则就会被别国所灭。

(二)问题引领

认识历史不是取决于记忆现成的历史结论,而是要面对并解决历史学习中的问题。因此,教师在分析教学内容的基础上,要以问题引领作为展开教学的切入点,以问题来激活、调动学生的思维。

如果只是把历史当成一门记忆的课程,上课只是老师讲学生记的话,学生就没有问题。唯一的问题就是记不住,最后就不记忆了。

历史老师最爱说的一句话是"学史使人明智",可以"使人聪明"。但如果没有问题,一定不能变得聪明。一定要不断地去解决问题,像古人那样去思考、解决问题,思考怎样解决问题,为什么这样解决。在这个过程中,才能不断地反思、汲取历史的智慧,才可能变得聪明,"学历史使人明智"才成立。历史学习不是一个记忆的问题,而是解决在那个历史情境下,人们解决问题的过程。所以,一定要设计、围绕问题的解决,方方面面的活动,来调动学生投入到解决问题的过程中来。根据教材、根据学生的认知,设计问题的引领。

(三)史料研习

探究历史问题靠的是对有价值的史料进行分析,用实证的方式,以可靠的史料作为证据来说明自己对问题的看法。因此,建构基于史料研习的教学方式,引导学生搜集、整理、辨析史料,运用史料对历史问题进行探究。

这个过程中,要尽可能用有价值的,也就是第一手材料,用实证的方式,来分析论证问题,用真实可靠的材料,来支撑自己看法的依据。这是一个史学家研究和认识历史的基本方式，现在也应该是我们培养学生历史学科素养最重要的方式——材料研习。包括研读、分析、汲取有效信息，运用材料解决问题等等一系列的活动，这也是历史学科最主要的一个特色。理科最主要的是建模和实验，让学生自主解决问题，在物理、化学实验过程中解决问题，它们的核心素养特别鲜明——逻辑思维。历史五大核心素养，要想解决问题，最关键的就是材料——史料实证。而且哪怕从最功利的角度——当前的高考——来说，所有的题型、题目，都可能涉及材料。

在这个问题上，天津市教研室也给出了很好的建议，并给出了具体的示例：

一是明确运用史料的目的；

二是选择典型的、有价值的、有说服力的史料；

三是将史料展示与问题的解决相结合；

四是根据史料的运用组织学生的学习活动。

《历史Ⅰ》的"古代中国的政治制度"这一专题中，有关分封制的教学，涉及实行分封制的过程、如何进行分封、分封给什么人、分封的作用等问题。教师的教学设计不是直接讲授这些问题，而是通过以下史料及问题让学生得出结论。

> 材料：武王追思先圣王，乃褒封神农之后于焦，黄帝之后于祝，帝尧之后于蓟，帝舜之后于陈，大禹之后于杞。于是封功臣谋士，而师尚父为首封。封尚父于营丘，曰齐。封弟周公旦于曲阜，曰鲁。封召公奭于燕。封弟叔鲜于管，弟叔度于蔡。余各以次受封。
>
> ——《史记》卷四《周本纪》

问题：

1.被封侯的是哪几类人？

2.结合地图和材料，指出这些人的封国在什么地方？

3.周王分封的目的是什么？

结论：受封的是先王之后、功臣和王室贵族；结合地图，从封国的位置看出周王通过分封,拱卫王畿,经略边疆。

这样的教学设计,不是由教师直接讲授、学生被动接受历史知识,而是通过学生对史料的分析,解决学习和认识上的问题。而且,在研习史料的活动过程中,学生可以通过时空的定位发展时空观念,通过史料的解读提升史料实证能力,通过问题的解决促进对历史的理解,提高历史解释的能力。

无论从材料研习的原料、问题、方式等哪个角度来说,都需要我们在教学设计中把它作为一个重点问题去解决,要始终重视学生对材料的运用。从核心素养培养角度从历史认识的生成、历史问题的解决角度来说,包括从考试的角度来说,要特别设计好,并贯穿在每一次授课过程之中。

(四)开展论证

解决历史问题,在解决历史问题过程中,史料实证、历史解释、家国情怀全能用得上,思维品质就是在论证中发展的。比如逻辑推理、因果分析,其概括、语言表达等,都是在论证过程中生成发展,这就需要设计。问题、方式、时间等,都需要设计好。

对历史问题的解释,不仅要运用史料,分辨各种解说,更要通过分析、综合、比较、概括等思维操作,说明自己的看法。因此,在教学过程中要以学生自主探讨历史问题的论证活动为重心,使学生自己解决问题。

到这里,一堂课的主要问题都基本考虑到了。但核心素养之所以是开放性的,还在于它强调深度学习,而不要止于课标的要求。

(五)深度拓展

能促进、刺激学生继续学习,继续解决问题,对学生的思维发展、学好历史是非常有利的。所有历史问题的解决都不是终极性的,在解决问题的过程中也会出现新的问题,需要进一步深度学习和探究。将教学过程及结果设为开放性的,促使学生继续进行可持续的学习是必要的。在设计时,还可以继续开放,前边有引导,后面还要继续指引,以后还能接着学,实现良性循环，这是历史教学的一个主要特色。

以上五大主题学习环节，以培养历史学科核心素养为目标，重在学生学习活动的展开，在认识和解决问题的过程中提升历史学科核心素养，这也是本次课程改革给一线历史教师提出的一个新的课题。

四、基于核心素养的学习评价（如何考试）

如何考试和评价，这是高中师生共同关心的问题。新《课程标准》给出了明确的学业质量标准的水平描述，这是进行学习评价的依据。

（一）两道值得研究的典型试题

样题1：

鸦片战争时，琦善派人探听了一些英国的情况，并据此写了一份奏折上报朝廷，言道：该国王已亡故四年，并无子嗣，仅存一女，年未及笄，即为今之国王。该国有大族二十余家，皆其国之权臣，议事另有公所，只需伊等自行商榷，不受约束。揣其词意，或前此粤省烧毁之烟，其中即有各该权臣之物……是固蛮夷之国，犬羊之性，初未知礼义廉耻，又安知君臣上下？且系年轻弱女，尚待择配，则国非其国，意本不在保兹疆土，而其国权奸之属，只知谋取私利，更不暇计其公家……故求索不专在通市。

——《琦善奏探询英国各情形折》

问题：

(1)根据上述材料，你认为琦善获得了哪些情报？

(2)你如何看待琦善的这份奏折？

样题说明

题目类型：开放性题目

答题要求：

琦善将其了解到的英方王位继承、议会权力等方面的零星情况，使用中国传统的政治(君臣、华夷关系,宗法制度)、伦理(三纲五常、婚俗)观念进行主观臆断,据此推测英国发动鸦片战争的目的。

要求学生分析这份奏折中琦善收集了哪些情报,并要求学生根据所学的知识评价这份奏折。

一是从材料中筛选出琦善所获得的"情报"(琦善借以做出判断的史实);

二是读懂琦善对"情报"进行的个性化解读和基于"情报"进行的分析判断;

三是对问题中引用的琦善奏折的部分内容做出评判,并用自己的语言准确、清晰、有条理地表达。

考查的核心素养:

所考查的核心素养为史料实证,重点考查学生通过对史料的辨析,判断史料的真伪、价值,以及史料作者的意图,在此过程中体会实证精神;能够从史料中提取有效信息,作为可靠的证据,据此提出自己的历史认识。

涉及的内容:

一是必修模块"中外历史纲要·中国近现代史·晚清时期的民族危机与救亡运动";

二是必修模块"中外历史纲要·世界史·资本主义制度的确立";

三是选修Ⅰ模块1"国家制度与社会治理·政治体制";

四是选修Ⅰ模块3"文化交流与传播·战争与文化碰撞"。

涉及的情境:

中英鸦片战争期间(19世纪40年代),长期闭关锁国、妄自尊大的清朝君臣,在沿海多地频遭英军侵略的形势下,急于了解对手的情况。

考查素养水平预估(根据历史学业质量标准的4个水平):

总体预估为水平3-4;

问题(1)的预估为水平1-3;

问题(2)的预估为水平3-4。

难度预估(根据上海命题组的预估难度,此题的难度值约为0.55～0.65)：

问题(1)的预估难度：0.85；

问题(2)的预估难度：0.60。

不同水平学生作答及评分标准：

问题(1)：根据上述材料,你认为琦善获得了哪些情报?

评判标准：

水平3：能够清楚地辨析材料中的史实与史论("该国王已亡故四年……不受约束"部分,为材料中的主要史实即"情报")；能够准确地列举琦善所获取的"情报",解读基本准确(四年前,英王去世,不足十五岁的女性继承人即位；二十余家贵族皆为上院议员,议会在国家政治生活中具有特殊地位,议会议政,国王不能干涉)；能够理解并明确地界定"情报"这一概念(琦善所获取的信息并不属于"情报",只是英国的时政旧闻和并不完整、准确的英国国家权力机关运行、最高权力相互制衡的常识),根据材料判断,琦善并未获得任何有助于清政府筹划对英作战的"情报"。

水平2：能够区分材料中的史实与史论,能够列举琦善所获取的情报并进行解读。

水平1：能够从材料中提取部分史实,英国王位继承和议会权力两部分内容,只解答对了一部分。

水平0：没有理解史实材料。

问题(2)：你如何看待琦善的这份奏折?

评判标准：

水平3：能够理解琦善的奏折的内容,明确指出,材料反映琦善根据并不完整、准确的所谓情报,使用中国传统的政治(君臣、华夷关系,宗法制度)、伦理(三纲五常、婚俗)观念对英国的政局及发动战争的动机妄加揣度,主观臆断,得出了一些并不靠谱的结论(以传统的君臣关系理解英国议会对君主的制衡；认为英国女王尚待字闺中,一旦出嫁,"则国非其国"；认为在英国"年轻弱女"为王的情况下,"其国权奸之属,只知谋取私利,更不暇计其公家"等),并引用材料中的文字说明；能够指出,以这样的错误分析奏报皇帝,可能对最高决策产生误导,不利于战争;能够认识琦善在与英国侵略者接触的过程中,感觉到英国"求索不专在通市"的侵略野心,并非十分昏聩,但是其对国际事务、特别是英国情况的一无所知,使之不具备客观认识、理解当时形势的基本能力,这种情况,在闭关锁国的清朝君臣中,具有普遍性。

水平2:能够理解琦善的奏折的内容,指出琦善根据所谓的情报,使用中国传统的观念,对英国的政局及发动战争的动机主观臆断,得出了一些结论,并能加以说明;能够指出,以这样的错误分析奏报皇帝,可能对最高决策产生误导,不利于战争;能够指出琦善奏折中的偏见与闭关锁国的关系。

水平1:能够结合所学,说出自己对琦善奏折的看法,这种看法能够自圆其说。

水平0:没有表达观点或观点不能自圆其说。

样题2:

材料一:1899年1月,康有为在回忆"公车上书"时说:"再命大学士李鸿章求和,议定割辽、台,并偿款二万万两。三月二十一日电到北京,吾先知消息,即令卓如(梁启超)鼓动各省,并先鼓动粤中公车,上折拒和议,湖南人和之……时以士气可用,乃合十八省举人于松筠庵会议,与名者千二百余人,以一昼二夜草万言书,请拒和、迁都、变法、三者……并日缮写……遍传都下,士气愤涌,联轨察院(都察院)前里许,至四月八日投递,则察院以既已用宝(光绪帝批准和约),无法挽回,却不收。"许多论著据此认为康有为发起和组织了"公车上书",并将之视为资产阶级改良派走上政治舞台的标志。

——摘编自《康南海自编年谱》等

材料二:20世纪七八十年代以来,史学界对康有为的说法提出了诸多质疑。茅海建详细查阅清朝军机处《随手档》《早事档》《上谕档》《电报档》《洋务档》《收电》《交发档》《宫中电报电旨》等档案,提出:"从二月二十七日至四月二十一日,在不到两个月的日子里,上奏、代奏或电奏的次数达154次,加入的人数超过2464人次……在各省,封疆大吏电奏反对者（反对签订和约）已过其半数；在京城，翰林院、总理衙门、国子监、内阁、吏部官员皆有大规模的联名上书；举人们的单独上书也达到了 31 次，加入的人数达到了 1555 人次；举人们参加官员领衔的上书为 7 次，加入人数为 135 人次。""四月初八日（5 月 2 日），即康有为所称'不收'其上书的当日，都察院代奏了官员举人的上书共计十五件。""由此可以证明，康有为组织的十八行省公车联名上书，并非都察院不收，而是康有为根本没有去送。"

——茅海建《戊戌变法史事考二集》

问题：

（1）评析材料一、二论点所依据的不同类型史料的价值。

（2）根据材料一、二，概述士大夫阶层对甲午中日战争失败的反应。

说明：

本题所考查的是学业质量标准的水平二，重点考查学生能否对材料进行比较、分析和甄别，并利用材料构建自己的论述。

材料一属于个人回忆，记述者本人为当事人，反映了记述者从自身立场出发对史实的记载，对研究记述者或史实有较高史料价值；但由于回忆录包含记述者的主观意图，因此有时记述的并非真实的历史。

材料二属于史学研究，作者查阅了大量宫廷档案。档案是原始性的第一手资料，客观性和真实性较高，与回忆录相比具有更高的史料价值。

对问题（1）的解答，如果能够知道材料一是个人回忆，材料二是历史档案，可达到水平一；在此基础上，能够对这两类史料的价值进行说明或分析，可达到水平二。

对问题（2）的解答，在论证士大夫阶层对甲午中日战争失败的反应中，能够涉及材料的内容，可达到水平一；能够对这两则材料进行比对，并据此作为论述的证据，说明两则材料中相同的记述更接近于历史真实，而记述存在差异的内容需要辨析，材料二证明材料一中康有为的"公车上书"是不存在的，因此对是否有康有为组织的十八省公车上书一事存疑，可达到水平二。

(二)学业评价的特点

1.以学业质量标准为评价目标

课标给出了明确的学业质量标准的水平描述,这是学习评价的依据,是学生学完历史之后应该达到的标准,也是考试的依据,同时,也是使课标落地的一个重要标志、尝试和亮点。

长期以来,有一个一直困扰历史老师的问题——教考分离。课标是分开讲,而考纲是通史体例,回头还来指导教学。高中前两年按《普通高中历史课程标准》教学,最后高考按照《考试大纲》来考试,教学和考试分家,这是很不合逻辑的现象。

现在,应该教学与考试接轨。

这次编写学业质量标准,编写者把考试中心的人请来,让他们根据新课标来命题。目前的几道样题都得到了高考命题人的认可,在全国各地测试的结果也还不错。也就是说,教考将来有可能接轨了。

比如,抽出一个"历史解释"来讲:第一级水平,初中生比较优秀的就可以达到;第二级水平,高中一年级所有学生都应该达到的水平;第三级水平,是完成等级水平考试要达到的水平;第四级水平,是研究生水平,不是一般人能够达到的,但有些学生能够达到。今后高考自主招生,有些专业会有某些独特的要求,要给这些学生表现自己的机会。

有心的老师一定要在自己的教学实践中多下功夫。可以研究的东西很多,很值好好下一番功夫。

2.以解决问题为评价的核心

学习评价重在测评学生在解决问题过程中对知识的运用、对史料的分析、对问题的论证以及对结论的叙述,重点则是如何解决问题。

另外,解决历史问题是历史评价的核心和着眼点。评价不是单单考知识,而是考怎么分析、论证、解决问题的水平。提供完全陌生的新材料,考查学生素养,怎么运用材料,从材料中获取有效信息,根据材料的性质和你的所学来做出判断。新修订的《普通高中历史课程标准》放上茅海建先生的样题，导向性非常明显。如果将来的高考真得做到这样，从题型到指导思想，都会发生重大变化。

3.制定个性化的评价方案

根据学生的不同特点及程度，制定适于学生发展的个性化评价方案，关注每个学生最近发展区的进步，以多元的评价方式综合评价。

传统的教学，一个很大的弊端，就是用一个标准评价所有的人，这个问题甚至影响了一个国家和民族的发展。每个学生都可以发展，根据具体情况，评价也不应该一个标准。个性化的评价最有利于学生发展，如果用一个标准评价，对有些人是不公平的。当然，在进行个性化评价时，还应该根据最近发展区理论，也就是可能达到的水平、上升的空间，进行多方面评价，使我们的评价能真正促进核心素养的发展。

新一轮课程改革，对于我们身处一线的历史教师来说，是新的挑战，更是新的机遇。相信老师们一定会与时俱进，勇于担当，积极主动地投身到新一轮课改实践中来，探索出属于自己的高中历史教学之路。

（又一轮课程改革来了。其中一个重头戏，就是换掉历史老教材，改用部编新教材。2017年夏，我很幸运地接受了天津市第一批新课改骨干教师培训，在津南区现场聆听了徐蓝、叶小兵、张汉林、李月琴等专家学者的讲座。同时，应河西区历史教研员郎越轩老师的邀请，我和四十二中杨钧老师承担起了对河西区高中历史新课改教师的相关培训任务。算算日期，我应该是新教材的第一批使用者，很兴奋、也很期待。本文是2017年秋季开学之初我在河西区新课改骨干教师培训会上的讲稿，略有删改。2018年秋季开学，我接手新高一，可惜的是，新教材并没有如约而至，本人也成了老教材的最后一批坚守者。

新课程背景下的历史课堂教学策略

著名历史特级教师卞永海老师曾说过这样一句话："让历史课堂充满生命的活力。"的确，作为历史老师，我们经常想的一个问题就是怎么样把历史课上得更生动、更鲜活一些。这，就是一个历史课堂教学策略问题。

一、以问题式教学为主导的多样化教学设计

（一）问题的提出

新课程对教学观、课堂观、教材观、方法观与传统的提法有了巨大的变化。上一轮课改虽然问题多多，但有些理念还是深入人心的。比如：

1. 新的教学观

教学从本质上说是一种"沟通"与"合作"的活动，"对话"是教学活动的重要特点。新课程需要的教学观如下：

（1）整合教学；

（2）强调互动的师生关系；

（3）构建素质教育课堂的教学目标体系（结论和过程统一，认知与情感统一）；

（4）构建充满生命力的课堂教学运行体系。

2. 新的课堂观

课堂是对话、沟通、交往、合作、探究、展示的平台，是新认识的生长点。

3. 新的教材观

标准是课程的"灵魂"，教材是课程的"肉体"。要树立"用教材教，而不

是教教材"的观念。唤起教学活动的"目标"意识，反对"教总比不教好，教多总比教少好，教得越多越好"的经验主义做法。

4.新的方法观

新课程倡导自主、合作、探究的学习方法，注重探究学习，使学生善于从不同角度发现问题，培养学生探究历史问题的能力和解决问题的方法，提高处理问题的能力。

5."学"贵有"疑"

孔子说过："不愤不启，不悱不发。"国家督学袁振国教授提出："让学生带着问题走进教室，带着更多的问题走出课堂，是问题教学的精髓。"

"疑问"的形成是学生学习过程中的首要环节，是学生思维的发动机，"问"的过程中的"疑"，再到"疑"中的"问"，不断地循环，达到学生知识的迁移，问题意识的培养，创新能力的提升。

问题式教学的核心和关键就在于对问题的设计。

（二）如何设计好的历史问题

什么样的问题才算好问题？

1.好的问题具有挑战性

有挑战性，才能抓住学生眼球。比如讲《辛亥革命》。辛亥革命的背景、原因、过程、结果、伟大历史功绩，这些常规知识点，学生能有什么兴趣！怎么才能提出一个问题，在这节课上课伊始，就抓住学生眼球？

有人设计了一张表格，太平天国几十万人，十四年时间，占据清朝半壁江山，中国损失上亿人口，结果，并没有推翻清政府；而辛亥革命，几千新军，武昌闹事，四个月清政府被推翻。问题：为什么几十万人十四年没完成的事，几千人四个月就完成了？学生的好奇心来了，那些常规知识点就变得有意义了。

2.好的问题应该自然涵盖基础知识

教学最终要面对考试，教师设计的问题再怎么好，最终还是要让学生自然地学习知识点。可历史知识内容那么多，课堂上根本讲不过来。比如《第二次世界大战》一课，有人设计了这样一道题："给希特勒和丘吉尔各写一个墓志铭"。这样二战的基本知识点也就顺带脚儿学习了。

3.好的问题要具有连续性

历史思维其实就是刨根问底的习惯。在环环相问的时候,就容易形成缜密的思考。

第一是设计好的问题假设,尽可能引起争议,历史可以"假如";第二是分类讨论、分阶段讨论,不要一概而论。比如让学生习惯于面对一个复杂历史事件、历史现象时,本能的分情况、分阶段分析;比如"不平等条约都是不平等的吗?""近代中外冲突中中国都是受害者吗?"第三是运用对比。比如马克思在1853年对"太平天国"评价很高,称之为"革命",但到他晚年(1862年),称之为"魔鬼的化身"。以此导入新课,肯定能够激起学生的好奇心。

4.运用逆向思维方式提问

历史教科书,有时候是存在很多矛盾之处,苛求于古人。尤其讲外国资本主义的时候,往往留下一个尾巴。比如,教科书上指责《1787年宪法》,具有局限性,没有废除奴隶制。那么没有废除奴隶制到底是不是《1787年宪法》的局限性呢?再比如,选修四教材《中外历史人物评说》这样表述:1916年,袁世凯在唾骂声中去世,"从而结束了他可耻的一生",那么袁世凯的一生真的都是可耻的吗?

(三)教材文本问题化

好的问题可以激发学生的学习兴趣,让课堂变得鲜活起来。但是,历史学科毕竟建立在记忆基础之上,大量的基础知识无法回避,还是要落实的,学生手里的教材毕竟还是至关重要的复习依据,地位不容忽视。怎么办?

很多老师、很多资料弄出了知识结构填空让学生背。就实际效果来看,填空不如问题设计。

这就需要教师认真研读教材,把教材知识问题化,按照历史学科的特有的学科特点,问题设计要从历史的时空观的角度出发。这样做的好处:一方面有利于学生更好把握必备的基础知识,另一方面引导学生带着问题去读书,阅读中思考,为理解、分析,客观认知历史做好知识的储备。

以现行的人教版必修教材为例,教材内所有的内容,包括正文,辅助性的文字(引言、备注)、图片及文字说明,课后练习中的相关史料等都要纳入问题设计的范围。

案例:新课常态课,教材文本为基础的问题设计

人教版高中历史必修3

第1课

商周时期的教育呈现什么状况? 体现怎样的特点?

春秋战国时期教育发生什么变化?这种变化产生怎样的作用?

春秋战国时期,中国社会在政治、经济、思想文化上的大变动是指什么? 哪一新的阶层力量活跃? 他们为什么会受到重视? 为此他们被称为什么?

中国传统文化体系是何时形成的? 形成的特点是什么?

百家争鸣的作用和意义何在?

孔子政治上的主张是什么? 体现其主张的内容有什么?

孔子提出约束人的行为的主张什么?

孔子在教育上最伟大的贡献是什么?"有教无类"反映孔子怎样的教育观,并说明其作用。

总结孔子促进中国古代文化教育发展的贡献。

战国时期孟子、荀子的政治主张分别是什么? 本质上的共同点是什么? 在伦理观上二人的认知分别是什么? 孟子如何对待人的善? 荀子认为如何使人向善? 说明孔子、孟子、荀子三者的关系。

说明战国后期儒学的地位及原因。

老子是什么时代的人物? 是哪家学派的创始人? 其核心内容是什么? 怎样的政治主张? 他有怎样的哲学观? 他的继承者是谁? 二人合称为? 如何发展老子的学说?

战国时期法家思想的实践者和集大成者分别是谁? 用史实说明。

战国时期墨家代表哪一阶层? 其主张有什么?

第2课

秦始皇为加强中央集权在思想方面是如何做的？产生怎样的影响？

汉初采取的统治思想是什么？为什么？为此实行怎样的统治政策？

汉武帝统治的理念与汉初相比发生什么变化？原因何在？

董仲舒新的儒学体系是如何构成的？他是从哪几个方面进行阐发的？具体的主张及作用是什么？

汉武帝是如何接受董仲舒的建议并实施的？为什么儒学能在汉代确立为正统地位和传统文化主流？

第3课

宋朝形成的新儒学体系是什么？代表人物有谁？其核心是什么？具体的内容是什么？

"人伦者，天理也""父子君臣，天下定理"体现的是哪两者之间的联系？如何实现二者的联系？

二程提出怎样的认识论？把哪三者的关系联系在一起？其目的是什么？

说明程朱理学的作用、影响。

四书五经成为教科书的时代与事件分别是什么？

第4课

明朝中后期社会上出现对理学的抨击声，"抨击声"是指什么？出现的社会因素有哪些？

明清之际有哪几位重要的思想家？他们在思想上的共性是什么？

如何理解李贽的"离经叛道"？说明具体的内容。

黄宗羲的主张是什么？作用何在？

顾炎武是如何探索挽救国家危亡途径的？（观点、实践、著作）

王夫之唯物思想的具体内容是什么？对中国社会发展产生的影响

是什么？

三位思想家的进步思想产生的影响是什么？如何理解传统文化焕发新的生机？

(四)"问题式教学"法应该注意的事项

1.关注学情接地气

不同类型的学校,学生的基本状况有巨大的差别。以天津市市内六区为例,市直属五所与区属市重点学校的生源有很大的不同,作为高中历史教师,必须要对自己所教学生的基本状况清楚,针对学生的心理、知识等各方面的特点进行问题的设计。

2.价值取向要合理

在多角度、多方位提供给学生史学界新观点、不同观点的同时,要注意与社会公认价值取向保持一致。

3.一成不变不可取

这不是历史教学唯一方法,不能一成不变,要善于博采其他有益的为我所用,进一步丰富、完善。

4.不为问题而问题

中学历史"问题式教学"法,问题是核心,但不能为问题而问题。

二、加强历史批判性思维训练

有一位哲人说过:"一个人成功与否,是与其逆向或批判性思维有关的。"我们常说"知识"这个词,其实"知"和"识"是两个不同的概念,不同的境界。有"知"无"识",就是缺乏独立思考能力的书呆子而已。我们要培养的,应该是"有识之士"。

上一轮课改已经进行了十几年,从新课程改革的推进和近几年高考命题发展趋势来看,历史教学必须注重学生历史批判性思维的培养。历史批判性思维是指个体在独立思考的基础上,通过大脑的认知加工,依据一定的历史观,全方位对历史史实与历史认识进行反省性思考,经过分析、解释、推断等过程,在反思中对其性质、价值、精确性和真实性做出个人独立判断的一种理性思维过程。

鲁迅的《狂人日记》中,有这样一句话:"从来如此,便对吗?"这其实就是对批判性思维的最佳解读。这就要求学生在历史学习中,不是仅仅接受和记住教材表述的史实和结论,而是要尝试着像历史学家一样深刻地、批判性地思考历史事件和历史人物,尝试着给出更合理的诠释。

面对一件事物的时候,不是用欣赏、赞美、叫好之类的眼光,而是保持一种怀疑、质问、审视、质疑的视角,独立思考、发现问题、提出质疑,对他人及书本的观点提出不同的看法。

三、重视新课程背景下的整体性教学设计

统编新教材《中外历史纲要》马上就要投入使用了。在座的很多老师还进行了试教工作。我们附中没有参与试教,但非常关注新教材,也非常期待新教材。有老师早早地就从网上下载了新教材,一睹为快,欣喜的同时,也充满了困惑。

有人把新教材概括出以下四个特点。

(一)鲜明的编写特点

一是高度浓缩的教学内容,二是极大跳跃的时空顺序,三是繁杂专业的学科概念,四是丰富多彩的学科视角。

时空观念本是历史学习的五大核心素养之一,但纲要的编写过于理想化、浅尝辄止、时空混乱,造成教学和学习的新困难。对于高中学生来说,文本倒是不难,都能看懂,但诸多的历史概念如果不弄懂,就不可能真正理解教学内容,更不可能真正形成对历史的感悟。可一旦讲这些概念,教学时间肯定不足。新教材比我们现行教材固然有趣的多,可如何取舍? 如何运用? 又成为新教材教学的关键所在。

作为读本,非常不错,作为高中历史教材,不是非常合适。

一是内容太多了，能讲完吗？二是如何让学生科学有效地掌握这些知识。三是如何科学有效地考查。毕竟，教、学、考是一个统一的整体，需要全盘考虑。

（二）教学策略探索

我觉得应该牢牢地把握"纲要"这个关键词。

有两个问题至关重要：一是教学重心的确定，二是教学主线的梳理。

在此基础上，学会运用整体性教学设计，疏通知识之间的联系，形成历史学习的大框架。

1.凸显每课之纲——确定每一课的教学重心

教学重心是一节课的灵魂，重心的确定，能够帮助学生有效地整合教学内容，解决教学的重难点，架构知识体系。

怎么确定教学重心呢？

可以通过对教学主题的整体性提炼、教学概念的整体性把握和教学立意的整体升华来确定。

（1）教学主题的整体性提炼

历史教材有时为了学习的需要，往往会平铺直叙地介绍一些历史事件，主题不够突出、事件比较分散。怎么办？这就需要教师引导学生梳理教材子目之间的逻辑关系，提炼教学的主题。

比如《第二次世界大战与战后国际秩序的形成》这一课，包括三目：法西斯主义与欧亚战争策源地的形成、第二次世界大战、战后国际秩序的确立。初看每一目都很重要。但仔细研究，就会最终提炼出一个主题——"战争与和平"。以"和平"为重心进行教学设计：失去和平—赢得和平—守护和平，可能更好地整合松散的知识，有助于教学时间的把握。

（2）教学概念的整体性把握

2017版的《普通高中历史课程标准》明确指出："重视以学科大概念为核心，使课程内容结构化，以主题为引领，使课程内容情境化，促进学科核心素养的落实。"

什么是历史大概念？所谓历史大概念，指一些具有统领性、贯穿性的历史学科概念，一旦找准、疏通这一概念，就能确定教学的重心，起到纲举目张的效果。

比如《中外历史纲要》（下）第八课《西欧的思想解放运动》，包括文艺复兴、宗教改革、启蒙运动、近代科学的兴起等四目，但贯穿全课的大概念，就是"人文主义"。（受抑制的人性——文艺复兴的背景；文艺复兴，那是复苏的人性；宗教改革是发展的人性；而近代化的兴起，和启蒙运动，又在人文主义旁边加上了"理性"和"进步"的字样。）

（3）教学立意的整体升华

教学不能从知识到知识，而应该引导学生积极思考，形成历史感悟。每节课都应该有"课魂"。这个"魂"，就是教学立意。

比如《中外历史纲要》（上）《诸侯纷争与变法运动》一课，涉及诸侯争霸、列国变法，还有诸子百家等内容。如果重心把握不准，就会造成知识零散。如果我们把教学内容升华到"社会大变革"这一高度，就能很好地凸显教学的重心。社会为什么变——社会怎么变，重心突出、逻辑顺畅，学习自然就会更方便一些。

好的教学立意不是强加的，也不能贴标签。它能让学生通过自主的学习与探究，把僵化的历史知识转化为灵动的学科认识。

2.疏通教学之要——梳理每一课的教学主线

教学主线是教学的基本线索。

在传统的教学之中，教师的整体性设计往往比较薄弱，往往随机选用教学资源，随意营造教学情境，随便设计教学问题。其实，教师应该围绕教学重心，整体取舍教学资源，整体营造教学情境，整体设计教学问题。

（1）教学资源整体性取舍

教学资源的取舍贵精不贵多。我们经常发现，教学资源实在是太多太多，如果什么都想要，什么都想用，其实什么都讲不透，还会造成内容主线不清。选取的资源一定要为主题服务，不能面面俱到，冲淡教学重心。

（2）教学情境的整体性营造

有效地教学情境能够激发学生积极学习的情感，提高自主、合作的意识。

比如，附中王运老师在讲《第二次世界大战》一课的时候，设置了这样一个整体情境——"天堂的审判"。希特勒、斯大林、罗斯福等死后，围绕着谁应该为二战的发生负责，谁该下地狱，打了一场官司。由学生来做法官（上帝），由其他学生扮演二战中的几大巨头。分别在"上帝"面前陈述自己的理由。

那堂课，很多学生兴趣盎然；很多年以后，返校看老师，还津津乐道。

（3）教学问题的整体性设计

教学问题的设计是教学成功的关键。

从教学的有效性来看，问题最好能由学生自主生成。但现实是学生很难自主提问，这就需要老师引领。

日常教学中，教师有时候不会设问。表现一是问题缺乏思维含量。一问一答式的浅层次的提问多，深层次思考少。不能让学生动心、动脑、动情，反而还会扼杀学生的创造力和学习兴趣。表现二就是教师缺乏整体设计的意识，问题缺乏连贯性，想到什么就问什么，冲淡了教学的重心。

一定要围绕教学重心和主线设计问题，切忌游离于主线之外，使学习增加新的难度。

期待已久的新教材马上就要来了。赞誉也好，否定也罢，该来的都得来。

担心可以理解，抱怨无济于事，积极应对才是正道。

2006年课改之初我们在座的各位也曾面临巨大的困惑，现如今还不是顺风顺水？

相信有卞永海书记的指导，有郎越轩老师的引领，有在座各位的努力，我们一定会突出重围，走出一条河西特色的课改之路，河西区的历史课堂，肯定会充满生命的活力。

（2019年8月下旬，本人应邀为河西区全体高中历史教师进行第六周期继续教育培训。一同担任本次培训任务的还有梧桐中学校长、天津历史名师安媛老师。根据两人的分工，我主要讲了以下四个问题：以问题式教学为主导的多样化教学设计；加强历史批判性思维训练；重视新课程背景下的整体性教学设计；探索史料教学的有效途径。并重点推荐了著名特级教师熊国荣老师的一个讲座视频，还就本校历史组陈艳老师与耀华中学"同课异构"的史料教学活动课《启蒙运动》的实况录像与现场教师进行了热烈的讨论。）

让历史课堂充满"理性"的光辉

——《启蒙运动》史料教学活动课案例评析

一、案例导读

陈艳老师执教的《启蒙运动》史料教学活动课，是在天津市耀华中学高二年级借班上课所做的一节市级观摩课。我们先思考这四个问题：

(一)如何确定一节课的教学立意

所谓教学立意，就是指教师根据课程标准，结合学情，在分析教科书文本的基础上，所确定的一节课的主题思想，它包括教师的教学意图和教学内容结构的构思设想等。一课堂应该有一个中心、一条主线、一个灵魂，教学立意就是课堂教学的灵魂，它决定着课堂教学的效能。如果立"意"错了，教学没有了中心、主线和灵魂，教学就不会成功。

(二)如何更有效地进行史料教学

史料是历史研究的基石，也是历史课堂教学的基本素材。所以有人说，历史学就是一门材料的科学。在历史教学中，如果抽掉有价值的史料，或缺少了有亮点的史料教学设计，历史思维能力的培养就要面临"皮之不存，毛将焉附"的困境。

2017年版的普通高中《历史课程标准》提出了历史学科五大核心素养的理念，这五大核心素养里，有两个和史料直接相关，那就是史料实证和历史解释。"史料实证"是指对获取的史料进行辨析，并运用可信的史料努力重现历史真实的态度与方法；"历史解释"则是指以史料为依据，对历史事物进行理性分析和客观评判的态度、能力和方法。

从考试角度来说，材料分析、论从史出是历史学科的核心考查能力。从近年的高考命题改革来看，史料分析的色彩也愈加明显，比重也越来越大。所以，如何有效地进行史料教学，非常值得大家关注。

（三）如何突出问题意识，用讨论和对话开启学生的思考之门

讨论和对话的方法，是教学中师生实现互动的良好形式。不管哪种教学模式，也不管哪种教学方法和策略，有效对话都是前提和基础。如何通过教师的循循诱导和富有启发性的问题，在师生问答中触动学生的思想、拓展学生的思维，开启学生的思考之门，进而，培养学生运用历史材料思考问题的能力和角度，是我们教学中需要关注的问题，也是历史思维能力培养的重要方式。

（四）教师的教学观和学习观应该有什么样的转变

学生是学习的主体，能否尽可能地调动学生的积极性，直接关系到教学的成败。一堂成功的历史课，不在于老师讲了多少知识，而在于学生学到了多少；不在于我们如何设计教学，而在于我们的设计是否符合学生的实际；不应该是教师讲台上的自我陶醉，而应该是师生的思想在互动中前行。

二、案例评析

执教老师是一位很有智慧的历史教师。她的这堂《启蒙运动》史料教学活动课有着深厚的文化底蕴，是一节相当成功的活动课。课堂彰显了教师和学生思辨的魅力，体现出教师本身浓郁的个人风格。精彩与睿智并存，令人耳目一新。

我认为这节史料教学活动课，有以下四个突出亮点：

（一）教学立意深远，教学设计巧妙，逻辑严密顺畅

就本节课来说，无论是教学立意的设计，还是教学线索的确定，都非常成功。尤其是"理性"的思索，贯穿活动课的全过程，体现了做课教师深厚的教学功力。

基于本课的教学立意及教学目标，教师调整了教学环节，整个教学流程环节紧凑，逻辑严密，课型选择得当，教学设计非常巧妙。情感态度价值观目标的实现，隐藏在教学全过程。不勉强、无说教，真正体现了润物细无声的特点。

比如精心设计的课堂导入，起到了凝神、点题、设疑的作用。课件首页上的十字路标上的"FAITH"和"REASON"，说明这是一个理性与信仰分道扬镳的时代，起到了为本课定调的作用。

有很多细节的设计，体现出执教老师教法的成熟，有效地吸引了学生的注意。

比如，引用康德"什么是启蒙""什么是理性"的解读。然后"理性"的色彩就贯穿了这节活动课的全过程；引导学生找关键词、核心信息，这种做法藏方法于无形；在《孟德斯鸠日记》中，从劳动者和瓦匠等信息里归纳出，不只有贵族，还有劳动者也在读报，这种归纳材料的方法，从不会读报的人听人家读报中，解读出人们思想的变化等等。这些都体现了教师教法的成熟。

比如"启蒙运动改变了什么？"这样一个问题，对这节课的线索进行了明确的交代。

围绕着"启蒙运动主题词"，确定了逐层递进的四个活动内容。这一系列的设计都非常巧妙和精心。

随着谈话教学的深入，学生对启蒙运动的认识也得到不断提升。

这节课的容量非常大，执教教师用活动课的形式，巧妙地化解了大容量与时间紧的矛盾。听完这节课后，除了感叹怎么能完成如此多的环节和内容之外，并没有太多"赶时间"的印象。

(二)史料教学得心应手,史料解读非常到位,带有很强的前瞻性和示范性

执教教师的学科专业功底非常深厚,阅读量惊人。对启蒙运动有着深刻的理解,对相关资料有着广泛的涉猎。

一般来说,史料的使用,应该注意以下这么三点:

一是形式活泼多样。在不同的教学环节,都能发挥较为重要的作用。高中历史教学的理性色彩和初中相比,有了明显提高。但也仍然需要考虑到学生的年龄、性别、思维水平等现实因素。如果整节课的史料类型单一,思考难度又较大,容易使学生产生疲惫心理。而执教老师对本课的史料选择,首先着眼于引发学生的学习兴趣,营造了较为浓厚的历史氛围,史料的选取丰富多样,比如照片、地图等材料,生动鲜活,非常有历史感,能较好地为这一目标服务。

二是高中学生的课堂活动,应当以深层次的思维活动为主。与初中学生相比,高中学生主动参与课堂活动的积极性,表面看有所下降,但实际上,他们的思维品质和能力水平都在提高。所以,高中学生的课堂活动,不能简单地以外在的表现作为评判标准,高中历史课堂能否成功,一个重要标志,应该是教师的教学设计,能否引发学生的思考。本课所使用的很多文字材料即为这一目的服务。

三是史料的运用应该与相关的问题紧密结合。比如本课三个教学环节中,相关史料的运用,形成了完整的教学链条,使这节课的整体性和逻辑性更强。

本课中,教师在史料解读方面做了非常有益的探索,史料的解读浅入——深出(不是深入浅出),问题的设计紧扣史料,体现出教师深厚的功底。

比如,教师在指导学生解读图片《一位哲学家对奥雷里讲授》(约瑟夫·赖特[英]1766)的时侯,引导学生观察图片中的人,从有男、有女、有成年人,也有孩子等信息中,解读出科学的"普及"。从私人实验室中的各式显微镜

解读出科学成为时尚。从宫廷中拿错方向的望远镜来反证科学成为时尚等，多处都体现了教师自身对史料的驾驭和解读能力。

教师史料的解读能力强固然重要，但更重要的是引导学生进行有效的史料解读训练。

在这节课中，执教老师科学使用了大量的材料，相互配合，互为补充、印证。有图片材料、数据材料与文字材料，有当时材料与后世研究成果，有中英文材料，有严谨史料与通俗材料，有原始材料与处理加工过的材料。这些不同时代、不同类型的史料，相互配合、互为补充、互相印证，都能恰如其分地为主题服务，取得良好的教学效果。

（三）课程资源开发适当，教师的英语优势与学生的认知水平相得益彰

本课教学中，教师从历史课程资源开发的角度，搜集、研究了大量的英文材料，根据教学的需要，从中精心选取适当的内容，对历史教学进行整合。

执教教师的英文水平相当高，她曾在苏格兰孔子学院任教一年，执教本课前亲自翻译了大量的英文资料。而开发和运用这些宝贵的英语资料，既发挥了教师自身的英语优势，又非常符合耀华中学学生的认知水平，可谓相得益彰。

利用外语史料进行教学，挖掘了外语的历史文化价值，丰富了教学内容，开阔了学生的视野。在增强教学的历史感和历史教育可信度的同时，也促使学生将外语学习迁移到历史学习中，为学生提供了学以致用的机会，帮助学生深化了对历史问题的理解。

从课前导课开始，到课中提供史料、进行讨论，进而到整个教学过程，这些精心选择的英语资料，非常自然地融入了历史教学的全过程。而且把握适度，毫无造作、累赘和生硬之感。

这节史料教学活动课，也给我们带来很大的启示：那就是，历史教学资源库建设的必要性。我们也真切感受到，基于丰富的核心史料的课堂教学，既可以高效落实《普通高中历史课程标准》的要求，又能拓宽学生的视野，显

著提升学生的能力。

（四）问题驱动教学法运用纯熟，教师对学生的启发与诱导非常成功

这种问题驱动教学法，是一种以学生为主体、以专业领域内各种问题为学习起点，以问题为核心来规划学习内容让学生围绕问题，寻求解决方案的一种学习方法。教师在这个过程中的角色，就是问题的提出者、课程的设计者。

一位著名历史教师曾经这样说过：历史学科是思考的学科，没有思考的历史是僵死的、无意义的；历史也是学问的学科，没有学问的历史教育就无从思考、无从行动；历史还是方法的学科，没有方法的历史教育，也没有单独设课的必要。

在本节课教学中，执教老师始终以一位指导者的身份，引导学生带着问题去阅读、去思考，对学生的启发与诱导非常成功，在史料解读和运用方面对学生进行了科学的训练和有效的指导。

再好的教学设计，如果不能建立起师生之间的有效对话，都不可能很好地达成教学目标。如何在熟悉的内容中挖掘出新的教学价值，无疑是对教师综合能力的考验。从这个意义上说，一切教学方式都是为了课堂对话的有效实现。

在本课中，执教老师不但问题设计非常到位，教学节奏控制得也非常好，师生之间更是开展了有效的对话。课堂对话和课堂教学效果，还有她的课堂气质相辅相成，堪称完美。

在教学设计上，最为突出的是，教师在引导学生分析材料时的几组设问，都非常精当。在"探究活动一"环节，教师提供了三个辅助材料：启蒙运动时间轴、启蒙运动发生的欧洲城市图以及《启蒙运动大事年表》。随后提示学生：

学习、研究一个历史事件，首先要确立时空观念；其次是让学生根据《启蒙运动大事年表》分析，启蒙运动涉及了哪些领域。

在"探究活动二"引入伽利略受审、牛顿封神后教师出示本部分材料：材

料一到五。要求学生分小组研读材料。探究问题:"上述材料能否证明启蒙运动时期,欧洲人对科学非常热衷?请用手中的材料,论证你的观点。"这些讨论题,都非常贴近学生实际。

还有教师出示18世纪英国报纸发行种类,和发行量变化表,以及英国出版业的分布图,提问:"通过阅读上述材料你能得到什么结论?要想了解启蒙时期英国报刊阅读的整体状况,你认为还需要补充哪些方面的史料?"

依据学生的回答,教师补充学生需要的一些新史料,再进一步提问:依据这些材料,概述启蒙时期英国报刊业的发展。试分析这对英国社会政治生活可能产生的影响。(提示结合必修一英国的责任内阁制)介绍当今英国的报纸文化,点明启蒙运动在这方面的深远影响。

尤其在本课的尾声阶段,教师在完成本课板书的时候,故意将"搜集史料"一栏留空,然后揭示本节课最大的一个伏笔——课堂中的材料都是由老师提供的,都是经过教师的脑袋选择过的。这并不符合本课中的"理性"(也就是用自己的头脑思考问题)的原则,进而鼓励学生勇敢地去追求理性。这样老道的教学设计,让在场所有人都拍案叫绝。

整体上来说,在本课教学过程中,教师像一个导师在导学、导读、导思,她将史实、史论、史法做到了有机的整合。

用史料还原历史,引导学生走近历史现场,更好地理解历史;由史料示范"史法",教给学生对史料进行考证、辨析,选择可信的史料,得出令人信服的结论;以史料彰显"史识",通过一个个富有挑战性的问题,组织学生进行讨论、思考和感悟,从中汲取历史智慧、理解历史精神,从而形成理性的历史识见,获得切实的收获和营养。

附:《启蒙运动》史料教学活动课教学设计(陈艳)

本节课为史料教学活动课,安排在《西方人文精神的起源和发展》单元新授课结束后。由于人教版教材《启蒙运动》一课仅涉及了法国三大启蒙思想家和德意志启蒙思想家康德,本活动课旨在使学生对启蒙运动的过程和影响有更全面的认识,并在这一过程中加深对史料学习的理解,提高学生阅读史料、解读史料、辨析史料、收集史料的能力。

三维目标：

1.知识与能力

复习启蒙运动中法国三大启蒙思想家和德意志启蒙思想家康德的主要思想。分析启蒙运动大事年表，认识启蒙运动内容上的广泛性。分析科学革命对启蒙运动的影响。分析英国报纸业的发展对启蒙思想的推动作用和对英国政治生活的深远影响。

2.过程与方法

通过引导学生分析启蒙运动的概况，使学生学会明确历史事件发生的时间和空间，是历史学习的关键。

通过引导学生对图片材料的分析，学会提取图片材料中有效信息，并学会"论从史出"的历史研究基本方法。

通过分析已有史料与历史研究的结论之间的关联，学会历史研究中史料的辨析和史料收集的基本思路。

3.情感态度价值观

通过对启蒙运动中科学和理性的理解，培养学生在历史学习中坚持科学方法。

通过对英国历史的研究和英国历史学习方法的了解，扩展学生的国际视野。

一、教学重点

阅读改变生活——启蒙运动中英国报刊业对英国政治生活的影响。

二、教学难点

启蒙运动内容庞杂、含义深刻，高中学生学习存在认知基础匮乏的缺陷。

三、教学资源

学生课前学习材料、课上学案材料、PPT课件

四、教学过程

教学环节	教师活动	学生活动	设计意图
导入	复习导入。 提问：请同学们概述伏尔泰、孟德斯鸠和卢梭的基本观点。教师总结归纳。 启蒙运动思想家为欧美国家设计了不同的政治构想。那么，启蒙运动仅是一场政治思想启蒙吗？	学生依据新授课中所学，回答伏尔泰、孟德斯鸠和卢梭的基本观点	1.通过复习提问为史料教学的展开奠定认知基础
探究活动一	解读康德《什么是启蒙》 结合康德对启蒙运动的解释，归纳启蒙运动的主题词。 教师提供 辅助材料（一）启蒙运动时间轴 辅助材料（二）启蒙运动发生的欧洲城市图 辅助材料（三）《启蒙运动大事年表》 教师提示：1.学习、研究一个历史事件，首先要确立时空的概念。 2.根据《启蒙运动大事年表》分析，启蒙运动涉及了哪些领域	学生依据教师给出的辅助材料，思考康德对启蒙运动的解释，归纳启蒙运动的主题词。 教师组织学生交流分享归纳的主题词	1.通过给出时间轴和地图，使学生明确历史学习的时空性。 2.通过《启蒙运动大事年表》分析，使学生体会启蒙运动的广泛和深入。 3.通过对《启蒙运动主题词》的讨论引出本课学习的思维线索，即解读启蒙运动
探究活动二	过渡：《启蒙运动百科全书》序言。 引入：伽利略受审，牛顿封神 教师出示本部分材料：材料一到五	学生分小组研读材料。 讨论题： 上述材料能否证明启蒙运动时期欧洲人对科学非常热衷？请用手中的材料论证你的观点？ 结合所学知识，你认为热衷科学和崇尚理性的关系是什么？ 引导学生重新归纳修改《启蒙运动主题词》	1.通过对启蒙运动中热衷科学的相关史料，使学生基本掌握分析图片史料能力和运用史料形成结论的能力。即培养"论从史出"的能力。 2.通过分析科学与理性的关系，帮助学生加深理解启蒙运动是一场深刻的思想变革，改变了欧洲人的思维方式。 3.通过对《启蒙运动主题词》的讨论，帮助学生体会学习研究的过程是一个或否定、或完善的过程，需要反复的研究方能得出结论

续表

教学环节	教师活动	学生活动	设计意图
探究活动三	出示18世纪英国报纸发行种类和发行量变化表，以及英国出版业的分布图。 提问：通过阅读上述材料你能得到什么结论？ 要想了解启蒙时期英国报刊阅读的整体状况。你认为还需要补充那些方面的史料？ 依据学生的回答，教师补充学生需要的一些新史料。 提问：依据这些材料概述启蒙时期英国报刊业的发展。试分析这对英国社会政治生活可能产生的影响。（提示结合必修一英国的责任内阁制） 介绍当今英国的报纸文化，点明启蒙运动在此方面的深远影响	学生看数据回答：通过阅读上述材料你能得到什么结论？ 要想了解启蒙时期英国报刊阅读的整体状况。你认为还需要补充那些方面的史料？ 学生分小组研读材料。 讨论题：依据这些材料概述启蒙时期英国报刊业的发展。 试分析这对英国社会政治生活可能产生的影响。 引导学生再次归纳修改《启蒙运动主题词》	1.通过问学生需要补充哪些史料培养学生收集整理史料的分析能力，学会在充分利用手中已有史料的基础上，合理的规划查找史料的方向。 2.结合必修一关于英国议会的内容，使学生通过深刻体会启蒙运动在英国政治生活中的作用，得到启蒙运动改变生活的认识。 3.再次归纳《启蒙运动主题词》完成本课学习的明线
课堂小结	教师与学生分享学习成果。 出示关键词，"科学——理性——进步"。 总结本课学习采用的历史学习方法，并完成板书		教与学的过程是一个分享成果，碰撞思想的过程，教师的认识成果和学生的成果平等交流，引发进一步的思考
活动延伸	教师指出历史材料的搜集是本节课遗留的史料学习能力。同学们通过活动延伸的方式完成这部分内容	如果想研究启蒙运动对法国大革命的影响，你会收集哪几个方面的材料？到哪里能获得这些材料？	完整呈现史料教学的各个环节，使学生对历史学习和研究有较为清晰的认识

五、板书设计

《启蒙运动》史料教学活动课

时空概念 ➔ 收集史料 ➔ 解读史料 ➔ 辨析史料 ➔ 论从史出

陈艳老师讲授《启蒙运动》课堂实录

（当今的高中历史教学中，史料的作用日益突出，探索史料教学的有效途径，也成为历史教师必须面对的一个问题。在天津市历史教研室主任戴羽明老师的策划下，北京师范大学天津附中与耀华中学就《启蒙运动》一课进行一次"同课异构"的史料教学观摩课，北师大天津附中历史组陈艳老师以其超前的理念、独特的风格、巧妙的设计和良好的教学效果，征服了现场所有的师生，引起了较大反响。2019年夏天，适逢天津师范大学教师教育学院与北京某文化公司合作录制教师继续教育讲座，本人承担了历史教学案例评析的讲授任务。天津市历史教研员罗金永老师给出了很多宝贵意见，并建议我将这节《启蒙运动》史料教学活动课作为经典案例，撰写案例评析。）

在教学立意中彰显"人性"的力量
——《希腊罗马古典文化》教学案例评析

讲课教师:刘 民(北京师范大学天津附中,一级教师)

案例导读:孙海舰(北京师范大学天津附中,高级教师)

案例评析:孙海舰(北京师范大学天津附中,高级教师)

一、案例导读

现在大家看到的这节《希腊罗马古典文化》是北京师范大学天津附中刘民老师的一节初中历史创优课。

请大家在观看教学视频的过程中,思考这样几个问题:

第一,什么是优质的教学,怎样才是好的老师?

对于有追求的老师来说,这些问题似乎都没有标准答案。也恰恰是对这几个问题的不断追问和反思,才能不断地促进教师的专业成长。

第二,一堂好的初中文化史课应该怎样设计?

一堂好的历史课,必须有一个中心贯穿始终。但是,要想达到这样理想的状态,还必须找到这一中心跟教材及学情的最佳结合点。文化史教学尤其如此。

《希腊罗马古典文化》这一课很难讲。内容非常庞杂,知识点非常散乱,学生不熟悉的名词、概念比比皆是,尤其是课时又有限。要想在一课时之内解决这些知识,相当困难。

九年级的学生面临着中考,学业压力比较大,而天津市的中考又不考历史,那么学生对历史学科的学习态度和知识储备都不尽人意。选择初三历史课，尤其是选择世界古代史中的《希腊罗马古典文化》这一课来做课，可以说非常考验教师的教学智慧和功力。

第三，初中历史课程资源应该如何开发和利用？

新课程理念下，课程资源的开发和利用被赋予了前所未有的广阔含义，也被推上了非常重要的地位。历史新课程资源极其丰富，历史教师应该积极参与课程资源的开发和利用。

第四，如何在初中历史教学中渗透历史学科核心素养？

目前，高中历史《新课程标准》已经提出了历史学科核心素养这个理念，义务教育阶段的历史教学尚未明确要求。但在本课的教学设计中，如果能够紧跟教育前沿动向，有意识地培养学生历史学科核心素养，还是非常有必要的。

二、案例评析

刘民老师的这节课，内容是义务教育九年级历史上册《希腊罗马古典文化》。

从课的类型来看，这是一堂以教师引领建构，学生思考归纳为特征的基础型课。不论是从有效教学的维度（表象、内涵、深层次），还是从课程评价视角（状态、机制、手段方法）来看，这都是一堂有思考、有设计、有亮点、有突破的好课。

我觉得这堂课，至少有四大亮点：

1.教学立意高

立足教材知识，超越教材认识，我们的历史课才更有意义。刘老师不负众望，最终呈现出了一节非常精彩的优质课。这节课的立意非常好，整节课的教学设计紧紧围绕"人"来展开，这个创意非常好，因为他抓住了希腊罗马古典文化的核心和精髓：

> 虚化的神谕，表达的是对"人"的欣赏和赞美；宏伟的建筑工程，彰显了"人"的创造力量；对法的敬畏，表达"人"的价值与尊严；对自然奥

秘的探索,是"人"对科学真理的追求。

站在这样的高度来俯视教材,这是这节课能够成功的基础和前提。

2.课堂设计很新颖,逻辑关系顺,重点突出

刘民老师在学情分析的基础上,在选定和明确了"人"这样的视角和主题之后,紧紧围绕着主题,对三维目标进行了精心的设计,对教材内容进行了大胆的取舍和整合。而且,既有课标依据,又符合学生实际。

整体上看,刘老师在保留教材第一、二两个小标题的同时,调整了后面教材的内容和顺序,比如,把哲学和历法这两个内容放在一起处理,哲学和历法看起来不搭界,实际上他们分别阐释了古代希腊罗马对人和自然的思考;再比如,他把法学单独拿出来,从中解读出对规则意识的敬畏。这就理顺了这一课的逻辑关系。用这样的逻辑关系,就把教材上那么多散乱的知识点很好地联系到了一起,从而形成了一个完整的结构体系。

再从细节上看,本课的教学设计也有很多巧妙之处。

比如,对《苏格拉底之死》这个环节的处理,也非常有逻辑性:苏格拉底一贯强调"美德即知识",也一直以此来教育自己的学生,教育青年人,后来也因此获罪。当他被陪审法庭判处死刑之后,本来能跑,逃脱法律的惩处,可是他却没有跑。而是选择了伏法。在这里,刘老师通过一步一步地追问,苏格拉底有机会逃跑,他为什么不跑?有效调动了学生的思考。尤其在这里,刘老师还跟大家分享了自己对这个问题的理解,进而还通过补充和解读《雅典学园》的图片,对学生提出自己的希望,希望同学们在历史课堂上,形成独到的见解,培养独立思考的能力。这些都难能可贵。

这样的例子还有很多。比如《罗马法学》这一部分,设计也非常精彩。通过复习旧知识,引出《十二铜表法》的影响;接下来情景再现,用一个生动的案例,紧紧抓住了学生的心理;从"法庭为什么不予受理"的设问,联系到罗马疆域不断扩大带来的问题,顺理成章地引出万民法,让学生恍然大悟。这样的设计环环相扣,将教学内容和学生的思维一步一步引向深入。

3.注重了历史学科核心素养的渗透

最近，高中历史《新课程标准》已经提出了历史学科核心素养这个理念，义务教育阶段的历史教学目前尚未明确要求。而在本课的教学设计中，能够紧跟教育前沿动向，有意识地渗透学生历史学科核心素养。

比如，用东西方文明的对比导入新课，引用古罗马版图的扩张来诠释从罗马公民法到万民法的发展，这里渗透的正是时空观念。

比如借助《苏格拉底之死》和《雅典学园》的图片和文字材料，设置问题，引导学生以材料为依据，对历史事物进行理性分析，培养学生的历史思维能力，这就是学科素养中的历史解释。

再比如，通过希腊罗马古典文化的学习，使学生体会到世界文明发展的多样性，初步认识到不同文明之间的相互借鉴和交融，这正是我们新课标要求的家国情怀。

4.课程资源开发特别好

为了备好这节课，刘民老师在课程资源开发方面花了大量的时间。

一是搜集资料，包括去天津图书馆借阅资料，通过网络等手段搜寻课程资源。查到了很多的图片和音像资料，很直观、也很鲜明，对感官的刺激往往要比言语更直接。

二是通过多媒体展示课程资源。在查询到的视频材料里精选和重组，最后呈现出来几段视频，在课堂上适时播放，有效调动了学生的注意力和学习兴趣。他还精挑细选了一些相关图片。丰富了课堂的内容，有效拓展了教材。在幻灯片制作上也下了一番功夫，让学生有一些视觉上的享受。吸引学生的兴趣，让学生自己去体会和感受历史。比如在介绍建筑的时候，使用多媒体播放图片资料，让学生直观地了解相关内容，为学生的学习提供丰富多彩的教学情景和有利的学习工具。

三是通过"课外延伸"的作业，进一步挖掘乡土资源，充实和补充课程资源。

在学习完本课之后，刘老师还就地取材，展示了他去五大道拍回来的三张照片，因地制宜地把乡土历史引入课程，"希腊、罗马文化其实就在我们身边",鼓励学生去天津五大道,寻访自己家乡的古代希腊罗马建筑的遗风。通过"课外延伸"这个作业,再一次充实和丰富了课程资源,激发了学生进一步学习的热情。

总之,这堂课亮点很多,值得肯定。

教学是一门艺术。限于种种主、客观条件,再好的教学设计,也不一定能够完美地呈现,留有遗憾是教学常态。就这节课来说,我觉得有几点似乎还可以商榷:

1.生生互动相对不足,缺少合作学习

课堂不但是老师的课堂,更应该是学生的课堂。学生应该是课堂的主体。只有师生之间以及同学之间交往互动,才能形成真正的"学习共同体"。在本课中,教师的讲述相对较多,这固然是历史学科特点决定的,但可以尝试做一些改变。有些问题提出来之后,可以让同学相互讨论一下,尽量多一点达成共识,然后再得出结论。

当然,课后笔者曾和刘民老师沟通过这个问题。刘老师也非常认可,但因为授课的对象是九年级马上面临中考的学生,而历史不是天津中考的科目,学生对历史的关注度不够,尤其对世界史相关知识内容了解比较少,联系到具体的学情,所以就没有进行刻意的设计。

2.对教材的使用相对不多

文字材料运用的稍稍少了那么一点点,其实,提倡开发利用课程资源,并不是意味着可以将教科书束之高阁;相反,学生手中的教材,本身就是最重要的课程资源,所以更应该用好。当然这跟学情有关,也和刘民老师的教学侧重点有关系。

3.设问较为随意

历史教学中,要特别重视创设情境,设计问题。这就要求老师熟练把握教材内容,设计的问题要符合学生"最近发展区"。要让学生能够听得懂、接得住。符合学生认知和心理发展水平的问题设计,学生容易接受。一环扣一环的巧妙的问题设计,让学生在整节课中不断有新鲜感,才能调动学生听课积极性,让学生的思维始终处于活跃状态。

比如，在播放完《雅典卫城建造》的视频后，刘老师直接问学生从视频中能感受到什么，学生当时没有回答的方向，无法进行有效思考，最后还是老师说出了"创造力"这个答案。如果，播放视频之后，先请学生描述一下视频中雅典卫城的建造过程，然后让学生思考这样一个问题："从艰难的开采石料开始，到最后一座座辉煌壮丽的建筑形成，靠的是什么？你体会到了什么？"学生可能就更容易理解。

4.本课结尾略显仓促

"课堂延伸"部分抛出的问题很好。给出的三张图片，都是刘老师亲自去天津五大道拍回来的照片。这里如果能控制一下节奏，让学生先来猜一猜，这是哪儿？建筑风格有何特点？然后，再打出这些建筑物的名称，以及具体的地址（某某路多少多少号），学生马上就会产生兴趣。然后，再去布置"课堂延伸"任务——"走进五大道，寻找古希腊罗马的遗风"，这样会不会更好些？

至于在评课时有人提出老师讲的过多，有点"一言堂"的感觉，我倒以为，就这节课来说，毫无违和。

讲授法是学校历史教学的主要方式，是历史教师的教学基本功，也是上好历史课的根本保证。从历史教学中教师的作用上来讲，教师在教学中的主导作用尤其重要。历史课的思想性、导向性、科学性、教育性等，是要在历史教师充分发挥作用的前提下才有保证的。无论是知识传授、能力培养、学法指导，还是情感、态度与价值观的教育，都与历史教师的指导有最直接的关系，也都离不开历史教师的正面讲授。

所以说，历史老师用讲授法是必然的。如果我们在实际中去问问学生，他们喜欢什么样的历史教师，愿意上什么样的历史课，回答可能是多方面的，但老师讲得好肯定是其中最重要的一个方面。学生心目中敬佩和爱戴的历史教师，还就是课讲得好的老师。

能够有机会做公开课，对年轻教师的成长有着非常重要的作用。由于公开课有着与常规课完全不同的要求，需要展示自己的特点和优势，就必须一遍一遍地调整思路，甚至推翻重来。所以做课过程中的很多经历，做课老师甚至刻骨铭心。

课后我们曾问过刘民老师这样一个问题:在这次高难度的做课过程中,有哪些问题让你充满困惑,经历了怎样的心路历程? 又有哪些收获,有什么感受? 刘民老师这样回答:

在进行备课的过程中,遇到的最大问题就是本课知识点太多,涉及希腊、罗马两个地区,涵盖的内容包括了文学、雕塑、建筑、哲学、法学、历法等方面,它的知识容量和时间跨度相对于其他课来说,明显偏大。知识也过于散乱,互相之间很难找到逻辑关系和相互联系。又由于本课涉及多个学科的知识,跨度较大。在给学生带来大量历史信息的同时,也带来极大的难度。比如说,在罗马建筑这一环节,教材中就给出了五种建筑作品,若是处理不当,则会出现平均用力,整节课下来看不出重难点的问题,达不到学习效果。尤其是在一课时的时间里,要完成这么大容量的教学内容,这也是我最开始的困惑。

我最大的收获就是做一节好的历史课,要确定一个中心,理出一条主线,然后围绕中心和主线进行教材的有机整合,确定教学目标和教学环节,最后在此基础上设计教师和学生活动。

在最初备课的时候,我首先想到的是自己要把本节课的内容吃透,尽可能全面地为学生呈现教材所涉及的知识,为此我通过互联网和阅读大量的书籍进行完善,包括一些图片和视频资源。最后发现准备的东西太多,而且杂乱无序,单纯的输出知识,已经没有历史课的味道了。各子目间不能有效串联,知识之间更没有逻辑,也没有整体的框架结构,我的备课开始遇到瓶颈。

这个时候我就完全推翻最开始的教学设想,重新思考这一课,认识到一节好课要围绕一个中心,确定一条主线,于是我就继续深挖希腊罗马古典文化背后的内涵,发现所涉及的各环节都和人有关,确定了本课的核心要围绕"人"字这个中心,但是通过试讲发现,本课的框架结构仍然比较模糊,没有一条清晰的脉络,知识间的逻辑也不是很顺,对人的解释深度不够，在教学环节的设置上也有一定的问题。

于是在确定这节课的核心为"人"后，我就请教了组内的资深教师，并征求了教研员的意见，又对本课的内容进行了整合，确定本课的逻辑为文学和雕塑、建筑艺术、哲学、历法和法学，并以此重新设计了师生互动环节，在这些基础上提炼出刚才所说的希腊罗马文化中用虚化的神谕表达对人的赞美，用辉煌的建筑彰显人的创造力量，以对法的敬畏表达人的价值和尊严，对自然奥秘的探索是人对科学真理的追求，也就是本课的立意。

在备课的过程中，我真正地体会到上好一节初中历史课的不易，同样我也有很多的收获，这也为我的不断提高打下了很好的基础。

文化史创优课不好上，初中新教材《希腊罗马古典文化》这一课尤其如此。既要在广泛阅读的基础上选定准确的视角和主题，还要围绕中心串联好相关的知识；既要引导学生合作和探究，还要体现出历史教师的深厚功底和精气神；既要调动学生的学习兴趣和热情，还要给予学生思想的空间。这对于一个年轻教师来说，的确难能可贵。我们希望，也坚信刘民老师在今后的教学生涯中，一定能够不断锤炼自己的教学艺术，提高教学水准，带给大家更多的精彩。

附：刘民 第6课《希腊罗马古典文化》教学设计

一、教学目标

知识与能力：知道希腊神话的特点；知道古希腊罗马建筑的基本特点和典型代表；了解这一时期的哲学代表人物；知道法学是罗马人最伟大的成就之一。

过程与方法：通过师生互动，从四个方面探讨古希腊罗马的文化成就；通过大量的视频和图片资料，使学生直观的感受希腊罗马文明的魅力；采用启发式教学方法，培养学生的历史思维。

情感态度价值观:欣赏希腊罗马古典文化成就,感受古希腊罗马文明的魅力,体会人类文明的丰富多样性,学习古希腊罗马人求知探索的精神。

二、重点和难点

重点:了解古希腊罗马文化在文学、雕塑、建筑、哲学、历法及法学等方面的突出成就。

难点:理解希腊、罗马古典文化所折射出的人文精神。

三、课时与课型

一课时;新授课

四、教学准备

自制教学课件,学习材料。

五、教学过程

环节	教师活动	学生活动	设计意图
新课导入	展示亚非文明古国地图,引导学生回顾亚非文化成就。出示希腊罗马地图,提出问题:希腊罗马文化知多少,总结学生所答,从而引出课题《希腊罗马古典文化》	回答问题	从回顾亚非文化成就入手,进而用学生了解的希腊罗马文化开门见山地引出本课主题,有利于增强学生的学习兴趣
一、文学和雕塑	(1)讲述希腊神话的由来,提出问题,播放《金苹果》神话故事,引导学生分析出希腊神话"神人同形同性"的特点表达对人的欣赏。 (2)讲述《荷马史诗》作品的主要内容,引导学生总结出古希腊文学对人的赞美。 (3)提出有关《掷铁饼者》的问题,引导学生理解希腊雕塑作品对人的欣赏与赞美。	观看相关视频图片,阅读教材,回答问题	通过《金苹果》的神话故事,激发学生学习兴趣,有关《掷铁饼者》的师生互动问答,培养学生独立分析问题的能力
二、建筑艺术	(1)展示帕特农神庙图片及其视频,引导学生得出希腊建筑的特点,在此基础上介绍希腊三大柱式,最后通过视频使学生意识到希腊人的创造力。 (2)播放视频,提出问题:罗马建筑哪些是对希腊的继承,又有哪些创新?通过图片展示进行对比,引导学生得出罗马对希腊建筑的继承和创新	观看相关视频图片,阅读教材,回答问题	利用视频和图片,让学生直观地感受希腊罗马建筑的辉煌,通过图片中的对比,使学生得出罗马建筑对希腊的继承和创新

续表

环节	教师活动	学生活动	设计意图
三、哲学与历法	(1)讲述"哲学"的起源,介绍希腊哲学代表人物苏格拉底,出示《苏格拉底之死》图片,引导学生探讨"苏格拉底为什么拒绝出逃?" (2)通过太阳历和太阳公转一周的时间差,提出问题,解决问题,从而得出儒略历的制定	阅读教材,回答问题	哲学内容较难理解,教师做重点讲解,与学生探讨苏格拉底之死,让学生理解苏格拉底维护法律正义而从容赴死的精神;问题的设置使学生理解儒略历制定缘由的同时解决了其内容
四、罗马法学	(1)回顾《十二铜表法》,指出其历史意义。 (2)利用案例引出随着罗马版图扩大,现行的罗马法已不适应统治的需要,引导学生得出万民法和经济法等概念	阅读教材,分析案例,观看地图,回答问题	通过案例提高学生对罗马法的学习兴趣,回顾罗马版图的扩张,使学生理解万民法等法律制定的缘由,从而加深其对概念的理解
小结	用虚化的神谕表达对人的欣赏和赞美; 用辉煌的建筑工程彰显人的创造力量; 以对法的敬畏来表达人的价值与尊严; 以对自然奥秘的探索来追求科学真理		
课堂延伸	走访五大道,找寻希腊罗马建筑的遗风		

六、板书设计

```
          第6课　希腊罗马古典文化


       文学　雕塑　　欣赏人性的美

       建筑　　　　　展现人的创造力

       哲学　　　　　思考人的价值

       历法　　　　　追求人的美好生活

       法学　　　　　维护人的尊严
```

刘民老师讲授《希腊罗马古典文化》课堂实录

　　（2018年秋，我校历史组年轻教师刘民老师录制的初中历史课《希腊罗马古典文化》，先后被教育部"部编教材深度宣传解读"项目和"人教数字教材——教师网络培训课程项目"录用。这节课的成功，自始至终得到市、区教研员戴羽明、周晓伟等老师的精心指导，附中历史组陈艳、韩淑静等老师更是为此课的设计和打磨付出了大量的心血。笔者曾受邀作为点评嘉宾，录制了对本节课的课例点评。略有修改。）

高一学生历史学习的不良心理及对策

在高一阶段，学生的一些不良心理，严重影响了他们对历史学科的学习，甚至影响到文科班的生源和素质。概括起来，这些不良心理大致表现为：莫名其妙的畏惧心理、急功近利的轻视心理、得过且过的侥幸心理和不求甚解的浮躁心理。下面结合本人的教学实践，进行原因分析及对策分享，恳请各位同仁不吝赐教。

一、莫名其妙的畏惧心理

学生对历史学科的特点有这样一种说法——"那么多的人名儿那么多的地儿，那么多的时间那么多的事儿，听起来还挺有趣儿，记起来是真费劲儿"。这几句顺口溜道出了历史学科的一些特点，同时也在很大程度上反映了学生对历史学科的畏难情绪。为了转变学生这种畏惧心理，我采取了以下几点做法：

（一）减轻负担

实事求是地讲，历史学科与其他学科相比，记忆量的确要大一些，但就高一历史来说，到底有多少内容是非记不可的呢？

在高一年级第一堂历史课上，我就给学生进行了心理上的减负，我这样告诉学生：初高中历史学习的侧重点是不同的。初中侧重学习"是什么"，所以要求记忆的东西多一些；而高中侧重研究"为什么"，重在理解而不重记忆。就高一历史教材来说：一是小字不用记，因为占教材篇幅一半以上的小字会考和高考都不考；二是大字内容大部分是初中学过的，很容易重新捡起;三是新增的那点内容中又有一半是稍加留意就能理解和掌握的。真正值得我们记忆的东西不到教材的十分之一。这样,学生的心理负担和记忆负担都得到了减轻。

（二）传授方法

在高一历史教学中,我特别重视记忆方法的指导。例如在中国近代史的导言课上,我就传授了整体知识结构记忆法,并讲清了中国近代史上的四个重点问题:

一是中国近代史的起止时间、标志和分期;

二是组成中国近代史的三大线索(列强侵华史、人民抗争与探索史、民族资本主义的艰难发展史)及其大致内容;

三是近代中国两大历史使命(民族独立、国家富强);

四是中国近代史上的三次历史巨变及三位伟人。

这样一堂课下来,学生对中国近代史就有了完整而清晰的印象。

（三）增强趣味性

"兴趣是最好的老师"。我在教学中,尽量开发历史资源,努力把历史课讲活。我传授的所谓"胡乱联系记忆法"及"做诗记忆法",不仅活跃了课堂气氛,而且使学生在会意的笑声中加深了理解,增强了记忆。

在历史课堂教学中适当补充一点"添加剂",也有助于调动学生听课情绪。如讲太平天国运动时,引用我游览南京天王府(即后来的南京总统府)的所见所闻;讲中日甲午战争时,引用我参观旅顺海军基地和万忠墓的亲身感触;讲沙俄侵占中国的150万平方公里的领土时,引用媒体对大庆炼制第一车俄罗斯原油的报道。这些都有效地调动了学生的听课情绪。

当教师做到以上几点,使同学们在历史学习过程中能够不断体会成功感的时候,学生对记忆历史知识的恐惧就会不断减轻,学习历史的态度自然也就发生了变化。

二、急功近利的轻视心理

由于高二分科时大多数学生将选择理科，而高一历史教学的主要任务是会考辅导，这就使许多学生放松了对历史的学习。再加上长期以来"历史是可有可无的副科"的偏见，不少学生对历史学习非常轻视。

学生不重视历史，我们历史教师不能不重视。要改变这种状况，培养学生的历史"情结"，就必须把课讲活、讲透，绝对不能照本宣科。应该"立足教材知识，超越教材认识"，最好能"变换视角，重评历史"，还历史以本来面目，使学生在历史课上真正能得到收获。

例如关于洋务运动的评价问题，人教社出版的教材的评价较低，而修订本教材干脆取消了对洋务运动的评价。我在教学中则旗帜鲜明地亮出自己的观点：洋务运动在近代中国历史上具有重要的历史意义，是中国近代化的开端，是探索史的重要组成部分，并引导学生对其进行了辩证的分析。再如对近代史上最有争议的历史人物李鸿章，我们也较为客观公正地进行了分析和评价，既为李鸿章在中国近代史上的重要地位和功绩而感叹，也为李鸿章受到的不公正评价而鸣不平。

这些内容，对于听惯了传统观点的高一学生来说，还是比较有吸引力的。

教师授课水平的高低与学生学习兴趣、学习动力有着直接的关系。当教师在学识上征服了学生，让他们在历史课堂上真正能有所收获，感到历史课值得一上的时候，学生对历史学科的态度就会逐渐从"斜视""轻视"，变为"正视"，并逐渐过渡到"重视"。

三、得过且过的侥幸心理

不少学生认为，历史是纯记忆学科，"平时记了也得忘，考前突击是法宝"。这种看法在认识上是片面的，在实践上是有害的。

首先，历史并非纯记忆学科，至多只能是稍稍偏重于记忆，就高中阶段的历史学习来说，更多地偏重于理解基础上的记忆。如"半殖民地半封建社会""君主立宪制度""新民主主义革命"等概念，就不是仅仅靠记忆就能解决的。而对这些概念的正确理解，在很大程度上会影响到对历史知识的理解和掌握程度。

其次，历史记忆本身也需要反复，有些概念需反复多次才能记住。因此，在历史学习过程中，不能幻想"毕其功于一役"，而且记忆也不可能一步到位。

有鉴于此，本人对有关概念或重点问题进行精心设计，经常提问或组织讨论，期中考试时还将经常提问的问题命成试题。这样就使那些上课比较注意听讲、乐于动脑的学生尝到了甜头，而丢分的学生则吸取了教训，以后上课时对老师经常提问和重点强调的问题逐渐重视起来。"临阵现磨枪，考后全忘光"的现象有所改变。

四、不求甚解的浮躁心理

心浮气躁，不求甚解，这是部分同学看书和听课的陋习。由于黑龙江省的历史会考改为开卷形式，高一年级又尚未进行文理分科，因此，高一历史教学中就出现了"一勾二划三通过"的会考辅导模式，甚至很多学生也认可这种所谓"节省时间"的教法。

笔者认为，历史教师不能自毁形象，更不能误导学生学历史只能死记硬背，临时突击。为此，我提出了"一粗、二细、三浓缩"的历史学习要求。"一粗"，指的是基本线索要清晰，要经常梳理知识结构；"二细"，指的是重点内容要较真儿，基础知识要尽量扎实；"三浓缩"，则是指在理解的基础上，把教材上的每一段文字都浓缩成一个词或一句话，以方便记忆。例如洋务运动破产的原因，我们概括为四个关键点："西方人不让、顽固派阻挠、缺领导核心、只学点皮毛。"再如对中日《马关条约》内容，我们也概括为四个关键点："大量割地、赔款两亿、四口通商、工厂设立。"学生很容易理解并记住这些重点内容。实践证明，真正做到"一粗、二细、三浓缩"，扎扎实实地打好基础，就能够以不变应万变。

对学情的分析是教师的第一要务，也是搞好历史教学的重要前提。本人对高一学生历史学习中的不良心理的分析及相应对策，已经取得了初步的成效，喜欢上历史课的学生也越来越多了。在上学期末我校组织的"你最喜欢的老师"问卷调查活动中，本人被学生们选为最受欢迎的老师。在大庆市教育局组织的高一历史统考中，我校高一学生平均分、及格率、优秀率、最高分四项指标在市级重点中学中均名列第一位。当然，这个课题还有待不断深入地进行探索，以求更加深入和完善。

（由于种种原因，高一阶段的学生对历史学科往往存在一些偏见和误解，甚至产生一些不良心理，以至于严重影响他们对历史学科的学习态度，甚至影响到文科班的生源和素质。因此，教师认真研究学生在历史学习中的不良心理，寻找相应的对策，这对于搞好高一历史教学，为今后进一步学习高中历史打下坚实的基础，就显得极为重要和必要。本文曾获得黑龙江省"十五"规划重大课题"中小学心理健康教育基本原理与模式研究"学术年会二等奖。原载《中学教育理论与实践》2005年第1期。）

高中生历史学科自主学习能力培养策略研究*

2011年6月,天津市教育学会"十二五"教育科研规划课题"高中生历史学科自主学习能力培养策略研究"(立项编号:KT-[十二五]-003-gh-062)正式开题。在天津市教科院和市、区历史教研员的精心指导和学校的大力支持下,经过课题组全体老师四年半的实践,课题研究取得了圆满的成功。实践证明,在本课题研究指导下的历史教学,有利于激发学生学习兴趣,有利于培养学生自主学习能力和历史学科核心素养,有利于提高学生历史学习效率,从而大幅度提高历史教学质量。

一、问题的提出

(一)课题提出的背景

历史新课程"模块+专题"的设计,颠覆了运行多年、让很多教师感到轻车熟路的传统教学方法和模式,对高中历史教师是一个严峻的挑战。在每周两课时的有限教学时间内,要消化理论性强、内容繁杂的高中历史教学内容,对于初中历史教育严重欠缺的天津学子来讲,困难重重。学生对高中历史望而生畏,学习兴趣大大减弱,历史学习越来越被动;与新课程改革的要求相比,我们的历史老师尚未找到行之有效的应对方法和策略,教学中还存在着太多的困惑。

---

* 本文为天津市教育学会"十二五"教育科研规划课题"高中生历史学科自主学习能力培养策略研究"结题报告。

（二）课题研究的目的和意义

如何适应新课改的要求，尽快地寻找到行之有效且适合学情的历史模块教学之路，结束那种高投入、低收益、教师累、学生苦的历史教学状况？如何唤起学生历史学习的欲望，切实开展自主学习和合作学习？如何在完成教学任务的同时，尽量减轻学生的课业负担，提高学生历史学习的效率？这些，都是开展本课题研究的目的和意义所在。

本课题的研究，注重结合高中历史教学实际，为学生创设和谐的学习环境，让他们主动去发现问题，解决问题；让学生在探究的过程中，获取知识、提高能力、增强情感、发展个性；使学生对学习产生浓厚的兴趣，由厌学变为乐学，变被动学习为主动学习，在学习过程中充分发挥自己的潜能，从而提高学习效率。同时，本课题的研究有助于提高历史教师的专业素养，提升历史教师的职业幸福感，促进教师自身的发展。

二、课题研究的主要内容和拟解决的关键问题

（一）如何激发学生历史学习的原动力

受应试教育的影响，学生普遍认为，历史学习就是死记硬背，因此根本不重视历史学习的思维和方法。升入高中后，由于底子薄、基础差，历史学习的兴趣明显下降。在本课题研究中，教师首先应该激发学生历史学习的原动力，注重挖掘趣味浓，有探究性，备受史学界争议的、敏感的知识，切实提高学生分析问题、解决问题的能力，使学生能够愉快学习，轻松答题，从而喜欢历史课，由"老师让我学""会考必须学""高考逼我学"转变为"自己愿意学"。

（二）更新历史教学活动，让历史课充满生命的活力

现代教育理论认为，教师是教学活动中"教"的主体，要着眼于教学生学会学习，培养学生自主学习的能力，夯实"终身学习"的基础。在教学中，教

师可以尝试组织讨论、调查、阅读、访问、演讲、观看影视资料等多种活动,变以往的"第二课堂"为现今的"第一课堂"。

(三)培养学生的学习方法和学习习惯,提高学习的效率

有的同学说:"我花了很长时间学习,自己也很努力,为什么学习成绩总是上不去?"出现这样的问题原因很多,但学习习惯与学习方法的缺失是其中重要的因素。要建立一种能够促进学生形成良好学习动力的机制,促进学生养成积极向上的学习态度,变学生被动接受式学习为主动参与的探究式学习和研究性学习,独立思考,合作交流。应该致力于"追求高效,减少低效,杜绝无效"的境界,保证课堂上80%以上的学生掌握80%以上的课堂教学内容。

(四)转变历史教师的教育教学观念,提高教学能力

传统的教学行为和方法如"满堂灌""一言堂"等,已不适用当前新课改的要求,如果我们还固守着旧的教学观念和教学行为,必将扼制学生聪明才智的充分发挥,阻碍学生能力的发展与提高。在这方面,要思考的问题有很多:

新的课程标准强调,教师是学习的合作者、引导者和参与者。教师必须割舍传统的"师道情结",转变传统的师生关系,真正建立起民主、平等、和谐的新型师生关系。教学过程要始终注意发挥学生的主动性、积极性和创造性。要转变单一的知识传授、模仿练习、题型强化训练的教学行为,重视学生自主探究和合作交流能力的培养。要重视创设问题情景,引导学生自主探究。

三、课题研究的对象、方法、实施步骤及亮点

(一)研究对象

我校高一、高二(文、理科)和高三文科班学生

(二)研究的方法

调查法；行动研究法；个案研究法

(三)课题研究实施步骤(2011.4—2015.10)

第一阶段　制定方案　前期准备(2011.4—2012.6)

(1)撰写开题报告　搜集相关资料　　　　　　　负责人:孙海舰　王　运

(2)设计问卷调查《高一学生历史学习方式调查表》

负责人:陈　艳　张丽晶

(3)目前历史教学中的无效行为及其表现的研究

负责人:孙海舰　陈小兵

第二阶段　初步研究　效果反馈(2012.6—2013.7)

(1)激发学生历史学习的原动力的研究　　　负责人:孙海舰　陈小兵

(2)合理整合教学内容,开发和利用课程资源的研究

负责人:陈　艳　王　运

(3)师生互动教学模式的实践研究　　　　　负责人:张丽晶　李　芸

第三阶段　深入研究　反复试验(2013.7—2015.7)

(1)培养学生自主学习的习惯和能力的方法与实践研究

负责人:孙海舰　张丽晶

(2)"三有教学法"与高中历史高效课堂的构建初探

负责人:陈小兵　王　运

第四阶段 课题总结,成果推广(2015.8—2015.10)

撰写课题研究报告　　　　　　　　　　　　负责人:孙海舰　王　运

(四)研究过程中的一些做法和亮点

1.提前准备,未雨绸缪

俗话说:"手中有粮,心里不慌!"在"十一五"期间,由孙海舰承担的市级课题"新课程背景下提高高中学生历史学习效率的途径研究"和区级课题

"高中历史模块教学的策略研究"顺利结题,取得了一系列教学成果,为搞好本课题的研究做了很好的准备。

进入本课题研究之前,我们分头布置任务,多方搜集教学资料,包括从网上下载相关文章和课件,进行研读,资料共享。我们还自费邮购了岳麓出版社《历史》三本必修教材,复印了人民出版社《历史》三本必修教材,作为人教版教材的必要补充。

为了了解学生情况,让我们的教学更具有针对性,我们还选了三个不同层次的班级进行问卷调查。问卷由陈艳、张丽晶老师设计。调查的结果,更加坚定了我们立足学生历史"零基础",扎扎实实开展自主学习研究和探索的决心和信心。

2.精心备好第一课,上好亮相课

好的开始,是成功的一半。新教材必修一,讲的是政治文明的历程专题,知识跳跃性大,难度非常高。而其第一单元第一课《夏商周的政治制度》更是最难的内容之一。生疏的概念,全新的内容,让历史老师们望而生畏、束手无策。烦琐的内容,枯燥的教材表述,也很可能打击学生们对历史的最后一点兴趣。我们深知备好第一课,打好第一仗的重要性。为此,我们进行了三次集体备课,阅读了大量的资料,老师们戏称自己读了一次研究生。"精诚所至,金石为开",结果,这一节课的教学效果非常之好,在一定程度上打消了学生对高中历史课的顾虑,为下一步教学开了一个好头。

3.加强教师协作,倡导同伴互助

新课程特别强调教师的合作意识,教师之间的协作,首先是同学科老师之间的协作。我校历史组有着"精诚合作,共谋发展"的传统和风气。这一特点,在课题组里继续发扬光大。课题开题之后,我们每个学期至少召开两次课题会议,针对研究中出现的问题进行针对性研究。我们先后请到组内资深教师张丽晶、赵凤琴老师给我们介绍有关专题知识。还加强了与其他学科之间的交流。此外,我们还同兄弟学校如天津四中、天津二中进行了交流与合作,与耀华中学进行同课异构观摩课展示活动。

4.及时总结经验,注重教学反思

在教学研究过程中,我们注重教学反思,及时交流教育教学中的问题和经验,记录研究的过程,把平时材料积累和课题结题总结有机地结合起来,保证了课题研究的有序进行。

四、研究成果的主要内容及重要观点

本课题自开展研究以来,课题组老师们遵循学生的认知规律和学习实际,扎扎实实地开展了课题研究。更新教学理念、教学方式,改变学习方式、加强学科素养的培养,转变教师角色、凸显学生主体地位,已经成为广大教师的自觉追求。"自主、合作、探究"成为普遍实行的教学模式。在研究过程中,教师付出了艰辛的劳动,也获得了丰硕的成果。学生自主学习的能力有了较大的提高,历史教育教学工作取得优异成绩。

实践证明,在高中阶段历史学科教学过程中,以下方法和策略,对于培养学生自主学习能力是切实可行,而且行之有效的:

(一)唤起学习欲望,激发学生历史学习的原动力,让学生有兴趣学

激发学生学习的原动力,是推动学生自主学习,提高历史学习效率的前提。

自主学习是新课改提倡的重要理念之一。然而,考试压力下的历史学习不可能产生浓厚的兴趣。受应试教育的影响,学生普遍认为,历史学习就是死记硬背,学了也没用,因此根本不重视历史学习的思维和方法。升入高中后,由于底子薄、基础差,历史学习的兴趣更是明显下降,自主学习更是无从谈起。

宋朝程颐说过:"教未见其趣,必不乐学。"德国教育家第斯多惠更是这样表述:"教学的艺术不在于教会,而在唤醒、激励、鼓舞。"在历史教学中,教师除了注重挖掘趣味浓、有探究性的知识,激发学生兴趣外,还应该对学生进行积极的评价导向,唤醒他们的学习欲望,愉快学习,轻松答题,从而喜欢

历史课。此外,历史教师幽默的语言、真诚的态度、敬业的精神、人格的魅力,都可以化为无形的"磁石",吸引学生们去"亲其师",从而"信其道",由"老师让我学""会考必须学""高考逼我学"转变为"自己愿意学"。

(二)搞好学情调查,确定合适的三维目标和进度,让学生有目标学

心理学的研究表明:教育的要求必须适当,过低和过高的要求都是不可取的。

学生的学习是在原有知识和经验基础上的知识再构建的过程。这就需要历史教师准确地把握学生的知识水平,有针对性地确定教学进度。只有教学的进度与学生的实际知识水平保持一个恰当的度,才能激发学生的学习兴趣和求知欲,调动学生学习历史的积极性,提高课堂教学效率。

此外,还要把握学生的思维水平,确定教学深度。教学内容太难、太深,学生不能真正理解教学内容,久而久之,就会失去学习的兴趣和信心,从而造成学习效率的低下。反之,教学内容过于简单、浅显,同样不能激发学生的学习兴趣和求知欲,影响到课堂学习效率的提高。有适当难度、跨度和坡度的问题才调动学生历史学习的积极性。

为了更好地了解学情,我们设计了学生历史学习情况调查表,并撰写了调查报告。对确定合适的三维目标和教学进度,更好地完成教学任务,起到了重要作用。

(三)加强师生互动,构建和谐课堂,让学生有方法学

和谐课堂是历史的必然选择,以人为本是和谐的根本所在,师生是学习的共同体。基于以上这三点认识,我们加强了师生互动,改变了传统的老师控制课堂,学生被动听讲的局面,从而激活了历史课堂。在和谐的历史课堂上,教师给学生以指点,学生给老师以启发,双向交流,相互促进,教学相长,共同发展。

尊重学生的个性差异,满足多样化的学习需要,是构建和谐课堂的重要

组成部分。在施教时，应该充分考虑到学生的种种差异、偏向。比如要概括一段历史，就可以充分发挥学生的特长，或设计历史大事年表，或以表格形式呈现，或以纪年数轴方式，甚至以图画的形式概括；学习一个重要的历史事件，也可以用学生们擅长和喜欢的方式：或演话剧、讲故事，或撰写小论文，等等，尽可以施展学生的特长。当学生积极地参与，并在和谐的课堂中发挥自己特长，进行创造性学习的时候，学习的主动性自然就有了一定的保障。

（四）大力开展探究式教学，引导学生学会质疑，让学生有平台去学

爱因斯坦说过，提出一个问题往往比解决一个实际问题更重要。可见让学生学会提出问题是培养创新能力的首要问题。在课堂上，教师应该以身示范，用独立思考、不迷信权威的学风去感染学生，鼓励学生大胆质疑，发表见解。对一些有争议的问题，集思广益，组织学生讨论、辩论，营造一种竞争、和谐的探究环境。

为了让学生更多地参与课堂教学，课题组教师根据课标和教学重点难点精心设计一些开放性的问题，例如："1905年，清政府派载泽等五大臣出洋赴英、法、美、德等国考察西方代议制度。如果你是参与考察的五大臣之一，请你选择其中一个国家的代议制度写一份考察报告，并向清政府提出在中国实施此种代议制度的建议及理由""假如你是生活在19世纪40年代的一位英国绅士，根据学习过的相关内容，请描述你一天的幸福生活"等等。通过这种探究式学习方式，既提高了学生学习兴趣，又使学生获得有益的思维训练，变"学会"为"会学"，给学生更多的发言机会、更多思考的时间，有利于学生形成勤于思考的习惯。

（五）创新作业形式，让学生乐于参与历史教学全过程，让学生有系统地学

历史教学绝不仅仅是课堂45分钟的事，养成自主学习意识，更需要关注课前、课上、课后三个阶段的历史学习。为此，我们精心设计不同阶段的历

史学习任务。针对学生不知道该学什么，不知道该记什么、何时记等问题，我们自编了《历史导学手册》，包括"有备而来、学有所得、学有所思"等三部分，让学生参与到历史教学的全过程中来。

"有备而来"，是我们根据教材内容和知识结构，设计的一些填空题，提前发给学生引导学生阅读教材，从而达到预习新课的目的；"学有所得"，是我们精选的每节课8个选择题，课堂上或课后发给学生，落实基础知识和新课改的意图；"学有所思"，是我们为了体现新课程改革的意图而精心编写的一道开放性的思考题，引导学生动脑动手，进行探究。比如针对教材上的重点唐朝的三省六部制，我们设计了这样一道题："一批日本遣唐使来华，唐朝应由哪些部门出面接待，请你画出接待流程图。"在学生积极主动的参与下，教学的重点和难点在不经意间迎刃而解。

在减轻学生负担的前提下，我们对于学生作业的形式和要求也进行了一些有益的尝试：有历史小论文，如向你的家人介绍美国三权分立的政治制度；有历史小设计，如为台湾回归设计一面台湾特别行政区区旗，并做出说明。至于假期作业，我们一般布置的少而精。例如高一上学期末，我们只布置了一项寒假作业，要求学生自拟一份历史试卷，并做好答案，开学之后班与班之间交叉考试。学生很乐意去完成这份特别的作业，用时不多，同样达到了复习的目的。

在一个教学班中，学生之间的层次差距是无法回避的一个问题。不分层次不加区别地布置统一的作业，对一部分学习暂时困难的同学来说，是无效甚至是有害的，久而久之，就会丧失写作业甚至学习历史的兴趣。为此，我们有针对性地设计分层次作业，有些作业所有学生必须都完成，而有些作业则学习有余力的同学可以选做，并且注意兼顾作业设计的基础性、趣味性和启发性。

（六）尝试运用"一体化"学案，提高学生复习的针对性，让学生高效率地学

高三复习质量和高考成绩是高中历史教学与课改无法回避的问题，如

果不能有效提高学生的高考历史成绩，我们的研究和实验将饱受质疑而失去意义。针对我校学生的实际和教材的基本要求，在高一高二激发学生学习兴趣，引导学生自主学习的基础上，我们在高三复习阶段，重新设计了三本必修教材的全套知识结构，形成"一体化"学案，作为学生复习的重要依据，大大提高了复习的针对性和复习效率。

所谓"一体化"学案，简单地说就是教案和学案的综合开发、利用。教师把知识结构、课堂教学的具体安排，以及学生在课前、课中、课后学习过程等方面的设计糅合在一起所形成的整体方案。教师备课、学生学习都以它为依据。"一体化"学案在落实基础知识方面有着极强的针对性，能使教师不仅关注自己如何教，更加关注学生如何学。它打破了传统的"教师—学生"的单向交流模式，便于激发学生学习的兴趣，调动全体学生参与教学活动，取得了优异的教学成绩。

五、课题成果的学术价值、应用价值和社会影响

（一）学术价值

自主学习能力的培养是高中历史新课程改革的重要内容之一。《普通高中历史课程标准（实验）》强调："高中历史课程的设计和实施应有利于学生学习方式的转变，倡导学生主动学习，在多样化、开放式的学习环境中，充分发挥学生的主体性、积极性与参与性。培养探究历史问题的能力和实事求是的科学态度，提高创新意识和实践能力。"

我们在课题研究中，尝试运用了下列理论来指导我们的历史教学，取得了很好的效果。

1.主体性教育观

在学生观上，充分尊重每个学生的主体地位和人格；在师生观上，强调师生互动，尊师爱生，民主和谐；在教学方法上，强调创设和谐的课堂教学氛围；在教学评价和教学质量观上，发挥教学评价的激励性功能。

2.建构主义理论

学习者学习知识必须通过自身的建构才能获得,现实是知识信息加工的主体,而不是通过外界刺激的被动接受者。老师是帮助学生知识建构的促进者、参与者、组织者、合作者,而不是知识的传授者、灌输者。

(二)应用价值

1.摸索出了适合我校学生特点的历史教学方法

对比课改前后我校学生情况,在课堂表现、创新意识和创新能力等方面有了明显增强。师生之间的双边交流良好,课堂气氛比较活跃,学生学习的兴趣和习惯以及学习能力有了很大提高,历史课成为学生最喜欢的课之一。在每次学生申报研究性学习课题时,全年级三分之一以上的学生以第一志愿选报历史课题;通过对学生的问卷调查,发现学生的自主学习能力、学习动机的激发等方面显著提高,学习效率有很大提高,学生学习成绩突出。

2.课改教师教育教学观念转变,专业素养大为提高

课改以来,我校历史教师教育教学观念转变,教学能力和专业素养大为提高。撰写的十余篇论文发表或获奖,其中张丽晶老师的论文获得中国教育学会国家级一等奖。我校每年均进行观摩课和公开课展示,广受赞誉。陈艳老师获得全国说课大赛一等奖,王运老师获得"和谐杯"全国说课大赛特等奖;在各级各类比赛中,成绩喜人,李芸、王运分别获得"和谐杯"全国优秀课大赛二等奖及河西区"双优课"大赛二等奖。另外,陈小兵老师被评为河西区最美教师,孙海舰老师获得区"学科育人"先进个人、人民满意教师标兵,天津市师德先进个人等众多荣誉称号。

(三)成果的社会效益

1.建立了新型的师生关系

本课题的研究,改变了以知识本位、教师为中心的传授、灌输为主要特征的课堂教学模式,使教学过程真正建立在学生自主活动为主体的基础上,促进学生主体意识、创新精神、实践能力和整体素质的全面发展。师生互

学,教学相长的事例比比皆是。

2.学习兴趣、效率和成绩均有较大提高

由于学生历史学习的兴趣和信心大大增强,学习效率和学习成绩也有了较大提高。2012届高中历史学业水平测试一次通过率达100%,优秀率达70%;在高考中,我校连续数届突破高考历史原始分90分大关。文科历史成绩超过天津市平均分14分,超过河西区同类校7分。参与课改的老师收获颇丰,取得一批教学成果。

3.课题成果对周围学校的辐射作用明显

在课题研究过程中,先后有天津四中、二中、北京四中及西城区骨干教师来我校交流。每年都面向全区、市举行公开课活动。陈小兵、王运、李芸老师多次做区级观摩课并广受赞誉;陈艳老师与耀华中学同课异构的市级观摩课《启蒙运动》惊艳全场,赢得包括天津市教研室曹全路主任在内众多业内专家的高度评价,并应邀担任天津电教馆《历史空中课堂》系列讲座主讲教师;孙海舰老师担任天津教育出版社《学习质量监测》高中历史三个分册的主编,并连续两年应邀参加高考命题评价会;张丽晶老师为全市做高考辅导讲座,并成为市历史学科带头人。总之,我校历史组及研究成果对周边学校正在发挥越来越重要的辐射作用。

六、研究成果的特色

(一)"自主探究式学习"成为课题主旋律

通过自主探究式学习方式,既提高了学生的学习兴趣,又能培养学生良好的历史思维习惯,有利于全面提高学生的综合素质。

(二)多媒体辅助教学渐成风气,运用恰当

多媒体在历史教学中的确有着独特的作用。它能够提供更加方便快捷和丰富的信息来源,提高课堂教学效率。因此课题组老师设计了不少多媒体课件,多媒体辅助教学的运用渐成风气。王运、李芸等老师还为此专门撰

写了相关论文。当然,我们也清醒地认识到,多媒体毕竟只是起到辅助作用,绝不能喧宾夺主,更不能代替老师的板书,要清楚何时用、怎样用。

(三)构建以人为本的和谐课堂成为共识

和谐课堂是历史的必然选择。以人为本是和谐的根本所在,也是和谐的重要基石。在和谐的环境里,学生的学习会很愉快,学习的效率会很高。相反,如果教师过于威严,学生心情受到压抑,课堂纪律再好,也难以进行很好的自主学习。

(四)张扬个性,形成不同的教学风格

几年来,课题组老师解放思想,转变观念,鼓励创新,发展个性。有的组织学生编演历史短剧,有的提倡学生撰写历史小论文,还有的老师组织课堂辩论会,异彩纷呈。在加强集体备课,相互借鉴的基础上,经过几年的打磨,历史组每位老师都形成了自己的教学风格和特色。

七、问题与反思

几年来,在历史课程改革中,虽然我们取得了一些成功的经验,但也有不少困惑和需要进一步探讨的问题。

(一)如何进一步激发学生的"需求",更多地参与教学

不可否认,学生的个别差异是存在的,希望每一位学生在课堂上都兴趣盎然,显然不现实。特别是对那些学习缺乏主动性和基础薄弱的学生来说,他们的学习需求往往很难被唤起。如何激发每一个学生的学习需求,尤其是部分主动性差和基础薄弱的学生的学习需求,引导他们主动地参与到历史课堂整个过程中来,从而提高他们的历史学习效率,需要教师花费更多的精力。

(二)怎样更好地进行教材整合,实现"用教材教"

新教材虽然展示了许多新观点和新的研究成果,但有些内容却超越了

学生的学习实际，因为学生初中阶段的历史学习没有落实到位。这就给学生学习带来更大的困扰，使学生望而却步，逐步失去了学习的兴趣。必须在教材基础上创新架构，实现"用教材教"的意图。

（三）如何解决教学时间与教学内容的冲突，切实搞好自主探究

在新课改中，自主探究式教学是一大亮点，有着重要的意义。但自主探究式教学与课时紧张形成了一对矛盾。要让学生充分进行自主探究，就完不成历史教学任务；要完全进行各个环节，自主探究就根本无法充分展开。此外，设置的问题如果过难，则难以进行下去；太简单，则引不起学生的兴趣。

（四）怎样完善"一体化学案"，进一步提高学生自主学习的效率

"一体化学案"在落实基础知识方面有着极强的针对性，能使教师不仅关注自己如何教，更加关注学生如何学，使"先学后教，当堂训练"有了可能。它打破了传统的教师—学生的单向交流模式，便于激发学生的兴趣，调动全体学生自主学习，积极参与，提高了课堂效率。当然，今后还需要进一步完善。

著名历史特级教师吕准能老师说过："搞好新课改，角色转变是前提，营造氛围是依托，全员参与是关键，讲究方法是保证，学会学习是目的。"反思我们的课题研究，距离吕老师所说的目标还有相当的距离。在课程改革走向进一步深化的过程中，我们将一如既往地在学科教学的阵地上践行新课程改革的理念，深化课题研究，为培养更多的全面发展的学生而继续努力。

（课题引领，同伴互助，相互扶持，共谋发展，这是附中历史组的一大特色。本课题是本人承担的天津市教育学会"十二五"规划课题，经过附中历史组全体同仁近五年的努力，该课题取得圆满成功，并取得了一批成果。2016年通过由天津市教研室主任曹全路先生、天津市教科院赵丽霞副研究员，以及河西区教育中心副主任魏芙蓉老师组成的专家组鉴定，顺利结题。原载于《中学教育理论与实践》2015年第2期。）

发挥校本教研作用　在新课改中不断成长

——附中高一历史备课组在新课改中的做法

一、我们的做法

充分发挥集体备课的作用，在校本教研中不断成长，是我们附中历史学科组的传统，也是取得成功的重要经验。新课程改革，给我们带来的既是机遇，更是挑战。面对全新的教材、全新的理念，我们有太多的困惑和迷茫。大家都在同一个起跑线上，对于怎样教教材以及如何用教材教，大家都没有现成的经验，更没有什么捷径。当了这么多年老师，教了这么多年历史，突然不知道该怎样教了。在这种情况下，充分发挥集体备课的作用，同伴互助，共同提高，就显得非常重要和必要。

高一历史备课组共四位教师，两位高级教师，两位青年骨干教师。陈艳老师理论水平高、点子多，年轻老师左彦、陈小兵接受新东西快、思维活。和他们在一起，我真的受益匪浅。上学期开学初，学校在分配办公室时，考虑到新课改因素，把同学科老师尽量分配在一起，为集体备课提供了便利条件。我们高一四位历史老师，三个在同一办公室。陈艳是科研督导处副主任，办公地点在科研督导处，每天和我们一起进行集体备课。可以这样说，上学期的每节课，几乎都是集体备课的结果。

（一）提前准备，未雨绸缪

俗话说："手中有粮，心里不慌！"从2005年3月份我们听说2006年秋天津要实行新课改的那天起，我们就在卞永海书记指导下，申报了一个课题——"高中历史模块教学的理论与实践研究",并有意识地着手收集相关信息。

暑假期间,除了参加市级新课程培训,更新观念之外,我们亲自到北京人教社自费购买了《历史》必修和选修全套共九本新教材;还自费邮购了岳麓出版社《历史》必修三本教材;下载人民出版社《历史》必修一。同时,还分头布置任务,多方搜集教学资料,下载相关文章和课件,资料共享。

鉴于我们都是高中老师,而天津中考又不考历史,为了了解学生情况,让我们的高中教学更具有针对性,我们选了三个不同层次的班级,搞了一个问卷调查。问卷由陈艳老师设计,问卷调查的结论,就是我们今后的历史教学几乎是零基础下的历史教学。

(二)备好第一课,上好亮相课

好的开始,是成功的一半。新教材必修一,讲的是政治史,知识跳跃性大,缺乏连续性和系统性,难度非常高。而其第一单元第一课《夏商周的政治制度》,更是最难的内容之一。生疏的概念,全新的内容,让历史老师们望而生畏、束手无策。烦琐的内容,枯燥的教材表述,也很可能泯灭学生们对历史的最后一点兴趣。我们深知备好第一课,打好第一仗的重要性。为此,我们下了大力气。仅暑假期间,我们就放弃休息,进行了三次集体备课。为了准备这第一节课,我们阅读了大量的资料,做了大量的笔记,甚至搬出了《说文解字》,每个人的教材都记得密密麻麻,老师们戏称自己读了一次研究生。短短四十五分钟的一节课,我们竟然准备了三个星期。精诚所至,金石为开,结果,这一节课的教学效果非常之好,在一定程度上打消了学生对高中历史课的顾虑,以及老师对新教材的困惑,为下一步教学开了一个好头。

(三)注重各个教学环节的落实

新课程背景下,学生还需不需要预习? 需不需要记忆知识? 肯定需要。不管课改如何进行,必要的基础知识还得掌握。

针对学生有时感到不知道该学什么,不知道该记什么等问题,我们高一历史备课组自编了《北师大天津附中高一历史导学手册》。手册包括三部分："有备而来、学有所得、学有所思"。我们美其名曰——"三有"教学法。

"有备而来"，是我们根据教材内容设计的一些填空题。提前发给学生。学生只有阅读教材，才能完成填写，从而达到预习新课的目的。

"学有所得"，是我们精选的每节课八个选择题，上完课发给学生，落实基础知识和新课改的意图，任务不重，容易完成。

"学有所思"，是我们为了体现新课程改革的意图而精心编写的一道开放性的思考题，引导学生动脑动手，进行探究。比如针对教材上的一个重点问题——唐朝的三省六部制，我们设计了这样一道题：一批日本遣唐使来华，唐朝应由哪些部门出面接待？请你进行描述并画出接待流程图。

对于学生作业，我们也进行了一点有益的尝试。比如有历史小论文，向你的家人介绍美国三权分立的政治制度；有历史小设计，比如学完《祖国统一大业》一课，为台湾回归设计一面台湾特别行政区区旗，并做出说明；比如寒假作业，我们让学生自拟一份历史考试卷，开学回来班与班之间交叉考试。任务不重，学生还能够顺利完成。

至于上课环节，我们比较注意创设新的情境，引发学生的兴趣。尽量让学生多一些参与。

课后反思环节，学校要求教师每学期听八节课，每个教案都写一点教学反思。听课我们肯定超额完成任务。天天在一起，天天在反思，几乎每人上完课后都自觉不自觉地说一下这节课上的怎么样，交流一下得失。

（四）加强教师协作，促进同伴互助

新课程特别强调教师的合作意识。老师不但要广泛涉猎其他学科的知识，学会新的教学技能，丰富自己的课程资源，而且更需要教师间的相互协作，共同探讨课改之路。

教师之间的协作，首先是同学科老师之间的协作。不同的教师在教学处理、教学方法、教学整体设计等方面的差异是明显的，这是宝贵的教学资源。

在一个组里，每个人都有自己的特点和强项，汇集到一起，就是无比强大的力量。有时百思不得其解的问题，可能哪位老师不经意的一句话，就让大家的思路豁然开朗。每当有老师要参加比赛或有观摩课任务的时候，我们备课组中成员都会尽自己所能提供帮助。比如在河西教学节上，左彦老师要代表学校，提供一节观摩课，她选的是《古代雅典的民主政治》。这节课完全是教材新内容，很难把握，教材本身又存在很大的不足，教学难度确实很大。在准备这节课的过程中，我们不但高一备课组老师全程参与，而且还请到了高二、高三的历史老师进行指导。多次听课，反复讨论，对学生的课本剧设计多次审改，最终这节课获得很大成功，给听课老师留下深刻的印象。

在教学过程中，我们高一历史备课组得到了很多名家指导。历史特级教师卞永海书记，还有高二历史老师、市级学科带头人张丽晶老师，多次来高一组听课，悉心指导。这学期，在学习《精耕细作的古代农业》一课之前，我们还邀请到了高三备课组的赵秋祥老师给我们专门介绍了古代农具知识。这些都是相同学科之间的协作。

教师之间的协作，还表现在不同学科教师间的协作。新课程强调学科之间的整合，所以教师应该加强与其他学科的交流。何况有很多专业性比较强的知识我们确实需要向专家请教。比如在讲《领先世界的古代手工业》一课时，我们向化学组老师寻问钢铁是怎样炼成的，陶瓷是怎样烧制的；还向美术老师请教不同时代陶瓷的区别。最后我们从美术组借来一堆陶器、瓷器，搬到历史课堂上，进行"鉴宝"活动，猜它们的价格，引起了学生极大的兴趣。

此外，我们还同兄弟学校进行了交流与合作。

2005年10月8日，天津四中历史老师一行四人，在杨伟云老师带领下，来附中与高一历史备课组进行集体备课。先后听了孙海舰和陈艳提供的两节观摩课，然后大家座谈，进行了充分的交流和探讨。这种兄弟学校历史教师之间的协作，也是促进教学水平提高的有效途径。

（五）鼓励个性化教学

每个人教学风格不尽相同。即使进行了集体备课，即使用的是同一个课件,课堂上也会明显不同。在某些问题的处理上,存在分歧非常正常,完全不必拘泥于形式上的统一。比如对于教材的整合问题,经过反复考虑之后,我们选择的是相对保守的按照教材现行顺序教学。在讲到必修一第五单元《现代中国的对外关系》时,陈艳老师提出一个想法,把第五单元同第九单元《当今世界政治格局的多极化趋势》进行整合,可能会更顺。最后我们就兵分两路:我和陈小兵按原定计划按部就班地进行教学,陈小兵老师的展示课《世界多极化趋势的出现》,讲得非常成功;陈艳和左彦把第五和第九两个单元结合,在多极化趋势背景下学习现代中国的对外关系,同样获得了很好的教学效果。陈艳老师的展示课《世界多极化趋势下的中国外交》尤其精彩,赢得老师和同学的广泛好评。

(六)尝试新的评价形式

改变评价方式是新课改的重要内容之一,我们也把学生学习动态的过程评价和终结性评价相结合,给学生打出相应的分数。

值得一提的是,上学期河西区组织了期末统考。为了在区统考成绩的基础上进一步区分出学生历史学习的层次,我们在规定的考试时间结束,收卷之后,再加考一道20分的附加题。两道附加题任选其一。

附:期末考试附加题(本校自拟,成绩记入本校大榜)

孙中山说:"政治两字的意思,浅而言之,政是众人之事,治就是管理。管理众人之事,便是政治。"以下两题,任选其一。

任选题一:

进入文明时代以后的中国、希腊和罗马,都取得了辉煌的成就。它们的政治制度成为后代因袭、仿效的宝贵资源,无论是中国古代的农业,还是古希腊、古罗马的工商业,都十分发达、繁荣,在文化艺术方面也出现了许多大师巨匠以及流传千古的杰作。这些与它们的制度建设密切相关。以雅典民主政治为代表的古希腊民主制使公民有了自由发挥才能的空间,思想空前活跃;中国的君主集权制度也有利于大规模公共工程的组织,以及有效地抵御外来侵略,维系大帝国的长期统一。

但是,它们都存在着弊病。

请以"兼议X国的古代政治制度的利弊"为副标题(主标题自拟),写一篇历史小论文。字数在500字左右。

要求:史论结合,结构合理,文字通顺。

题目:(自拟题目)

——兼议(某)国古代政治制度的利弊

任选题二:

随着资产阶级力量的壮大,自17世纪后期起约两百年的时间里,资产阶级代议制在英、美、法和德等国先后建立起来。西方国家实行的代议制度,核心是经过选举产生的代表组成的议会,他形式上代表着民意行使国家权力。

1905年,清政府派载泽等五大臣出洋赴英、法、美、德等国考察西方代议制度。如果你是参与考察的五大臣之一,请你选择其中一个国家的代议制度写一份考察报告,并向清政府提出在中国实施此种代议制度的建议及理由。

请以"X国代议制考察报告"为题(可以自拟主标题),用第一人称写一篇历史小论文。字数在500字左右。

要求:史论结合,结构合理,文字通顺。

题目:(自拟题目)

——(某)国代议制考察报告

这两道附加题,存在多种变数。

学生的选择多种多样,表述洋洋洒洒,层次参差不齐,批得我们头昏眼花,批卷难度大。不过一些学生的答卷也确实让人很惊喜。更重要的是,它弱化了常规考试的负面影响,区分了学生的层次,得到了学生和学校的认可。

我们认为,我校的历史新课程改革实行一个学期来,效果还是令人满意的。学生对历史的兴趣越来越浓，参与程度也逐渐提高。在申报研究性学习课题的时候，第一志愿选报历史课题的学生超过年级学生总数的三分之一，以至于年级组不得不硬性平衡。这个结果可能有一定的偶然性，比如我们这次设计的研究课题恰恰符合学生的口味，但学生对历史学科总体上还是产生了一定的兴趣，至少不太惧怕历史。

二、我们的反思

著名历史特级教师吕准能老师说过这样一段话："搞好新课改，角色转变是前提；营造氛围是依托；全员参与是关键；讲究方法是保证；学会学习是目的。"

反思我们的集体备课，距离这样的目标还有相当的距离。对新课标的内涵，缺乏深入地学习和研究，对新课标的解读做得还远远不够。

此外，单元整体备课还有待加强。搞好单元整体备课，这是由新课标、新教材的特点决定的，应该花大力气认真搞好它。但我们多数情况下的集体备课仍然停留在就事论事层次上，一个一个地解决教学中遇到的问题。应该每单元确定一个中心话题，每课解决一个核心问题，选择相应的教学方法和手段，从而建立起更完善的知识体系。

本学期的集体备课有所懈怠，可能是因为必修二经济史相对于必修一政治史难度有所降低，我们也找到了一点感觉的缘故吧。

三、我们的困惑

课改以来，问题频现：时间不富裕、课标太简略、理念吃不透、学生零起点、评价难如愿等等。其实最大的困扰，还是感觉教师知识储备不足——知识不够用。

历史学科是一门综合程度极高的人文学科，它要求历史教师具有丰富的历史知识和相关学科知识。人教版历史教科书，具有体例新、容量多、学术性强、难度大、融通古今中外、内在逻辑严密等特点，它给历史教师展示才华带来了机遇，也给历史教学带来了新的挑战。我们越来越认识到：钻研教科书只是有底气;钻研历史专业书,才能有才气;广泛涉猎,才能神气。但是现在,尽管我们历史老师都已经很敬业了,但是我们多数教师的知识结构和教师素质,与课改要求相比还有一定的差距,还需要在今后的教学中不断完善和提高。

（2006年秋,天津开始新一轮高中课程改革。高中历史教材变化之大,完全超出老师们的预料。脉络不清、概念不明、内容庞杂、课时不足等等问题纷至沓来,让课改老师应接不暇。附中历史组立足本校实际,开展校本教研,取得了很好的教育教学效果。本文是应河西区历史教研员许澎臻老师邀请,在2007年河西区历史教师课改经验交流会上的专题发言稿。略有删改。）

勤奋进取　潜心研究　精诚合作　共谋发展

——历史学科组建设的实践与思考

一、历史组概况及特点

北京师范大学天津附中历史组到目前为止，共有11位教师，包括5名高级教师、5名一级教师和1名优秀青年教师，其中4人具有硕士研究生学历。11名成员中，有市级学科带头人后备人选1名，区中心组成员3名；有两人分别接受过骨干教师国家级和省级培训，两人获天津市优质课大赛一等奖，还有两人获得全国优质课大赛一等奖。组内研究风气浓郁，形成了"勤奋进取，潜心研究，精诚合作，共谋发展"的团队精神。

二、取得的成绩及我们的做法

（一）成绩与特色

1.立足学情校情，教学成绩优异

教学成绩是学校生存和发展的根本，也是我们着力最多的地方。

近年来，我校高、初中历史学业水平考试一次通过率100%，优秀率最高的时候分别达到70%和90%。高考历史平均分多次超过同级别的兄弟学校，历史单科最高分（原始分）连续几年突破90分大关。

2.重视课题引领，科研成果众多

课题引领是我们历史组的传统。"十一五"期间，历史组承担两个市级课题、一个区级课题，参与一项国家级课题研究，均已顺利结题，并获得专家组

的高度评价；"十二五"期间，又承担一个国家级课题和两个天津市级课题研究。在课题引领下，历史组同仁撰写的数十篇相关论文，在教育教学刊物上发表或获奖。

3.青年教师培养成效显著

青年教师培养是最让我们自豪的成就。在全体成员共同努力下，陈小兵、陈艳老师分别获得全国历史优质课大赛和说课大赛一等奖；左彦老师获得天津市青年教师论坛一等奖，多次做市、区级观摩研讨课；陈小兵、李芸老师获得市级优质课大赛一等奖；王运获得河西区教师基本功大赛一等奖，多次为河西区历史教师做教学观摩课，所教班级高考历史平均分直追区内重点学校。这些年轻老师勤奋敬业，各具特色，而且成绩斐然，已经可以独当一面地开展工作。

4.教师形成不同的教学风格

几年来，课题组老师解放思想，转变观念，鼓励创新，发展个性。

在加强集体备课基础上，我们鼓励老师们不必拘泥于形式上的统一，即使使用同一个课件，课堂教学中也应结合自身特点和学生实际，发挥自身优势，形成不同的个性和风格。老师们也各显身手，有的擅长讲授故事，有的长于理性分析，有的偏重于画知识结构，还有的擅长运用多媒体辅助教学。在调动学生学习积极性方面，老师们也异彩纷呈，有的老师如左彦、李芸、王运等，组织学生编演历史课本剧，有的老师如孙海舰、张丽晶、赵秋祥等，指导学生撰写历史小论文，还有的老师如陈小兵、陈艳、赵凤琴老师开展课堂辩论会。经过几年的打磨，历史组每位老师都形成了自己的教学风格和特色，这也为开展校本教研，相互学习借鉴打开了方便之门。

5.在市、区历史学科产生一定影响

历史组在2006年就被评为河西区优秀学科组。张丽晶、赵秋祥、陈艳、孙海舰等老师多次承担市、区级教学指导讲座，其中2012年3月我校承办了天津市高三历史复习研讨会，张丽晶老师为全市高三教师做高三复习指导；受天津市历史教研员委托，张丽晶、陈小兵、孙海舰、王运等多位老师承担高中历史《学习质量检测》和《高中历史总复习》的编写和修订工作；新课改以

来,历史组多次承担市、区级教学观摩课任务,张丽晶、陈艳、陈小兵等多位老师担任天津市电教馆《历史空中课堂》的授课教师;天津市截至目前一共4位老师获得国家级历史学科大赛一等奖,其中两个出自我校历史组。

(二)公开的秘诀

1.依靠老教师的魅力和风范培育凝聚力

附中历史组拥有诸多颇具人格魅力和学术魅力的老教师,这是一笔不可多得的宝贵财富。现代教育家陶行知先生说过:"唯有学而不厌的先生,才能教出学而不厌的学生。"张丽晶、赵秋祥、孙海舰、赵凤琴等老教师平时经常翻阅历史教学类书籍和刊物,了解史学前沿动态和教改动态,积极主动参加市区教研活动,为青年教师树立了榜样;更重要的是老教师热心帮助和扶持年轻教师,毫无保留地传授经验,对年轻教师的业务成长起到了关键作用。他们真诚地帮助组内每一个教师,心甘情愿地给年轻人搭台子,树梯子。这些老教师的人格魅力和学术魅力深深影响着全组成员,在他们的带动下,历史组教研风气浓厚,团队精神突出,形成了强大的凝聚力。

2.用先进教师的忘我工作去增强进取力

历史组几乎每个老师都跨年级兼课,超负荷工作,有些老师应该说早已成名,像赵秋祥、陈艳、赵凤琴等还担任领导职务或班主任,事务繁忙,但他们却仍然坚持用高标准要求自己,忘我工作,追求完美,充分发挥了学科带头人和骨干教师的示范带头作用。他们积极引导历史组教师认真学习考试标准,切实做好高中会考、高考复习研讨工作,从研究考试入手,找出教学中的薄弱环节,及时改进教学,不断提高教学质量,提高教师专业水准。他们用自己忘我的工作,带动了全组人员见贤思齐,积极进取。

3.在打造精品课的过程中提升创造力

公开课是集体智慧的结晶。历史学科组成员的每一次公开课我们都是全员参加,全程参与,反复磨课,力求把每一次公开课都上成拿得出手的精品课。研讨时人人上阵、畅所欲言;评课时,直奔主题、不留情面;磨课时,一起挑灯夜战,精益求精;结果当然是一人获奖,全体受益。年轻教师长进也特别大,王运、左彦、陈小兵、李芸等年轻教师不负众望,在一系列的公开课中频频出彩,推出了一批堪称精品的好课。参加河西区天津市乃至全国的比赛,拿回十几个一等奖。尤其是陈小兵、陈艳两位,代表天津参加全国比赛,分别夺得全国历史教学专业委员会优质课和说课大赛两个国家级一等奖。我们在参与中享受教研的过程,在收获中分享创造的乐趣,在打造精品课的过程中提升全组的创造力。

4.用和谐的人际关系、合作的研究态度形成共享力

个别老师优秀和拔尖并不奇怪,但"一枝独秀"不是春,"百花齐放"才是我们的追求。一个组里,教师对教研的兴趣、基础与能力是有差别的,老师也各有自己的特点和绝活。我们是坚持取长补短,兼收并蓄,资源共享。共性和个性有机结合,团队和个人实现双赢。2012届高三刚开始,不等我们开口,高一组张丽晶老师就主动把自己的复习资料拿过来,供高三备课组参考;高考前半个月,高二组陈艳老师把自己即将外出讲学的电子稿发过来,供我们借鉴;每次向赵秋祥、赵凤琴等老教师请教,他们知无不言毫无保留。当然,每次有好的卷子,我们也会给他们复印几份,共同分享。和谐相处,开放包容,相互助力,资源共享,让我们尝到了甜头,也形成了积极向上的良好风气,历史组整体上不断进步,教学效益趋于最大化。

三、存在的问题和今后的努力方向

过去的十年,我们事情做得不少,成绩也相当不错,但历史组老师为人低调,不事张扬,缺少品牌意识。通过这几天的研讨会,看到学校把学科组建设摆在这么重要的位置和地位,学校良好的发展势头和有条不紊的发展蓝图,让我们感到特别振奋。同时,我们也意识到附中历史学科应当有与学校发展相适应的学科组发展规划。

在前天的学科组长会上,张晓主任对学科组建设提出了凝聚力、进取力、创造力、共享力、影响力等五个"力"的要求,回顾历史组取得的成绩,这既是我们为之付出的无数汗水和心血的凝聚,更是学科组凝聚力、进取力、创造力、共享力的体现。

但是我们在挖掘"突出力"方面还有上升的空间，在学科组建设方面还有很多的工作要做。怎样才能让我们的课堂教学更加高效，如何把每位老师分散的资源进一步整合成全校历史教师的共同财富，如何通过我们的努力既涨素质又涨分数，怎么才能让附中历史组在市区的站位再靠前一点，打造一个什么样的品牌等等。这些，正是我们下一步必须认真思考的问题。

今后，我们会更加珍惜历史教学岗位，进一步发扬历史组的优良传统，不断提升自身素质和专业水准，努力打造一个学习型、研究型和协作型的更加优秀的团队。

（一个人，或许走得很快；一群人，可以走得更远。附中历史组在近年来取得令人惊喜的成绩，形成了勤奋进取，相互补台、潜心研究、精诚合作，共谋发展的良好风气。这是历史组同仁共同努力的结果，更是团队合作的结晶。2012年8月，学校召开骨干教师和中层干部暑期研讨会，对学校未来发展描绘远景规划。在为期三天的研讨会上，有一个重要议题就是学科组建设。笔者代表历史学科组在这次大会上做了专题发言。略有删改。）

促自身专业发展 做学生成长"明师"

各位领导、各位老师,大家好:

今天我汇报的题目,叫作"促自身专业发展 做学生成长'明师'"。

人们常说"名师出高徒",我这里所说的"明师",不是名气的"名",而是贤明的"明"、明天的"明",也是给困惑迷惘中的学生指出一条明路的"明"。做这样一个"明师",对于自己,是一种境界;对于学生,是一种幸运。

我想结合自身经历,讲三个问题:一是为什么要做一个"明师",二是怎样做一个"明师",三是做一个怎样的"明师"。

一、为什么要做个"明师"

当老师的时间越长,我对教师这个职业就越敬畏。

一个人遇到好老师是人生的幸运。因为教师肩负着为学生终身幸福奠基的任务,一个好的老师,足可以影响人的一生。

我很庆幸,上高中的时候,就遇到了这样一位影响我一生的"明师"——我的高中历史老师刁兴奇。他是个下乡知青,上过高中。喜好读书,讲课幽默。当时我总成绩倒数,升学无望,上课睡觉,极其自卑。但历史老师的课,我从来不睡,也睡不着。这也是我能听得懂的为数不多的学科之一。

有一次,刁老师把考试总分前十名的大学苗子招到一起开会。我的总分是班级倒数,可历史成绩侥幸得了个全班第一。刁老师特地把我也叫去开会,还让那些大学苗子向我学习。我当时特别激动。

前几年有一部电视剧《士兵突击》,里面有个许三多,是个谁都瞧不上的孬兵。许三多的人生转折点,就是他的班长欺骗和鼓励之下,一口气做出了

333个腹部绕杠，破了全团记录，从此才有了自信。"孬兵"许三多后来进了特种部队，成长为一代"兵王"。

那天历史老师表扬了我之后，我就像做完了腹部绕杠的许三多，学习动力、学习兴趣、自信心一下子都来了。1984年我们建三江一中文科考生105人，一共考上7个本科。出乎所有人预料，我竟然是7个本科之一。而且我考的，还是重点本科。

报志愿的时候，我所有的志愿填的都是师范院校，所有的第一专业都选择了历史系。

当年历史老师的一句表扬和鼓励，让我找到了奋斗一生的教育事业；对历史，我更是钟爱一生。

二、怎样做一个"明师"

当一个好老师不易，当一个"明师"更难。

1988年我从哈尔滨师范大学历史系毕业，在大庆工作15年，2003年调入天津。30多年中，我当过14年班主任，20多年历史学科组长。这么多年下来，我有一个深深的感触：要想当好一个老师，需要博大的爱心、强烈的责任心，还需要一颗平常心。

我常常用三句话提醒自己：用心工作，潜心修炼，开心享受。

（一）"打铁先得自身硬"

我所在的大庆五十六中是一所炼油厂职工子弟学校，在此之前，历史课都是其他学科老师代课，生物、地理、数学、教务人员都曾经代过历史课。学校也一直没有文科班，因为好几科老师配不齐。于是学校花重金引进大学毕业生。

我是学校第一个历史专业毕业的老师，1988年九月，开学之初，学校安排我教高一历史，刚教了不到两个星期历史课，教学副校长周茂林找我谈话。说看我档案我高考语文成绩不错，还问我是不是喜欢看书。然后进入正题，说语文组潘老师突然调走了，初中两个班的语文课没人上，问我能不能改行教语文。

周校长很诚恳,我又不善于拒绝,就硬着头皮去了语文组,初中语文我一教就是6年。

到了1994年,王连友校长亲自找我谈话。也是先表扬我,这几年在语文组干得不错,现在学校也有文科了,他希望我重回历史组,加强高中历史组力量,把历史学科带起来。

这次我更不会拒绝,我原本学的就是历史专业。

从初中语文直接跳到高二历史,说实话确实非常吃力,因为历史几乎忘光了。一次家长会,有些家长竟然当着我的面说:"这一届文科老师没经验"。我是又憋气又窝火,教文科的6个老师,只有我从没教过高中。我甚至大学毕业6年,只教过不到两个星期的历史课。

人家确实没说错,没经验的文科老师就是我。

于是,只好玩儿命下功夫。

第二年就上了高三,10月中旬,学校派我去北京参加一个高三历史研讨会。其中一位做报告的专家是北京师范大学历史系的刘宗绪先生,他的另一个身份是国家考试中心高考历史命题组成员。刘先生特别看不上当时的中学历史教材,认为当时的中学教材观念陈旧、漏洞百出,高考命题绝不会在学术观点上迁就陈旧的甚至错误的东西。相反,高考命题组有责任通过高考命题,纠正中学历史教材中的错误,利用高考来促进中学教学改革和教材改革。

当时全国高考历史成绩普遍偏低,谁能想到高考命题专家专门和中学历史教材过不去?我们中学老师,手里就那么几本教参和复习资料,和高考命题人的见识和要求差的太远了。如此应考,历史高考成绩能不低吗!

从那儿之后,我就再也不像以前那样迷信和死扣教科书,我的历史教学也多了一个准则——立足教材知识,超越教材认识,尽量站在高考命题人的角度俯视教材。

1996年,我送走我的第一届高三学生。别看我们学校生源很一般,但那一届文科班考得非常好。"低进高出、高进优出。"全班有4位同学历史成绩竟然突破了100分,历史学科会考和高考综合测评竟然是大庆市第一名。

曾经当我面说"这届文科没经验"的家长,他的孩子那年以大庆市总分第三名的身份考上了中国人民大学新闻系,并获得厂长奖学金。后来,家长成了我们高三老师的朋友和最好的宣传员,我也一夜之间进入了所谓"有经验",甚至"有水平"教师的行列。

其实我非常清楚,教历史,我就是个"土八路"。我们学校在偏僻的大同区,离大庆市区60千米,交通不便,想参加个教研活动都费尽周折。历史组我年龄最大,连个师傅都没有。只好抱团取暖,和历史组刘道原、赵丽辉等高中老师联手开展校本教研。

我们最基本的教研活动,就是听课、评课,先研究怎样把课上得更好一些,然后就拼命研究高考,研读大学历史教材。公开课,我们共同面对;写论文,我们互相把关。后来,就形成了一种风气和习惯。

（二）团队合作让你走得更远

有人说"文人相轻",还有人说"同行是冤家"。我当过20多年的历史学科组长,我所带过的两个历史组,却很少有这样的毛病。相反,两个历史组有着相同的风气,就是团结协作、崇尚科研,相互补台,共谋发展。

比如附中历史组,整体实力非常强,研究风气尤其浓厚,而且每个人都有自己的优势和专长。作为学科组长更需要摆正自己的位置,起好带头作用。你的胸怀、为人、教学态度、处事风格,都可能影响到学科组的风气。

就这样,一步步走到今天。我也越来越认识到,一个人可以走得很快,一群人,可以走得更远。

（三）立足科研是成绩优异的公开秘诀

课题研究方面,只要有心,值得思考的东西很多很多。研究课题都是从实践中来,解决实际问题,指导起教学来也更有针对性。

附中历史组很多老师像张丽晶、陈艳还有我,都曾经多次主持市级研究课题,陈艳老师还主持过国家级课题。我们给历史组每个成员都分配了研究任务,每一个参与者都受益匪浅。我们从心理上,研究学生;在学识上,征服学生。

天津很长一段时间中考不考历史,所以没多少学生重视历史。在教高一的时候,我曾经写过一篇文章《高一学生历史学习的不良心理及对策》,指出高一学生历史学习方面的四个不良心理,进行针对性的训练。

人教社高中《历史》(选修四)教材,《民主革命的先行者——孙中山》一课这样写袁世凯去世的:"在全国人民的反对之下,袁世凯被迫取消帝制,并在人民的唾骂声中,结束了可耻的一生。"这一观点值得商榷。

袁世凯是个不可多得的实干家和政治家,他做了很多开创性的工作,创办新式陆军,中国军事近代化由此开始,创办警察制度,担任直隶总督,把直隶省建设成了最具活力的模范省(类似于改革开放的广东)。怎么能因为晚年当了八十三天皇帝,而一笔勾销,连他的一生都变成可耻的呢?"求真求实"那可是历史学科的底线,还历史本来面目,那是每一个历史工作者的责任。

我找来了跟袁世凯有关的十几本著作集中阅读,花了半年多的时间写下了一篇论文——《应客观公正地评价袁世凯》,后来在《中学历史教学研究》上发表。

从教31年,我公开发表了大约40篇文章。我还和几个喜欢历史的朋友历时两年半,写了一套历史丛书——《平民笔下值得回味的历史》,一共五本,2017年底,由天津出版传媒集团百花文艺出版社出版。我担任副主编,也算给自己的教育生涯留下一本专著。

三、做一个怎样的"明师"

应该做一个怎样的"明师"呢?

我觉得,应该锁定立德树人这个大目标。

现在有个词语叫"家国情怀"。所谓家国情怀,是学习和探究历史应该具有的社会责任和人文追求,也是历史学科五大核心素养中的价值追求目标。引导学生在历史学习中增进智识、浸润心灵，形成正确的情感态度和价值观念，是新时期中学历史教学贯彻立德树人教育根本任务的价值诉求和使命担当。

以史为鉴、立德树人，这是历史教学给我们提出的要求。在这方面，我主要做了四个方面的探索。

1.锤炼教学主题：在教学目标设计中渗透家国情怀

2.创设学习情境：在教学活动中渗透家国情怀

3.端正价值取向：在考试测评中渗透家国情怀

4.开发创新平台：在校本课程中渗透家国情怀

说到校本课程，我本人非常喜欢"清末到民国"这段历史，对很多历史风云人物都产生了浓厚的兴趣。比如曾国藩、李鸿章、袁世凯等。晚清民国时期，面临千年未有之大变局，很多风云人物都做出了自己的贡献，但他们未必受到了后人应有的尊重。

去年，我还在学校高二年级开设了一门选修课——《晚清民国风云人物评说》，网上选课，比较受欢迎。

很多学生在学习了一段时间历史课后，对历史学科的态度由"轻视"和"斜视"，逐渐变为正视和重视。2012届文科班学生李坤写过这样一段话："以前从没想过我们所学的历史与自己有什么关系；听孙叔的历史课，不知不觉就产生了一种对国家的使命感和责任感。"

从教以来，我先后获得了一堆所谓的名头。其实，我既不想当官，也发不了财。就愿意干点儿自己喜欢的活儿，就像我当年的高中历史老师、我的恩师刁兴奇老师那样：当个好老师。简单而又充实，幸福而又快乐。

三十多年的教学生涯，我有一个深深的体会：教师的幸福和尊严不是别人给的，其实是自己挣的。咱们当教师的，不能年复一年地重复昨天的故事。必须找到专长，做点规划，成为自身专业发展的主人。一点一滴收获成长，一点一滴地增强自己的职业幸福感。

最后，我祝大家在各自的专业发展上，都能收获更多的幸福和喜悦。祝每一位老师，在教书育人的同时，都能真正享受到作为一名人民教师的快乐和尊严。

（2015年8月，本人被评为河西区人民满意教师标兵、天津市师德先进个人。适逢河西区教育局要举行师德建设行动启动大会及师德楷模微电影展示活动，要求全区中小幼学校为获奖教师录制视频，为此附中专门录制了微电影《"孙叔"的故事》。我从未想过此生还能演一部电影，而且还是男一号。这部微电影的编剧是附中科研处主任陈艳老师，导演、摄像、解说是时任信息技术处主任的夏广峰老师。他们的专业水准和完美主义的制作要求，让这部描写一位中学普通历史教师的微电影不同凡响，最终被教育局确定为全区中学教师代表，在河西区师德建设行动启动大会上首映，并在河西教育局网站上进行展播。此后，我作为河西区师德楷模志愿者联盟的成员，先后在北京师范大学天津附中、梅江中学、卓群中学、甘肃平凉九中等多所学校做相关讲座或报告。2020年6月，我从甘肃平凉支教归来不久，学校安排部分党员教师录制党课视频，作为新入职教师及"青马工程"学员培训内容。本文是这次党课的讲稿，略有删节。）

　　历史是历史主体发展的过程,而历史主体在其发展过程中往往充满诸多变数,使得历史充满了无穷的魅力。历史教学是教师引领学生共同发现历史、认识历史的过程,历史自身所蕴含的魅力自然应该成为学生学习探究的动力。

　　——天津市教科院课程教学研究中心历史室主任、教育部"国培计划"培训专家戴羽明

　　核心素养下的历史课堂教学将是未来相当长一段时期内历史教育教学的主要方向,也是考试命题的重要角度,中学历史教师应该自觉地将这些核心素养与历史教学结合起来。

　　——天津市教科院课程教学研究中心教研员、教育部国培工作坊项目特聘专家罗金永

如何上好历史试卷讲评课

考试,是测量学生知识水平与能力水平的重要手段。而试卷讲评则是总结经验,查找不足,提高效益,改正方法的重要环节。历史试卷讲评课,是一种延伸了的具有特殊功能的复习课,对教学起着矫正、巩固、丰富、完善和深化的重要作用。尤其是高三阶段的试卷讲评,更是具有非常重要的、特殊的意义。只有通过及时的讲评、全面的总结、科学的分析,才能及时发现和弥补学生知识的缺陷和教师教学中的漏洞,使学生夯实基础知识,提高审题和解题的能力与技巧,从而提高复习的效益。

以下是笔者对文科班历史试卷讲评课的几点看法,恳请大家指正。

一、注重时效,充分准备

高三历史试卷讲评一定要注重时效。因为距考试时间越近,师生对考试情况的印象就越深刻,讲评的效果就越好,学生受益就越大;而且,高三年级时间有限,师生都拖延不起。在高三复习中,我常常是头一天考试,收卷后参考答案立即贴到墙上,供学生们订正和讨论。当天晚上精心批阅和统计,第二天一早成绩表上墙,同时下发试卷,进行讲评。除批阅及时外,相关准备更须充分。在批阅试卷后,应该统计各题的得分率,记下学生出错比较多的试题及选项,分析其出错的原因。对于学生试卷中出现的问题及典型事例,要做出记录。这样,讲评时,师生均有备而来,讲评效果自然更好。

二、有的放矢,重点突出

讲评试卷绝不可不分主次地对答案,必须重点突出,有针对性,才能真正起到讲评的作用。例如选择题，对出错率相对较低的题不予讲评，只有个别同学出错的可于课下个别交换意见，或课堂上适当点拨。只有对错误率较高的题（1/3以上同学出错）才集中精力重点讲评。再如，对于材料解析题和问答题，应针对试卷上的典型错误，进行重点讲评。这样一方面节省了时间，更重要的是抓住了主要矛盾：出错率高恰恰说明该题学生没有掌握好，学生也特别迫切地要求弄明白这些地方。例如：

1848年法国革命的任务是：

A.解决工人阶级的经济要求　　B.解决工业资产阶级的政治要求

C.解决工人阶级的政治要求　　D.解决国家体制的变革问题

此题在考试中学生的答案较分散，正确答案应为B，而多数同学选择的是A或C。可见这一知识点学生掌握得普遍较差。因此，我在讲评时把这道题作为一个重点，进行了深入讲解。首先带领学生回忆工业革命的后果之一，生产力迅猛发展，新兴工业资产阶级壮大，要求改变旧的生产关系和上层建筑，从而就有了1848年发生的欧洲革命。并重申1848年欧洲革命的性质，再把1848年法国革命置于1848年革命的大背景中去理解。这样，教学中的一个难点通过试卷讲评而最终解决。

三、分析不足，查找原因

答卷失分的主要原因大致有以下几个方面：一是知识欠缺（如答不出或答错），二是能力欠缺（如分析不透、表述不清），三是审题失误（如未看清题意和答题要求），四是技术性失分（如笔误等）。讲评时应结合有代表性的试题及学生的典型答案，进行深入分析，使出错学生在较深层次上弄清自己失误的原因，明确自己的主要缺陷和今后的努力方向，从而使自己的复习更有针对性。

四、传授答题方法，培养解题能力

解题方法的指导和训练是非常有必要的。但专门安排方法指导课，则往往缺少针对性,且效果也未必明显。而在讲评试卷时,由于能结合具体试题及学生答题情况进行有针对性的指导,比如结合审题失误讲审题方法,结合答题弊病强调答题要求等,效果自然会更为明显。如能补充典型试题进行矫正练习,学生的积极性会更高,讲评效果自然会更好。

五、鼓励为主,方式多样

试卷讲评课不是对学生的批斗会,要最大限度地保护学生的学习热情,千方百计调动学生的积极性。教师在讲评课上,对任何层次的学生都应满腔热情,力戒急躁和埋怨,因为这对促进复习有害无益。正确的做法是总结试卷的优缺点,讲评考试的得与失,尤其要注意引导学生参与试题讲评,变被动接受为主动分析和解决问题。不能教师自己高谈阔论,切忌“一言堂”的讲评方式。

上好一次试卷讲评课所费的时间,往往会超过一次考试的时间。由于必须进行精心充分的准备,才能讲有内容,评有针对性;同时必须像上正常复习课那样认真对待、精益求精。因此,教师的工作量明显增加了。但从效果上看,这样的讲评学生收效最大,效益最高,因而多付出一些也是值得的。

(历史试卷讲评课是高中文科班经常性的任务之一,其重要性不言而喻。然而在实际复习教学中,试卷讲评课的效果往往不尽人意,因此非常有必要进行深入研究。原载于《中国石化教育》2002年第1期。)

热点设题：不断发展的跨世纪中俄关系

材料一 新华网消息：应俄罗斯、法国、哈萨克斯坦、蒙古国四国总统的邀请，胡锦涛主席于2003年5月26日至6月5日对俄联邦、法国、哈萨克斯坦和蒙古国进行国事访问，并出席在莫斯科举行的上海合作组织成员国元首第三次会晤、在圣彼得堡举行的建市300周年庆典和在法国埃维昂举行的南北领导人非正式对话会议。这是中国新一届中央领导集体产生后国家主席首次出访。

材料二 十年来，中俄关系经历了从相互视为友好国家、建立建设性伙伴关系直至确立战略协作伙伴关系的历史进程，双方通过共同努力建立起合作的最佳模式，使两国关系步入平稳发展轨道。

——摘自2003年5月《中华人民共和国与俄罗斯联邦联合声明（全文）》

材料三 加强两国边境和地方间合作以及中小企业之间的联系。双方决心使整个双边经贸关系的发展取得突破并使经贸额大幅增长。双方认为，能源领域合作对两国意义重大。落实大型油气项目，俄参与西气东输项目以及研究俄为西气东输项目提供必要能源设备的可能性、双方石油公司合作勘探开发俄境油田，应成为加强两国能源合作的基础。

——摘自2003年5月《中华人民共和国与俄罗斯联邦联合声明（全文）》

材料四　圣彼得堡6月22日太阳高度随时间变化曲线图

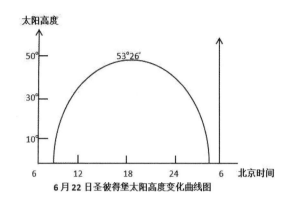

6月22日圣彼得堡太阳高度变化曲线图

据此回答1—13题。

1.有关中俄原油管道建设、俄向中国输送天然气等项目的自然基础是

A.中国的石油、天然气质量不如俄罗斯

B.中国的石油天然气总量虽然比俄罗斯丰富,但由于经济比俄罗斯发展快,需求量大,导致需要进口油气

C.中国的石油、天然气分布不均衡,东部经济发达需求量大,从西部调运没有从俄罗斯调运近

D.中国油气资源虽较丰富,但消费量仍然大于生产量,从20世纪90年代已变为石油净进口国

2.根据材料四推断,圣彼得堡的地理坐标为

A.53°26′N,30°E　　　　　　　　B.53°26′N,45°E

C.60°N,30°E　　　　　　　　　　D.60°N,45°E

3.根据材料四推断,中国南极长城站(62°12′59″S,58°57′53″W)在北京时间6月22日的夜长时间大约为

A.约22～23小时　　　　　　　　B.约18～20小时

C.约24小时　　　　　　　　　　D.约1～2小时

4.当圣彼得堡6月22日正午时,南极长城站的区时为

A.6月22日18时　　　　　　　　B.6月22日6时

C.6月21日18时　　　　　　　　D.6月21日10时

5.圣彼得堡在每年夏天有"白夜"现象,即傍晚落日的余晖和第二天清晨的曙光连在一起。结合材料四,关于此种现象的解释正确的是

A."白夜"现象即是极昼现象

B."白夜"现象的出现是因为大气对太阳辐射的反射作用

C."白夜"现象的出现是因为大气对太阳辐射的散射作用

D."白夜"现象的出现是因为大气对太阳辐射的吸收和逆辐射作用

6.关于圣彼得堡的有关说法正确的是

A.圣彼得堡临黑海,是俄罗斯的重要港口

B.圣彼得堡受北大西洋暖流影响,终年不冻

C.圣彼得堡临芬兰湾,芬兰湾是波罗的海的一部分

D.圣彼得堡是俄罗斯四大工业基地之一,工业以军事工业为主

7.关于上海合作组织成员国的说法不正确的是

A.包括世界上人口最多的国家

B.包括世界上面积最大的国家

C.包括世界上面积最大的内陆国

D.不包括有"白金之国"美称的国家

8.俄国对华侵略的最大特点是对中国领土的侵吞,其中割占中国领土面积最大的不平等条约是

A.《瑷珲条约》　　　　　　　　B.《北京条约》

C.《中俄勘分西北界约记》　　　　D.《中俄改订条约》

9.第一个与中华人民共和国建交的国家是

A.苏联　　　　　　　　　　　　B.朝鲜

C.以色列　　　　　　　　　　　D.英国

10.1950年,《中苏友好同盟互助条约》的签订所产生的影响是

A.加强了中苏两国的友谊

B.有利于中国经济的恢复与发展

C.打破了帝国主义孤立和封锁中国的政策

D.巩固了中苏两国的团结

11.1960年,中苏关系急剧恶化,其主要原因是苏联

①突然召回全部在华专家 ②停止对中国的经济技术援助 ③撕毁全部经济技术合作的协议、合同 ④要求在中国建设两国共有的长波电台 ⑤要求在中国建立一支联合舰队 ⑥在中苏、中蒙边界大量增兵

A.①②③   B.④⑤⑥

C.①③⑤   D.②④⑥

12.20世纪50年代末,中苏关系恶化的根本原因是

A.中国国力增强威胁其大国地位

B.意识形态领域矛盾激化

C.中国奉行独立自主的外交政策

D.赫鲁晓夫上台后逐步推行霸权主义政策

13.现阶段中俄关系的主要特点是

A.同盟关系

B.竞争伙伴关系

C.经济合作伙伴关系

D."不结盟、不对抗、不针对第三国"的新型合作关系

材料五:中俄两国十年来在双边贸易关系方面取得突破性进展,尤其是在能源领域实现了成功合作。回答14-15题。

14.从政治常识上看

A.是经济全球化的必然要求及具体体现

B.是符合两国共同利益的

C.是中俄两国反对和对抗美国独霸世界企图的又一胜利

D.是为了建立国际经济新秩序

15.从经济学角度看

A.我国充分利用两种资源中的国外资源,发展我国经济

B.可以更好地实现资源优化配置

C.俄罗斯的原油和天然气价格比我国低

D.帮助俄罗斯恢复经济,体现集体主义价值观

材料六：中俄两国从建设性伙伴关系到战略协作关系的确立和发展。回答16—17题。

16.符合辩证唯物论的是

A.体现了物质和意识的辩证关系原理

B.一切从实际出发,实事求是

C.具体问题具体分析

D.充分发挥人的主观能动性

17.对这一问题的正确认识是

A.加强军事合作,两国结成军事同盟

B.针对美国的抑制中俄进行的反抑制

C.中国在国际上地位的崛起

D.中俄两国为世界和平和发展做出的贡献

参考答案

1.D 2.C 3.A 4.B 5.C 6.C 7.D 8.A 9.A 10.C 11.A 12.D 13.D 14.B 15.A 16.A 17.D

（"3+文综"是国家考试命题中心一个特定阶段的命题要求,其中"文综"以政史地三科为依托,紧扣社会热点,侧重对学生综合运用学科基础知识和基本能力的考查,有一定的难度。本文即为我校高三年级刘宝平、白世卿、孙海舰三位文综老师追踪社会热点,联合命制的一套试卷。原文发表于《中学政史地》2003年第9期。）

文科班"一轮"复习的三个"着力点"

——谈2012届文科历史"一轮"复习的策略

进入高三复习已经近两个月,月考也经历了两次,暴露的问题比较多。以至于我们一度非常困惑,怀疑这还是不是文科班的学生,甚至是不是高三文科班的学生。几位高三历史教师都教过高三,甚至教过曾经创造过辉煌成绩的2009届高三文科班,不可能不与往届的学生进行对比。客观地说,在尖子生数量、学习历史的积极性和主动性、理解和掌握历史知识的能力等方面这届和2009届学生相比还有较大差距。对比的结果是任务艰巨、不容乐观。

在这里,我们不想罗列太多学生的不如意,也不想面面俱到地介绍我们的复习策略,只想重点谈一下面对困境,我们高三历史备课组在历史"一轮"复习中的三个"着力点",恳请各位老师指正。

一、依托考纲夯实基础

对历史基础知识与学科能力的考查,在高考中永远是第一位的。高三复习时要做的事千头万绪,但根本问题就是基础,尤其是"一轮"复习,依托考纲夯实基础是重中之重。

近几年考察能力的分值增大,而且新高考试题往往以新情境、新材料的形式出现,但仍是对主干知识的考察。若没有牢固掌握主干知识,能力的提高也将成为无源之水、无本之木。因此,按照考纲和高考的要求,我们在复习中,注重对重要历史史实、历史概念、历史结论、历史阶段特征、历史基本线索等主干知识的掌握,注重引导学生回归书本,理解基础主干知识,构建网络体系,并将各种能力测试目标要求落实到位,准确把握知识点的广度和深度,注重知识点的联系和比较,培养学生掌握基础知识,引导学生形成历史知识的整体结构。

在教学中,必须牢牢把握好两点:

一是掌握基本线索,宏观把握基础知识。

因为基本线索是历史知识之间的联系,基本线索是最能反映历史发展进程的最普遍联系,掌握了基本线索,也就把握好了历史发展的最一般规律。

二是狠抓主干知识,深刻理解其基本内容。

天津高考非常侧重对主干知识的考查。所谓的主干知识,是指在历史发展进程中具有承前启后意义或者是转折性意义的重大历史事件,如西汉初年汉高祖、汉武帝在王国问题上的不同态度,唐宋元加强中央集权的措施等。再有就是重大历史事件的发展过程,比如专制主义中央集权制度的演变、资本主义世界市场的形成等等。当然,狠抓主干知识,无需在过多过细的知识点上纠缠不清。

基础知识怎么练更有效？我们尝试两种办法:

一是在基础训练阶段,必须加大落实的力度。包括默写教材重点段落、默写课堂笔记重点内容等等。在这方面王运老师做得非常扎实,效果也更加显著。由于基础知识更加扎实,每次月考,王运老师任教班级的历史成绩都独占鳌头;

二是编写好学案,进行知识结构和基础知识的落实与训练。由于教材变化较大,这个工作费时较多,但我们认为,对我们学校这样层次的高三文科学生来说,这种做法应该是有效的,多费点功夫也是值得的。

二、训练规范解题能力

能力是练出来的。

既然要练,就要弄清楚练什么、练多少、何时练、怎么练,并且进行规范性训练。根据近几年天津高考历史命题的特点和走向,我们每次训练都侧

重以下几个方面:

(一)课时目标训练与单元达标训练相结合

一般资料上的试题偏重于单元测试题,这种做法固然能够对一个单元的重点知识进行复习,但也有较大的漏洞,那就是间隔时间太长,学生在某一课时出现问题,不能及时发现和弥补。为此,我们采取了课时目标训练与单元达标训练相结合的办法,每讲两课左右就精心选择难易程度和数量适中的试题进行反馈练习,及时落实重要知识点,稳扎稳打,步步为营,积小胜为大胜。到单元练习时自然会有所提高。

(二)高度重视命题的角度

课时达标也好,单元测试也好,月考命题也好,我们在命题时都侧重三个方面训练学生答题的能力:

1.设置新情境新材料考查获取和解读信息的能力

高考往往选用一些教材中没有出现过的背景史料创设新情境,考查学生阅读理解材料获取有效信息的能力,以及对信息进行合理解读的能力。由于学生平时关注更多的是教材,对这种试题往往丢分严重,必须进行针对性训练。

2.以新的史学观点考查史论结合解决问题的能力

目前比较流行的史观是文明史观、现代化史观和全球史观,这些新的史观一改我们所熟悉的革命史观一统天下的局面,并在高考命题中频繁出现。因此,训练过程中,必须在讲、练、评几个环节中不断渗透新的史观,并用以统领我们的高考复习全过程,以期获得更大的收益。

3.以社会热点为载体考查运用知识解决实际问题的能力

关注社会现实、注意历史与现实的有机结合、以史为鉴,这是历年高考历史学科命题的一大特点。基础性、主干性、现实性是高考历史命题的基本原则,与现实结合的历史教学,与现实结合的高考命题,才能焕发出历史学科的青春活力,也体现了鲜明的时代特色。2012年高考可能关注的热点如辛亥革命一百周年、尼克松访华四十周年等等,因此,有关中国新旧民主主义革命的内容,即中国人民的探索史及新中国的外交史无疑应该高度关注。此外,2011—2012年的社会热点,比如长效热点构建社会主义和谐社会、"新农村建设"问题等也应关注。当然,高考考查的不是热点本身,而是热点所涉及的历史主干知识及相关能力。因此,要以热点为载体,分析和挖掘与热点相关的历史知识,培养学生运用历史知识解决实际问题的能力。

三、狠抓工作面的学生,树立必胜的信心

原则上,我们不会放过任何一个学生,但有些学生必定会成为我们的"工作面"。在"一轮"复习中,我们的工作面应该是那些有潜力无毅力、有希望没行动、有兴趣没耐心的学生。这样的学生现在占了一半以上。

为了让工作面的同学建立信心,我们有意控制训练难度。每次月考命题,都精心设计,控制难度在平均分65～70分。我们认为,只有当学生跳一跳够得着,而且只要跳就比不跳收获多的时候,学生才有可能产生跳的意识和跳的兴趣,我们才有可能不断规范答题思路,训练解题的方法和技巧。我们相当一部分学生不愿意问问题,不敢进入老师的办公室,在很大程度上是因为欠账太多,不知从何谈起,只好一拖再拖,恶性循环,最后基本放弃,乃至一败涂地。

当然,降低难度不等于降低要求。知识的高含量、思维的开放度、创设新情境,这始终是我们高三命题的基本要求。要命制一套既引起学生思考又弥补复习漏洞的好题,老师至少要做二十套的试题。这种披沙拣金,筛选和改造试题的过程,需要耗费命题老师大量的心血。然而,当我们最后拟就出一套有生命力的好题,付出巨大的辛苦也是非常值得的。

此外,我们认为,在作业、训练过程中,有意识地加大"面批"的力度,从而培养学生的信心、规范答题的方法,也可能是一个好办法,毕竟,一对一的训练更加有针对性。

三个"着力点"并不是什么太新的东西,很多老师都在这样做,需要特别强调的是:复习必须到位,落实才是生命。有人说:"简单的事重复做,你就

是专家;重复的事用心做,你就是赢家。"我们高三历史备课组的三位老师都有着丰富的教学经验,但都跨年级任教,家庭负担也都极其沉重。面对不尽人意的高三学生,面对诸多的困难,我们不但用心地"自讨苦吃",而且还要乐观地坚持下去。因为我们坚信:精诚所至,金石为开。

(高三"一轮"复习的核心任务,就在于夯实基础,要想把"一轮"复习做得更扎实些,就需要有策略、有章法。2011年10月初,学校召开高三"一轮"复习工作会,本人在会上做了典型发言。略有删节。)

树立信心　关注细节　扎实做好"二轮"复习工作

——谈高三历史备课组的几点做法

各位老师好：

高考离我们越来越近了。在与大家共同度过的这段岁月里，我们深深地感到了老师们的敬业和奉献，也向兄弟学科备课组学到了很多很多。河西区一模统考成绩出来后，刘校长安排我向大家汇报一下我们高三历史备课组的一些经验和做法，我们有些惶恐不安：一是高考尚未结束，现在谈经验为时尚早；二是大家都在努力工作，做的其实都差不多。

如果说我们历史学科暂时稍稍有些成绩，那首先归功于高三历史备课组这个团队，甚至学科组的共同努力。我特别幸运能和赵凤琴、王运老师一起合作。他们二人为人低调，不事张扬，默默地做事情，补台意识很好，真正做到了团结协作，共谋发展。赵凤琴老师德高望重，非常敬业，做事井井有条，非常沉稳，很多事情可以向她请教，请她把关；王运老师德才兼备，钻劲十足，积极主动承担了很多分内分外的事情，虽然年轻，但功力深厚，颇有老教师的风范。我们三人同在一个办公室，无须专门规定集体备课时间，随时随地可以进行集体备课。谁的想法更好，就按谁的去做，非常和谐，也非常默契。

还有一点，我们性格都很随和、低调，温文儒雅，所以好多想法比较相似：与其跟学生较劲，不如跟自己较劲。下面谈一谈我们历史备课组的做法，请各位老师多提意见。

一、赢得学生的信任——多给学生真诚的鼓励和帮助,让学生愿意跟着老师走

(一)尽可能多地确定"工作面"

在"一轮"复习中,我们确定的历史"工作面"很多,那些有潜力无毅力、有希望没行动、有兴趣没耐心的学生都是我们的"工作面"。这样的人占了文科班学生一半以上,放弃他们就意味着放弃了这届高三文科,因此绝对不能掉以轻心。

(二)耐心地对待每一个跨进老师办公室的学生

采用各种办法保护和调动他们历史学习的积极性,包括奖励等方式。例:李坤、马金言、周明洁等,效果明显,越来越多的学生走进老师办公室,走近历史老师。

(三)尽量多一些面批

在作业、训练过程中,要加大面批的力度,从而培养学生的信心,调动学生积极性、规范答题的方法和习惯,学生也非常期待这样的机会。

(四)克服焦虑,疏导情绪

面对一模后个别学生的沮丧与迷茫,要主动疏导和安抚他们的情绪,此阶段个别谈话效果极佳,客观分析,指点迷津,积极鼓励,春风化雨,让他们拉拉着脸进来,带着笑容出去,毕竟气可鼓不可泄。

二、培养学生的信心——控制试题难度,多练中等难度的题,少做费力不讨好的事

从某种意义上说,缺乏自信是对学习效率最大的打击。我们认为,只有当学生跳一跳够得着,而且只要跳就比不跳收获多的时候,学生才有可能产

生跳的意识和跳的兴趣。

为了让文科班"工作面"的同学建立信心，就要有意识地控制训练难度，每次月考命题，都要精心设计，将平均分控制在65～70分范围内，让每一个付出努力的学生都有所收获，以培养学生的成就感。

在这个过程之中，教师的耐心，是不可或缺的。不求立竿见影，也不可能立竿见影。只要扎扎实实做了，就静待花开，最终成绩差不了。李一帆、黄满震等同学的进步就是最好的证明。

三、高度重视解题训练——把会的东西变成实实在在的分数

能力是练出来的。

既然要练，就要弄清楚练什么、何时练、练多少、怎么练。尽量少走弯路。

（一）练什么？

那得看近几年天津高考的要求和试题的走向趋势是怎样的。要求什么，我们就练什么。

因此我们在筛选和设计试题方面下功夫，高度重视命题的角度和切入点，注重三个方面训练学生答题的能力：

1. 设置新情境新材料，考查获取和解读信息能力的试题

高考往往选用一些教材中没有出现过的背景材料来创设新情境，考查学生阅读理解材料，并从中获取有效信息的能力，以及对信息进行合理解读的能力。由于学生平时更多关注的只是教材，做这类试题时往往丢分严重，必须及早进行针对性训练。

2. 以新的史观和范式，考查史论结合解决问题能力的试题

目前史学界比较流行的、也是高考命题人最为看重的史观是文明史观、全球史观和现代化史观。这些新的史观一改我们所熟悉的革命史观一统天下的局面，并在高考命题中频繁出现。因此，高三复习时，必须在讲、练、评几个环节中不断渗透新的史观，并用新的史观统领我们高考复习的全过程。

3.以社会热点为载体,考查运用知识解决实际问题能力的试题

关注社会现实、注意历史与现实的有机结合、以史为鉴,这是历年高考历史学科命题的一大特点。基础性、主干性、现实性是高考历史命题的基本原则。与现实结合的历史教学,与现实结合的高考命题,才能焕发出历史学科的青春活力。因此有必要以社会热点为载体,分析和挖掘与热点相关的历史知识,努力培养学生运用历史知识解决实际问题的能力。

(二)何时练?

那得看何时练最有效。我们在这方面采取的是课时目标训练与单元达标训练相结合。

一般资料上的试题偏重于单元测试题,虽然比较系统,但间隔太长,学生在某一课时出现的问题,不能及时发现和弥补。为此,我们采取课时目标训练与单元达标训练相结合的办法,每讲两课左右就精心选择难易程度和数量适中的试题进行反馈练习,及时落实重要知识点,稳扎稳打,步步为营,积小胜为大胜。

(三)练多少?

刘校长、张主任和贾老师反复强调,打整体仗,作业量不要超过半个小时。几位领导说得对,我们也深深感觉到题量必须适中,题海战术耗时间耗精力,多做未必有益,远不如理清线索、寻找规律更加有效。

我们的对策,就是精选试题,控制题量。

在题海中选题,是我们高三历史教师经常要做的事情,在套题中删题,是我们每天必须做的一项工作。包括寒假十几天,我们从十套上一年的各区模拟题中,老师在全做了一遍基础上,精选了三套好题布置给学生。既给他们一定的训练,又给学生多留点时间去看书。

(四)怎么练?

那就得看怎么练效果更好。

我们的设想是：向问答题下手。认真研究问答题应试策略，对学生进行答题规范训练，提高学生的应试能力。着力强调试卷做到"四化"，即段落化、序号化、规范化、整洁化；答题要求面宽、点全、语短。在具体做法上，我们不盲从权威，一些经典试题的答案离我们太远，我们要按规范的要求和我们的理解，以及学生能接受的程度重新整理，印发给学生研读，让学生能够回答得出来，别吓着他们。

最后两个月时间，我们还会结合社会热点问题适当地重组一些试题，最终命制出自己的几套题来。要命制一套既引起学生思考、又能弥补复习漏洞的有生命力的好题，命题老师要做大量的试题，并进行改造。这个披沙拣金，筛选和改造试题的过程，肯定要耗费命题老师大量的心血，但是能拿出几套好题，针对性地训练，值得。

至于占高考半壁江山的选择题，我们更不会忽视。我们计划二模之前，请王运老师给高三学生搞一个选择题解题技巧专题讲座，王运在选择题解题技巧方面主动进行了深入的研究，目前已经准备了初稿。我们也正在准备配套的选择题强化训练题。

关于"二轮"复习到底该如何做才更有效，我们也在不断地摸索和调整。

想到了几个关键词：那就是情绪、能力、效率、规范、节奏，一定要从这几个方面做文章。

当然，复习必须到位，落实才是生命。

借这个机会，我想替文科综合说几句话。我们强烈呼吁给文综学科安排一些背书的时间，哪怕少几次统练也在所不惜。这是这些学科特点决定的。而且越是到后期，回归教材越重要。

最后，我愿意用一句歌词做结束语：

世间自有公道，付出总有回报；

说到不如做到，要做就做最好。

祝各学科都能考出好成绩！祝我校早日跨入名校行列。

　　（高三一模之后，二模之前，正是学生最感困惑，也最为紧张的时候，很多学生会进入一个高三复习的瓶颈期，每到这个阶段，学校总会及时召开高三复习研讨会，总结过往的问题，分享成功经验，针对性地调整策略。2012年4月3日，附中高三研讨会在静海区团泊温泉宾馆会议厅召开，笔者应邀做了"二轮"复习经验分享。）

高三历史备考策略研究

一、基于考试说明、考纲和天津历史试卷研究的初步结论

（一）四个不变

1.命题指导思想不变

坚持体现基础性、综合性、时代性和地方性的特点，以能力测试为主导，注重考查考生所学历史课程基本知识、基本技能的掌握程度和运用历史知识分析、解决问题等能力，同时也努力体现对过程与方法、情感态度与价值观等课程考查目标的落实。

2.命题能力要求不变

获取和解读信息、调动和运用知识、描述和阐述事物、论证和探究问题（4类12条）。

3.考试范围和题型基本不变

考试范围共112个知识点（三本必修75个、两本选修37个）。

题型是选择题11个44分，非选择题三道共计56分。

4.命题基本原则和特点不变

天津历史卷这几年的试卷在保持以往基本风格和特点的基础上，始终坚持"稳中有变、稳中有新"的原则，在一些试题的设计思路、架构方式和考查目标要求等方面，进行了一些改进与尝试。非选择题，由多年来单一的大主题、大综合，向小切口、宽辐射、深分析的思路转变，突出考查横向综合、发散思维与深层逻辑阐释能力等。

（二）四个可能改变

通过对近三年天津高考题的研究,结合本人参加2014年天津历史阅卷的体会,我认为2015年的历史命题,在坚持近三年改革成果的基础上,可能在以下几方面有一些微调:

一是对获取和解读信息的能力的考查可能要进一步加强;

二是对基本概念的深入理解的考查可能要加强;

三是在考点分布上,今年考点分布比较集中,必修二分量过重(大题三道中的两道),选修四《中外历史人物评价》出乎所有人的意料一分没考,2015年可能会照顾一下覆盖面。

四是选择题的命题,2014年迈的步子较大,导致区分度受到较大的影响,引起了较大的争议,2015年在稳定的同时,不排除稍稍降低选择题难度的可能,这对我校考生在市、区的站位可能不太有利。

二、近三年天津高考历史试卷相关数据的对比分析

1.平均分比较

近三年本校、同类学校和全市学校平均分情况表

年份	本校平均分	同类学校	全市学校平均分
2014	64.94	61.08	53.90
2013	63.02	63.90	55.38
2012	67.32	64.72	54.51

从上表可以看出,近三年,我校历史平均分一直保持略高于同类学校的水平,比较稳定。我们今后的工作也应在保持现有的成绩和地位的同时,力争进一步扩大与同类校的优势,缩短与上一层次学校的差距。

2.分数段比较

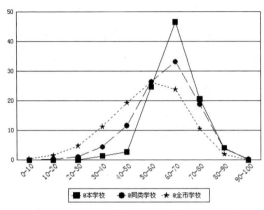

2014年本校、同类学校、全市学校分数段比较

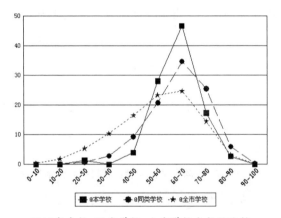

2013年本校、同类学校、全市学校分数段比较

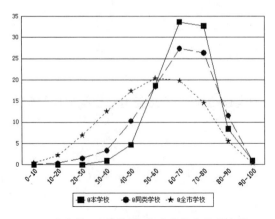

2012年本校、同类学校、全市学校分数段比较

从以上三图可知,近三年,我校不同群体分数段百分比的分布与同类学校相比,基本呈正态分布。具体表现:与同类学校相比,低分段百分比普遍低于同类学校,但高分段百分比也略低于同类校,中间段百分比则高于同类校。

由此看出,我们今后的工作重点是:

一是保持低分段比例低的优势,继续做好后进生补差工作,压缩低分段学生比例;

二是努力推进中间段向高分段的提升转化,争取整体推进的同时,着力培养尖子学生。

3.知识范畴方面得分情况的比较

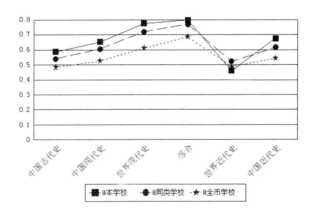

2014年本学校、同类学校、全市学校知识范畴方面得分情况比较

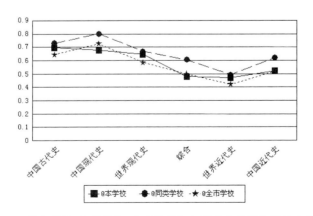

2013年本学校、同类学校、全市学校知识范畴方面得分情况比较

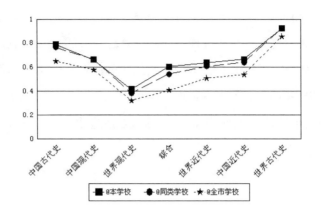

2012年本学校、同类学校、全市学校知识范畴方面得分情况比较

从近三年在知识范围得分情况来看，我校与同类校相比，在综合方面不占优势，甚至有一定差距。文科学生的整体素质我们无法掌控，只能加大中外历史综合对比的复习力度。

4.在题型方面得分情况的比较

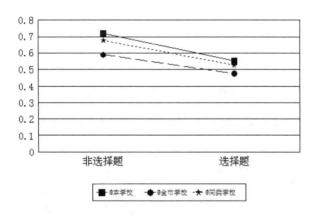

2014年本学校、全市学校、同类学校在题型方面得分情况比较

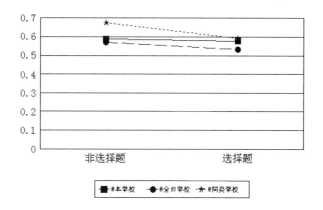

2013年本学校、全市学校、同类学校在题型方面得分情况比较

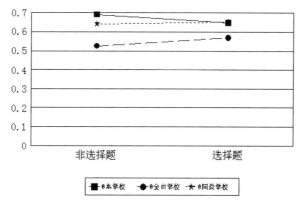

2012年本学校、全市学校、同类学校在题型方面得分情况比较

从近三年数据看,我校在选择题和非选择题方面与同类校相比,在总体持平的同时,往往在某一题型上略有优劣。这与高三备课组的风格有关,本届高三应在保持非选择题优势基础上,加大选择题的训练力度和方法策略的研究。

三、高三复习的几点认识和建议

2012年"一轮"复习时,我们曾经提出"切实抓好三个'着力点',破解高三历史复习困局"的主张,这三个"着力点"就是:依托考纲夯实基础,训练规范解题的能力,培养"工作面"学生的信心和习惯。从当时的高考结果来看,效果不错,对"一轮"复习有很强的指导意义。如今,这些做法,我们仍在坚持。

时过境迁，在2013和2014年试题中，又出现了新的情况和问题。为此，我们在坚持成功经验的基础上，在高三备考时必须考虑以下三个方面问题：

（一）关于教学

1.转变知识观，提高学生获取和解读材料的能力

史料教学并不是抛开教材另辟蹊径，那样做是本末倒置。新课改以后，教材中涉及的相关史料十分丰富，要充分利用教材中的史料。这些史料往往围绕着教学重点，和正文相互补充和印证，具有情境性、典型性、启发性，在教学中指导学生认真阅读和理解这些材料，有助于学生把握证据与史实之间的逻辑关系，加强历史体验、提升历史认识。

2.转变教学方式，提高学生自主学习的能力与保持率

长期以来，历史复习教学的面貌并没有随着高中课改的深入而彻底改观，许多教师常常"唱的"是"独角戏"。满堂灌的方式，强迫学生接受教师已经梳理好的知识脉络及现成的参考答案，势必引起学生的反感而削弱学习的主动性与参与性。经验传授型为主的传统复习课，降低了复习效率。因此，高三复习教学，要求教师将现成经验传授的方式，变为师生交流的方式，以促进学生学习能力的提升。个性差异是复习教学的丰厚资源，学生的错误和分歧也是复习教学中需要暴露并及时校正的。在教学中让学生的问题一一曝光，才有利于由此发现问题，解决问题。通过争鸣使得学生认识错误、承认错误、纠正错误。教师要以问题探究的方式考查学生的知识储备和激发学生的求知欲望，应该为学生留下更多的思考空间。

3.结合时政教学，彰显历史教育的价值

考察各地高考试题，无论是选择题还是综合题，都不是单纯地考查对某一知识的识记，而是通过对所学知识的运用来考查学生对历史问题的认识水平。这就需要在今后的复习教学中将历史与现实相结合、知识性与教育性相结合，开展并完善主题化复习，古今贯通，汲古养今，中外联系，思考借鉴，重视热点问题，关注重大时事，突出时代特征。

（二）关于教研

1.将历史现象、走势与当前的生活结合起来

教化和人文等功能并非历史学科所独有，但历史学科最具特色之处应该是通过解读过去为理解现实、指导现实服务，将历史现象、走势与当前的生活结合起来，这是最上乘的历史教学。

2.高考备考不能仅仅根据教材体系确定重点

在"一纲多本"的格局下，教材已经不是神圣的经典，本质上也只是一种教学资源而已。教学重点不能单纯看某一段落在教材中的位置，而应该从学科中出发，特别关注那些在历史发展中产生了重大影响的事件。而很多这样的事件教材并未展开。

3.努力借鉴新的研究成果，与时俱进

历史学科的主观性非常突出，随着时代主题的变化、研究视角的转变、史学研究的积累，我们对历史的认识也在不断发生变化。尤其是20世纪90年代以来，我国的史学研究范式发生了大规模的转型，新的研究成果层出不穷，甚至有些体系性的结论都发生了变化。历史教师应该努力借鉴新的研究成果，与时俱进。

（三）关于教师素质

综观近年来的天津历史高考试卷，尤其是2013和2014年的试卷，对历史教师的素质提出了更高的要求。

在一定意义上，相较于历史知识面的多寡，与历史学科搭界的各类理论素养和功力，是更有意义和价值的专业素养。[1]

作为中学历史教师，应该始终将严谨、求真、求实视作执教理念与要求的底线。尽信书（教材）而不读书，守成论而不思考，崇专家而无质疑，是决然不能实现高水平历史教学，决然不能高水准完成历史教育任务的。[2]

总之，我们高三历史备课组有自信，能够搞好2015届的复习工作。我们会竭尽全力，不留遗憾。还是那句话：世间自有公道，付出总有回报，说到不

如做到，要做就做最好。

参考文献：

[1]陈光裕、郑晓峰：《理论认知素养考查及其教学思考——以2014年高考文综历史（天津卷）第5题为例》，《历史教学》2014年第7期。

[2]陈光裕：《勿忘严谨求真 摈弃望文生义》，《历史教学》2013年第12期。

（高三文科班历史复习时间紧、任务重、难度大，因此必须制定扎实的历史备考复习策略。本文是笔者任教2015届高三时所写的历史备考复习策略，当时得到了校领导的高度认可和推介，这届学生也取得了令人非常满意的高考成绩，实现了附中历史上和本届高三团队的又一次辉煌。本文为内部指导教学之用，未在正式刊物发表。）

历史"一轮"复习中的"变"与"不变"

一、高考阅卷情况反馈

（一）关于考生和分数

今年选修历史的考生比去年文科生多,往年文科生18 000人,今年选历史的25 000人。

选择题为45分,平均分30.15。

非选择题的情况如下:

第16题共两问,第1问12分,平均分7.32;第2问8分,平均分4.53。

第17题共两问,每问10分。第1问平均分6.32分,第2问平均分6.84。

第18题得分率极低,15分的大题,平均分3.79分,不到4分。

（二）试卷的几个变化

1.难度降低

（1）平均分达到了历史性的59分。原因恐怕与下列因素有关:疫情的影响;等级赋分制的实行;平均分长期的低迷等。

（2）从本次阅卷来看,对这个分数大家都是满意,高考命题最重要的是区分度好,把高校需要的考生选拔出来,只要达到这个目的,完全没必要出题那么难,弄得天怒人怨。

2.结构变化

（1）选择题数量增多,分值下降。数量由11个增加到15个,每题分数由

4分降至3分,总分由44分升至45分。

选择题出现了人性化的设计,最后两个选择题分层次给分,最佳答案3分,言之成理就给1分,共6分。

(2)非选择题设问减少至每题两问。

3.题型创新

选择题中设置了较为人性化的两个小题;另外非选择题最后一题虽然不是老师们预测和准备的小论文,但仍然令人耳目一新。

4.导向更明确

导向上对新高考评价体系有了"一体四层四翼"的要求。

一是彰显"一体"核心功能:立德树人、服务选才、引导教学(正能量)。

引导学生树立正确的国家观、民族观、公民意识,塑造健全人格,形成正确的世界观、人生观,践行社会主义核心价值观。

二是凸显"四层"即"核心价值、学科素养、关键能力、必备知识"。

以第17题为例,体现了考查学生获取和解读历史信息的能力、分析历史问题的能力和历史探究能力,对关键能力的考查,都具有鲜明的历史学科特点。

三是体现基础性、综合性、应用性和创新性。

从考查要求上讲,基础性强调基础扎实,综合性强调融会贯通,应用性强调学以致用,创新性强调创新意识和创新思维。

【高考真题链接】2020年天津第16题：

(20分)阅读材料,回答问题。

材料 为加强边防,唐在沿边重镇设立节度使。节度使最初只掌兵权,后来总揽军、政、财、监之权,权重势雄,独霸一方。安史之乱后,藩镇"相望于内地","屯重兵,多以赋入自赡","喜则连衡(横)而叛上,怒则以力相并"。

宋太祖即位后,革除前朝之弊,"申命诸州,度支经费外,凡金帛以助军实,悉送都下,无得占留",并采取派遣官员监察地方等多项措施,

"由是利归公上而外权削矣"。宋太宗时,节度使掌控的支郡也被收回,从此"无复领支郡者"。

元朝变革地方行政制度,设立行省。行省官员常以"藩大臣"和封疆大吏自居,替朝廷镇守地方;凡行政号令和公文申禀,"不敢专决大政,咨中书(省)而后行"。

——摘编自白寿彝总主编《中国通史》等

"依据材料并结合所学知识,评述唐、宋、元时期中央政权对地方的治理措施(12分),依据材料并结合所学知识,总结从唐朝至元朝中央与地方权力关系的规律和发展趋势(8分)。

该题充分体现了高考对"基础性"和"综合性"的要求。

至于应用性,主要体现在对获取和解读历史信息的能力、分析历史问题的能力、历史探究能力、语言组织能力的考察。

2020年天津第17题:

(20分)阅读材料,回答问题。

材料一 19世纪七八十年代,清政府向美国和欧洲分批派遣留学生,总计200余人。留学生侧重学习军事或与之密切相关的各门专业知识。多数人回国后凭借西学专长,得到了清政府的重视和任用,如严复、詹天佑等。

——摘编自《近代留学生与中外文化》

材料二 甲午战后,赴日留学出现高潮,到1905年,留日学生达8000余人,其中多为自费。在孙中山发动反清革命中留日生成为骨干力量,辛亥革命时留学生起到了关键作用,如邹容、黄兴等。民国时期,从世界各国归来的留学生成为社会变革的核心力量。他们中涌现出一批中国现代自然科学、社会科学的奠基者和代表人物,而且随着中国革命的发展,产生了一些马克思主义理论家和革命家。

——摘编自《百年留学潮与中国现代化》

材料三 1949年12月，在中央文化教育委员会领导下，成立"办理留学生回国事务委员会"，动员国外留学生早日回国，统筹解决回国留学生的工作和生活安排。50、60年代，2500多名旅居海外的专家、学者，放弃了优越的工作生活条件回国效力，为新中国建设做出了重大贡献，如邓稼先、钱学森等。

——摘编自《中华留学教育史录》

依据材料一、二并结合所学知识，概括指出近代留学生和归国情况的变化及其历史背景（10分）。依据材料三并结合所学知识，说明这一时期留学生归国的原因（6分）。以近代以来一位杰出的归国历史人物为例，简评其志向情怀和历史贡献（4分）。

第17题分数虽然正常，其存在的问题也值得关注。

与前几年相比，第18题具有明显的创新特色。

2020年天津第18题：

阅读材料，完成下列要求。

材料 历史漫画可以叙史解史。它往往针对重大历史事件、重要历史人物等，使用夸张、比喻、寓意、突出细节等方式，集中反映特定的历史内容和相关历史背景，以及作者对历史问题的认识、解释与看待历史的立场。下面是一幅历史漫画的构思，其中蕴含着历史内容和历史寓意。

雅尔塔会议：合作与未来

漫画的中心是一张圆桌，三把座椅。座椅上分别搭放着一件带有元帅领章的军大衣、一件黑色斗篷和一件咔叽色厚风衣。桌上是一张欧洲地图。桌旁一扇高大的窗户，落地窗帘上端分开，下端聚拢，正好形成一个巨大的"V"形。窗外的天空聚集起阴云。

提示：从（1）（2）中任选一题作答。如果多做，则按所做第一题计分。

（1）结合所学知识，说明上述漫画构思中包含的历史背景、历史内容和符合史实的寓意。

（2）围绕1919—1939年国际关系中的重大事件或历史人物,按照历史漫画的呈现要求,构思一幅历史漫画并加以说明。(要求:自拟标题;写出构思,无需作画;史实准确;观点正确。)

（三）存在的主要问题

尽管进行了长期训练,仍然有一些平时反复出现的问题再次出现在试卷上。出现这类问题主要是因为知识、能力、习惯上等方面的不足造成的。

1.必备知识,出现低层次错误

关键词出不来,如"自强求富的洋务运动",甚至有考生空白不答的,神仙都救不了!

2.能力欠缺,不会答题

审题有偏差造成答案超出范围,有些考生审题不仔细看时间,如抄材料就可得分的问题还因此造成失分。

3.答题不规范,甚至不会答题(典型错误)

一是过于笼统,缺乏史实支撑,空发议论;

二是不会分层,答案混在一起;

三是"变化"一词不会处理:"从——到——"格式运用不熟练。

4.不读材料的不良习惯,胡编乱造的习惯

材料解读是高考历史的一大特色,大势所趋。

从试题的问法来看,近几年有大量的诸如依据材料并结合所学知识,概括、评述、总结、说明等要求的考题。

二、我们的对策——新课改了,我们怎么办

（一）变化中的坚守("一轮"复习中的四个不变)

1.夯实基础知识力度(不能降)

复习策略可以变,但"一轮"复习夯实基础的任务不能变。必备知识还是

要夯实。必备知识和关键能力,不是所有的书本知识都要背下来。相比之下,理解更重要。要具备通史意识,熟记阶段特征,在历史概念上多下功夫。

2.材料阅读训练强度(不能变)

原来《考试说明》里面能力要求的表述,最经典的是四类十二条,并不过时。比如第一类,获取和解读信息能力,理解试题中提供的图文材料和考试要求,最大限度地从材料中获取有效信息,对有效信息进行完整准确的解读。

今年的第16和17两道大题,共40分,从材料获取的就占了近20多分。

3.答题规范训练的程度(不能减)

命题技术变了,命题导向也发生了相应的变化,当然应该引起高度关注,减少丢分的有效手段之一就是规范答题。而且,很多答题方法是有范式和模版的。

4.研究历年高考真题的热情(不能减)

今年是老教材最后一年,这就面临着与新教材、新高考接轨的问题,不但要适当参考新教材、新课标,还要下功夫研究历年真题。在备课时有方向,有针对性、有深度,而且也能深入理解高考的理念,同时活跃思维。

(二)几个可行的手段

1.做小题

高三"一轮"复习的关键在于基础知识的复习,而小题就是用来打基础的。小题在高考中所占比重不容小觑,得选择者得天下。

2.改错题

配备错题本,反复练习、联系,逐个扫清自己的盲区。

3.练真题

让学生做熟、讲透真题,这可以帮助学生在做题前理清思路;分析命题意图,向参考答案靠拢;通过解题的一般化模式,学习解答同一类大题的方法步骤。

(三)教师讲解的原则

一是低起点、小步子、多活动、多问题,慢讲、细讲、讲全、讲透;

二是挖深、拓点、连线、铺面、织网形成联系和立体感;

三是强化通史意识,强调时空观念,阶段特征,加强中外联系。

面对高考"一轮"复习,我们既要有因时而动的智慧和策略,也要有以不变应万变的勇气和信心。坚持下来,不会差的。

（2020年9月2日,在河西区高三历史学科教研活动中,笔者应河西区教研员周晓伟老师的邀请,与海河中学赵煜、实验中学张硕、四中张玉龙等老师一起,结合2020年天津高考阅卷情况,就2021届天津高考历史一轮复习策略进行了专题发言。由于新冠疫情原因,本次研讨通过腾讯会议在线上进行。线上教研这种方式,在今后一段时间内恐怕会成为一种新常态。）

高三历史复习中的"示范"与"模仿"

——以近三年天津高考历史卷为例

历史学科核心素养的目标确立以来，以学科核心素养引领高三历史复习成为高中历史教学的热点。学生通过课堂教学获得、提高高中历史学科素养的关键在于实践，要让学生在实践中运用学科核心素养来思考和解决问题。

示范与模仿，就是比较有效的实践策略。

这一策略要求教师先在课堂上，围绕学科核心素养设置一个示例问题做讲解，再给出若干与示例类似的训练题供学生当堂解决。而问题的来源可以是体现某一类核心素养的高考题，也可以是教师自行编制的相关专题。

一、利用高考题培养学生时空观念

时空观念是历史学科本质的体现，"是在特定的时间联系和空间联系中对事物进行观察、分析的意识和思维方式。任何历史事物都是在特定的、具体的时间和空间条件下发生的，只有在特定的时空框架当中，才可能对史事有准确的理解。"①

以2020年天津卷第16题为例：

> 材料 为加强边防，唐在沿边重镇设立节度使。节度使最初只掌兵权，后来总揽军、政、财、监之权，权重势雄，独霸一方。安史之乱后，

---

① 中华人民共和国教育部制定：《普通高中历史课程标准（2017版2020年修订）》，人民教育出版社，2020年，第5页。

藩镇"相望于内地","屯重兵,多以赋入自赡","喜则连衡(横)而叛上,怒则以力相并"。

宋太祖即位后,革除前朝之弊,"申命诸州,度支经费外,凡金帛以助军实,悉送都下,无得占留",并采取派遣官员监察地方等多项措施,"由是利归公上而外权削矣"。宋太宗时,节度使掌控的支郡也被收回,从此"无复领支郡者"。

元朝变革地方行政制度,设立行省。行省官员常以"藩大臣"和封疆大吏自居,替朝廷镇守地方;凡行政号令和公文申禀,"不敢专决大政,咨中书(省)而后行"。

——摘编自白寿彝总主编《中国通史》等

(1)依据材料并结合所学知识,评述唐、宋、元时期中央政权对地方的治理措施。(12分)

(2)依据材料并结合所学知识,总结从唐朝至元朝中央与地方权力关系的规律和发展趋势。(8分)

【参考答案】

(1)唐朝:设置节度使,加强边防力量;赋予节度使较大权力。节度使最终形成尾大不掉,违背了初衷,削弱中央集权。

宋朝:宋初实行改革,削夺节度使权力,弱化地方军力;监督地方行政,文臣执掌地方,加强对地方财政掌控。吸取前朝教训,多措并举,削弱地方权力,维护了中央集权;但也形成强干弱枝以及"三冗"局面。

元朝:设置行省,执掌地方经济、军事大权;行省权力受中央节制。开创了行省制度;对地方权力管理宽严并举;巩固了中央集权和国家统一。

(2)规律:中央和地方之间权力之争长期存在,相互影响;双方权力此消彼长,在动态平衡中变化发展。

趋势:通过变革与创新,中央对地方权力的分配趋于合理;中央集权不断加强。

在日常教学中，我们更多只是关注事实发生的具体时间、空间，而忽略了把史事放在具体的时空框架下进行合理的解释，也就是在评价上忽视了特定的历史背景。就以试题所涉及的唐朝藩镇割据问题为例，由于受篇幅所限，教材直接表述为"唐朝中期，朝廷在地方上设置了许多节度使……（节度使）往往发展成割据势力"，以至于学生会直观地认为节度使的设置从一开始就是一个坏制度。其实，藩镇节度使也是应时而生的，其设立的出发点也是好的。唐初的边帅皆用忠厚名臣。后来随着边疆危机加剧加之朝政腐败、财政困难等多种因素，节度使权势日重，甚至独霸一方，安史之乱后更是出现藩镇割据局面。

二、对教学资源进行适度拓展

在高三的复习课中，应该围绕核心素养的较高标准，在教材基础上拓展教学资源，开阔学生视野，提升关键能力，完善必备品格，形成准确价值观。在这方面历年的高考题都有着很好的示范和借鉴作用。

当下的历史复习中，自主构建课程内容结构、开发拓展教学资源已经成为大家的共识，照本宣科的情形越来越少。但是，在教学资源的选择和使用上，还是存在着一些缺憾和不足。赵亚夫先生在给天津教师的培训中，就多次强调要以教材为基础，以教材为最重要的资源开展教学，对此笔者深感认同。在吃透教材内容，充分利用教材中的史料、图片、地图的基础上，再有选择地补充其他教学资源，也是笔者常常采用的。

再回到2020年天津卷第16题。

本题其所涉及的藩镇割据的影响，在课堂教学中学生往往会一厢情愿地认为：藩镇割据局面削弱了唐朝的中央集权，加速了唐朝的灭亡。这一结论实际上存在着对历史认识的偏差。其实无论是高中必修一还是《中外历史纲要（上）》都只是提到"严重削弱了中央集权"，而并未说加速了唐朝的灭亡。这是因为辅助工具之下，唐朝依然延续了100多年的时间。2018年全国I卷文综第25题就是一个很好的例证。

（2018全国I卷·25）据学者研究,唐朝"安史之乱"后百余年间的藩镇基本情况如表2所示。

表2 "安史之乱"后百余年间唐朝藩镇基本情况表

藩镇类型	数量(个)	官员任免	赋税供纳	兵额与功能
河朔型	7	藩镇自擅	不上供	拥重兵以自立
中原型	8	朝廷任命	少上供	驻重兵防骄藩
边疆型	17	朝廷任命	少上供	驻重兵守边疆
东南型	9	朝廷任命	上供	驻兵少防盗贼

由此可知,这一时期的藩镇(　　)

A.控制了朝廷财政收入　　　B.彼此之间攻伐不已

C.注重维护中央的权威　　　D.延续了唐朝的统治

【答案】D

三、创新性试题的适应性训练

期待已久的天津高考小论文形式,2020年终于如约到来,带给人们惊喜的同时,更多的还带来了惊讶。得分偏低是一个不容忽视的问题。

（2020天津高考·18）阅读材料,完成下列要求。(15分)

材料　历史漫画可以叙史解史。它往往针对重大历史事件、重要历史人物等,使用夸张、比喻、寓意、突出细节等方式,集中反映特定的历史内容和相关历史背景,以及作者对历史问题的认识、解释与看待历史的立场。下面是一幅历史漫画的构思,其中蕴含着历史内容和历史寓意。

雅尔塔会议:合作与未来

漫画的中心是一张圆桌,三把座椅。座椅上分别搭放着一件带有元帅领章的军大衣、一件黑色斗篷和一件咔叽色厚风衣。桌上是一张欧洲地图。桌旁一扇高大的窗户,落地窗帘上端分开,下端聚拢,正好形成一个巨大的"V"形。窗外的天空聚集起阴云。

提示：从（1）（2）中任选一题作答。如果多做，则按所做第一题计分。

（1）结合所学知识，说明上述漫画构思中包含的历史背景、历史内容和符合史实的寓意。

（2）围绕1919—1939年国际关系中的重大事件或历史人物，按照历史漫画的呈现要求，构思一幅历史漫画并加以说明。（要求：自拟标题；写出构思，无需作画；史实准确；观点正确。）

【参考答案】

（1）背景：1945年2月，世界反法西斯战争胜利在望；苏美英三国首脑在雅尔塔召开会议。

内容：会议主要参加者有斯大林、罗斯福和丘吉尔；会议协调了盟国的行动，加快了战胜法西斯的步伐；对战后世界特别是欧洲做出安排。

寓意：用三件放在座椅上的衣物代表着"三巨头"，并暗示讨论激烈；"V"形表示着反法西斯战争胜利在望，结局光明；窗外天空的阴云预示着"冷战"的隐忧。雅尔塔会议既给人们带来了胜利光明，也带有明显的强权政治色彩。

在课堂上展示了这道天津高考题之后，学生们一片哗然，不知从何下手。

笔者将两个问题分别训练，先安排同学们限时随堂完成第一个问题。在巡视中发现三个典型案例，予以当堂讲评。不出所料，多数同学得分偏低，仅仅略高于天津平均分。不过，一名历史爱好者隋鹏涛同学竟然得到13分的高分，赢得一片掌声。为此，我祭出参考答案，结合本人今年参加高考阅卷的感受进行解读和点评。

第二个问题是又一难点所在，为此，我们集中时间练习此题，要求在以下事件：斯大林模式、杜鲁门主义和苏联解体，以及历史人物如罗斯福、丘吉尔、周恩来三个历史人物中任选一人，按照此题的要求进行限时练习，当堂讲评。张子萱同学当堂完成的小论文《布雷顿森林体系：美国的"阳"谋》得到满场最高分14分，又迎来一片热烈的掌声。课下学生兴奋地围着老师，争相要求老师批阅自己的小论文，久违的讨论氛围又回来了。

我们趁热打铁，将该同学的小论文打印出来，稍加整理，变成了一道高考训练题：

布雷顿森林会议：美国的"阳"谋

画面的中心是一位穿着红蓝相间的山姆大叔，一手拿着黄金，一手拿着美元，脚下散放着各国的货币。周围围绕着几个神情各异的小人。山姆大叔正激昂地发表"建立世界经济体系"的言论。周围的人有的附和、有的不屑一顾、有的对自己曾经辉煌的历史暗自神伤、有的想冲上去打它一顿，还有的小人连大门都进不去。

结合所学知识，说明上述漫画构思中包含的历史背景、历史内容和符合史实的寓意。

在高三历史复习中，类似这样的"示范"与"模仿"，很有必要。从训练结果和学生反映来看，效果还是不错的。

（每年一度的高三教育教学"双研会"，是河西区高三教育教学中的一件大事，也是坚持了多年并且行之有效的好做法。2021年1月，河西区第31届高考"双研会"因新冠疫情的原因，改在线上召开，笔者在这次高考历史"双研会"上做了专题发言。此文略有删节。）

强化主干知识　规范答题过程

——高考冲刺阶段历史复习指南

在临近高考的最后30天，提高历史复习效率至关重要，对历史史实的有效记忆和规范答题训练，将直接提升历史的分数和层次。

一、强化"三个回归"，实现有效记忆

所谓的冲刺阶段的"三个回归"，指的是"回归教材""回归主干"和"回归错题"。

（一）回归教材，夯实基础知识

冲刺阶段的首要工作就是回归教材，夯实基础。

历史的学科特点决定了谁的基础知识扎实，谁就能在高考中取得成功。对于三本必修教材，如果能强化记忆两遍，两本选修强化记忆一遍，你将战无不胜。回归课本时，要注意调动所有的器官，眼口手脑并用，有助于集中注意力，有助于落实和消化。

（二）梳理重点，强化主干知识

所谓主干知识，主要是标志历史发展阶段性特点，对历史发展具有重大影响的事件，有重大影响的人物的主要活动，以及在人类历史上产生重要影响的思想、文件著作及经济、政治制度等。尤其那些转折性、标志性的事件，与国计民生息息相关的历史事件，具有广泛影响的事件以及与社会热点问题有关的事件，值得我们重点复习。比如儒家思想与和谐社会、人文主义与

思想解放、中外近现代民主政治建设、资本主义世界体系的形成发展和世界经济一体化、大国外交与人类命运共同体、中国特色社会主义道路等等。

有些知识不是靠死记硬背就能掌握好的，将知识系统化和形成完整性对学生复习历史有重要的意义。如中国近代的每一个变化无不与世界历史的发展有着密切的联系，所以复习中国近代史一定要把历史事件置于世界的大背景中学习，使历史知识系统化、完整化。

（三）重视错题整理，弥补薄弱知识

拒绝"题海"战术，坚决杜绝质量不高和思路不清的烂题。高度重视对错题的回顾和整理，把一年来做过的月考试卷、各区模拟考题、质量比较高的套题中当时做错的部分重新审视一遍，通过重做错题，来强化对薄弱知识点的掌握，避免历史的错误重演。

二、保持良好心态，提高解题能力

良好的心态对于考试的意义是不言而喻的。而如何提高解题能力，更是困惑考试的一大难题。应该抱着"你难他难我不畏难，你易他易我不大意"这样的好心态，在冲刺阶段有限的时间内，在扎实有序地复习基础上，实实在在地提高解题能力。

（一）提高准确率，选择题争取拿高分

选择题几乎占去历史试卷的半壁江山，"得选择题者得天下"。质量比较高的特别值得做的选择题每天做20个左右为宜，不必贪多，重在训练解题技巧，寻找答题的感觉。

提高选择题的正确率，仔细审题是关键。要认真推敲，看题要快，但要一字一句，不然十有九错。选择题有很多类型，比如程度型选择题、比较型选择题、因果型选择题、材料型选择题等等。审题时，要找准试题限定的时间、空间范围，设问的角度和题目结构，理解历史概念的内涵和外延，并注意题干当中有没有否定条件和特殊要求，然后采用恰当的方法，如排除法、优

选法、比较法、逆推法等进行选择。没有绝对把握的题目要注意再读，抓准题干中的关键词，找到"开锁"的钥匙。要相信自己的第一感觉，涂卡后，没有十足的把握，不要轻易改动，以免将原本做对的选项改错，留下遗憾。

（二）规范解题过程，主观题尽量多拿分

关于主观题，也就是非选择题，一定要在审题上肯下功夫，敢花时间，"宁停一分，不抢一秒"。首先初读材料，要注意题目一开始的题引，寻找提示的语句，从而把握该题的主旨。其次，再读设问时，要弄清题目问的是什么，有几问。然后带着问题，再精读材料，用笔准确地找出该题的中心词、限定语、提示语、答项语等，最好将这些信息圈出来做记号，提醒自己作答时注意。不少考生，往往粗略读完一遍材料，就匆匆提笔作答，很容易造成审题偏差，以致严重失分。

非选择题更多考查的是对材料的解读能力，设问一般有以下几种："依据材料"作答，其实答案就在材料中，需要对材料进行归纳总结；"依据材料并结合所学知识"作答，有部分答案在材料中，同时需要回忆课本上与材料相关的知识点；"依据所学知识"回答，则纯粹是依据与材料主题相关的课本知识；至于"启示"，是纯粹脱离课本作答，注意结合材料主题与社会现实来思考。

具体解题时还要特别注意：把握整道题目的"中心"（考什么主题）；弄清每则材料的"含义"（有效信息是什么）；分层阅读，注意提示性的字、词（材料中的分号、句号、省略号、"有……""还有……""同时……""既……又……"等等）；根据分值估算题目及答案的权重（往往分值越大得分点越多）；明确题目的答题"要求"（如根据……，归纳……，等等）。

当然，审题再好，思路再明确，所用知识判断再正确，最终都要用文字表达出来。这就需要准确的表述。组织答案的过程，要语言凝练，不重复，少废话，要点全，争取在动笔答题之前打草稿或者打腹稿。语言组织方面要讲求"四化"：专业化、段落化、要点化、序号化，专业化的意思是要使用学科专业语言，避免过分口语化，争取为阅卷老师创造赏心悦目的卷面环境。

对于近年新出现的小论文来说,还要特别注意史论结合,论从史出,完整表达,在掌握基本规范的前提下,尽量用史实得分。

(进入高三冲刺阶段,学生往往觉得自己漏洞百出,会陷入恐慌,手足无措。历史学科有其自身的特点,越到后来越需要回归基础,冲刺阶段实际上已经不太适合再做太多的新题,做到"三个回归",避免低层次错误,显得非常重要。带领学生研究近三年高考真题,研究其设问、答案、命题思路,以此训练自己的答题规范,往往是简单而有效的对策。本文是冲刺阶段笔者的一次学法指导,借鉴了一些有经验的老师的做法,尤其是借用了新华中学温红老师的题目和部分表述,在此深表谢意。)

"选择题满分，不是梦！"

人们常说"得选择题者得天下"，选择题占高考历史试卷的近乎半壁江山，提高历史选择题的得分率，其重要性不言而喻。如何迅速准确的完成历史选择题，是现在高三冲刺阶段学生需要努力解决的问题。那么，得高分难吗？在现有基础上，一个月的时间，能练就选择题高手吗？回答是肯定的。

一、为什么觉得历史选择题难

高考历史选择题对主干知识的理解和运用要求较高，多数会考查学生的综合素养。除个别年份个别试题外，总体难度适中。为照顾基础薄弱考生和平均分，有部分题纯属"送温暖"，尤其是天津题。至于为什么大家会觉得选择题难，其实主要是命题人思路与学生实际水平和认识之间存在一定的差距。

（一）命题人怎样想？——区分度

选择题每道题都带着任务；甚至每个选项都有其考察意图。为的就是一个目的——用区分度筛人。

（二）四个选项之间的关系——各有任务

四个选项一般包括错误选项、无关选项、干扰选项、正确选项。前两个，主要区分中低端考生；后两个，主要区分中高端考生。

(三)对学生的要求——扎实的基本功

夯实基础,熟悉主干知识,这是至关重要的前提,除扎实的基础知识外,也要有一定的解题技巧。不同的题,也要采用不同的策略。

二、我们该怎样做选择题

程序:找准题眼——回扣主干知识——对接正确选项

(一)找准题眼

要从材料中获取有效信息,同时还要从设问中找准关键词,准确判断试题到底要我们干什么。

获取和解读信息是《考试说明》明确规定考生必备的能力要求,而且位居四类十二条能力要求之首。要理解题干中提供的图文材料;整理材料,最大限度地获取有效信息;对有效信息进行完整、准确,合理解读。

所谓"题眼"就是一道题中最关键的部分,是题中那些牵一发而动全身的信息,如时间、地点、范围、程度、否定词、阶段特征等。在阅读材料时,要善于寻找题眼,从中获取有效信息,弄清试题究竟要判断什么或者要求回答什么。在诸多信息中,主题语的信息最关键。

【示例1】(2014·安徽高考·21)1933年,罗斯福总统签署田纳西河流域管理局法案,实施对该流域的综合治理与全面发展计划。其"代表现代政府中一种真正新颖而富于想象力的设计。……它将不受那些不相干的国家界限的禁制,而且将是独立经营的、政府所有的公司"。这种经营方式(　　)

A.表明国家放弃对企业干预　　B.改变了田纳西河流域国有制

C.抑制垄断资本主义的发展　　D.具有私营企业的某些灵活性

【答案】D

本题灵活考查罗斯福新政的实质和特点。从题干"罗斯福总统签署田纳西河流域管理局法案，实施对该流域的综合治理与全面发展计划"中，可以获取的有效信息是"国家并没有放弃对企业的干预"，再联系"而且将是独立经营的、政府所有的公司"等语，可得出结论A、B两项均为错项；从"代表现代政府中一种真正新颖而富于想象力的设计"和"独立经营的"等语可以获取的信息是"国家并未抑制垄断资本主义的发展"，故C项错误；从"它将不受那些不相干的国家界限的禁制，而且将是独立经营的、政府所有的公司"等可以获取的有效信息是"田纳西河流域管理局具有私营企业某些灵活性"，故D项正确。

【示例2】(2014·四川高考·6)《中华苏维埃共和国宪法大纲》规定："军阀、官僚、地主、豪绅、资本家、富农、僧侣及一切剥削人的人和反革命分子，是没有选派代表参加政权和政治自由的权利的。"据此可知，《宪法大纲》(　　)

　　A.推动了国民革命运动的迅速发展

　　B.全面贯彻了党的民主革命纲领

　　C.一定程度脱离了中国革命的实际

　　D.消除了俄国对中国革命的影响

【答案】C

本题材料出处为《中华苏维埃共和国宪法大纲》，由此可获取的重要信息是属于工农武装割据时期。1931年11月，中华苏维埃第一次全国代表大会在江西瑞金召开，会议宣布中华苏维埃共和国临时中央政府成立，制定了《宪法大纲》。

国民革命运动开始于1924年国共合作，结束于1927年国共合作的破裂，而《中华苏维埃共和国宪法大纲》是在1931年中华苏维埃第一次代表大会上通过的，时间错位，故A项错误；党的民主革命纲领的目标是反帝反封建，并不反对资产阶级，而《宪法大纲》中剥夺"资本家、富农"的政治权利，同民主革命纲领是不符的,故 B 项错误;资产阶级在民主革命中属于进步的革命力量,《宪法大纲》中剥夺"资本家、富农"的政治权利,说明其一定程度上脱离中国革命的实际,故 C 项正确;在1935年遵义会议召开之前,中国共产党仍然接受共产国际的直接领导,因而此时苏联对中国革命影响还较大,故 D 项错误。

(二)回顾教材目录和标题

解答历史选择题的时候,不仅需要调动相关历史知识,还需要灵活运用已有的知识和分析方法,理清知识之间的联系。这也提示我们要学会读书,平时一定要高度关注教材目录,包括每一课课题和小标题,养成良好的读书习惯和目录意识,从标题和目录入手,最后看主干知识。

(三)对接正确选项

高考历史选择题属于单项选择,只有一个正确答案,值得注意的是,正确选项与题干之间的关系一定是一对一的,是经得起验证和推敲的。

三、高考选择题的六大陷阱

选择题的四个选项往往是由错误选项、无关选项、干扰选项、正确选项等组成。辨析选项是解答选择题的重要步骤,正确的解答步骤是先排除错误选项和无关选项,再细审干扰选项,最后找出正确选项。

排除法是解答选择题最常用的方法,排除法符合学生的认知规律,先排除错误选项和无关选项,可以缩小筛选范围,提高选择题解答的正确率。

错误选项的主要表现形式有很多,最常见的六大陷阱是时空错位、以偏概全、表述绝对、答非所问、因果倒置和违背常理。下面分别举例说明:

一是时空陷阱。时空定位是最大的陷阱,也最常见。

任何历史事件都是在特定的时间、空间中发生的,解答选择题只要锁定时空就可以缩小知识范围,准确排除与该时空无关的选项。所以做选择题时首先要定位好时空,这样既节省了时间,又提高了得分概率。

【示例3】(2014·北京高考·19)1977年10月21日，《人民日报》头版头条刊登了"高等学校招生进行重大改革"的报道。这一"重大改革"是（　　）

　　A.教育领域拨乱反正的重要措施

　　B.实施"科教兴国"战略的重要步骤

　　C.贯彻十一届三中全会精神的重要举措

　　D.贯彻"三个面向"教育方针的具体体现

【答案】A

解答本题的关键是抓住材料中的时间信息"1977年10月21日"，可以利用时间进行排除。B项是在20世纪90年代。C项是在1978年中共十一届三中全会后。"三个面向"教育方针在1983年由邓小平提出。材料中高校招生改革的信息反映了教育领域的拨乱反正，故A项正确。

【示例4】(2016·全国2卷·35)20世纪50年代中期，美国一位著名黑人爵士乐演唱家，在美国新闻署的资助和安排下，多次赴非洲等地巡演，赢得了大量歌迷，很多人通过他的演唱知道了美国。美国政府机构支持该演唱家海外巡演的主要目的是（　　）

　　A.争取国内黑人选民支持　　　B.展示美国的经济实力

　　C.抵制不结盟运动的发展　　　D.与苏联争夺中间地带

　　【答案】D

A项搞错了地理信息；C项搞错了时间信息；B项与材料无关，答非所问。

二是以偏概全、夸张夸大。

【示例5】(2011·天津·3)长期以来，儒学是一种士大夫之学。明代

思想家李贽则提出要正视"世间惟下下人最多"的现实,强调"我为下下人说,不为上上人说"。这说明李贽(　　)

A.反对儒家的正统思想　　B.倡导只为下下人说

C.批判地发展传统儒学　　D.抨击君主专制制度

【答案】C

本题为古文理解题。与材料匹配度最高的选项为常对项。识别标志为"明""李贽",可定位到文化部分明清儒家学说。B项"只为"为绝对化表述,排除。D项是黄宗羲代表思想,且与材料无关(材料未提及君主专制,"上上人"指题干中的"士大夫")。A项本身表述无误,但材料中未体现出李贽反对儒家思想,而只是反对"为上上人说",错误原因以偏概全,属无关项。李贽本身也是儒学代表人物,题干中"则"表明他的观点(重视"下下人")与前人不同,与C项"批判地发展"相匹配。

三是表述绝对。

【示例6】(2016·全国1卷·24)孔子是儒家学派创始人,汉代崇尚儒学,尊《尚书》等五部书为经典,记录了孔子言论的《论语》却不在"五经"之中。对此合理的解释是(　　)

A."五经"为阐发孔子儒学思想而作

B.汉代儒学背离了孔子的儒学思想

C.儒学思想植根于久远的历史传统

D.儒学传统由于秦始皇焚书而断绝

【答案】C

B项"背离了"、D项"断绝"表述绝对,都是错误的,可直接排除。

四是似是而非、答非所问。

【示例7】(2014·天津高考·6)19世纪八九十年代,李鸿章在为格致书院所出考题中，曾问到西方测温、测热、测电的方法，问到西方平弧三角与《周髀算经》的关系，问到西方关于64种化学物质在中国语言为何物……这说明当时的中国人（　　）

    A.开始开眼看世界　　　　　　B.坚持"中体西用"

    C.普遍接受西式教育　　　　　D.关注西方科技

    【答案】D

开眼看世界发生在19世纪40年代，与19世纪八九十年代无关，故A为无关选项；题干虽提到西方科技方面的知识，但没有涉及中国体制，即"中体"问题，故B错误；从李鸿章为格致书院所出考题内容可知，他较多关注西方科技，但无法据此推测整个社会对西式教育的态度，犯了以偏概全的错误；19世纪八九十年代，李鸿章为格致书院所出考题内容主要涉及西方科技，表明当时的中国人已经关注西方科技了，因此D是正确选项。

五是张冠李戴、因果倒置。

【示例8】（2015·全国1卷·24）《吕氏春秋·上农》在描述农耕之利时不无夸张地说，一个农夫耕种肥沃的土地可以养活九口人，耕种一般的土地也能养活五口人。战国时期农业收益的增加（　　）

    A.促进了个体小农经济的形成

    B.抑制了手工业和商业的发展

    C.导致畜力与铁制农具的使用

    D.阻碍了大土地所有制的成长

    【答案】A

B项、D项史实错误，C项因果倒置。

六是违背常理。

【示例9】（2015·四川卷·6）1919年，某新潮社社员暨《新潮》杂志主要撰稿人在面临个人婚事抉择时看重八字、命书,认为"这些命书,无论然否,要之我的婚事,乃听其主持,不得不看为一生绝大的纪念品"。该事例说明(   )

A.新潮社是一个保守社团　　　B.新式青年仍可接受传统婚俗

C.国人尚未认同西式婚俗　　　D.八字、命书决定时人的婚姻

【答案】B

A项,主语是人而不是新潮社,C项,与西式婚俗无关,D项绝对化。题干材料明显与教材结论相悖,但是我们却不能拘泥于教材。

至于无关选项,其主要表现形式主要有以下几种:选项本身正确,但与试题考查要求无关,如试题考查政治方面的问题,而选项则为经济、文化方面的内容;选项本身正确,但与题干的时间、空间、人物等没有关系;选项表述不能支撑判断,与题干要求无关;偏离解题主旨,表述与题干要求无关。

排除无关选项本身并不难,仔细留意一般不会有太大问题,故在此不再专门举例。

四、排除法快速答题的九大秒杀神技

排除法往往是最具效益的选择题答题方法,恰当运用排除法,逐个落实选项,往往收到奇效。

一是主体一致原则——不能随意转换话题,要在同一个话语体系中答题。

所谓主体,就是材料所述行为的实施者或接受者,在高考命题时,命题者往往采用偷换主体这一方式来迷惑考生,混淆视听。在做题时,应注意题干与题肢主体的一致性。

二是绝对性原则——凡是绝对的,一般都是错误的。

大部分历史事件都有一个发生、发展的过程,历史结论一般有程度性的限制,表述绝对的历史结论一般是错误的,此类选项设置陷阱往往会出现"完全""普遍""彻底""最"等形容词。

三是相似性原则——在一正一反两个选项中，一般情况下有一个肯定是正确的。

依据相似相斥原则解答选择题可分两种情况：一是四个选项中有两个或三个选项表述的意思相似，那么这几个要么都对，要么都错，无论对错在单项选择中都要排除；二是四个选项中有两个选项刚好表述的意思相反，基本上可判定一错一对。

四是包容性原则——包容关系"选爷爷不选孙子"。

选择题四个选项之中可能有很多选项部分地涉及题干中的某些要素，但只有全面反映题干要素且包含其他选项意思的选项方为最佳选项。这种包含关系有的比较明显，有的比较隐性，一定要注意分析、判断。

五是陌生选项不靠谱，答案一般是主流。

六是主干过于冗长，需要甄别与化简。

高考是选拔性考试，命题者往往会在材料中设置一些障碍来增加考生的阅读难度，通过繁多的字词、晦涩的表达、长句等让考生一时陷入迷茫。对于这种长句，考生可以运用缩化方式变成短句，提取主谓宾，直截了当明白命题者意图，这样既节约了时间，又保证了正确性。

七是关注时间和数字。

历史选择题中的"阿拉伯"数字往往就是解题的关键，就是解题的钥匙。因为历史选择题中的"阿拉伯"数字，不是年代，就是与答案有关的数据。

八是重视括号引号书名号。

标点符号，在汉语言的表达中占重要地位。括号在历史选择题中的出现往往是用来解释说明题目中的关键信息，书名号的出现意味着材料的出处已经告诉。材料的出处了解了，材料的作者、作者的立场等许多问题就得到解决。历史选择题中出现的引号，要么就是关键信息，要么就是强调的学科术语。

九是区分现象和本质。分为两种情况，看见什么选什么（题目考察的是历史现象）和看见什么不选什么（题目考察历史本质、规律、特点）。

当然，做选择题时切忌心浮气躁，必须沉住气、静下心，耐着性子把题读完,不要想当然,急功近利,四个选项都要考虑到。

高考历史试题对知识、能力的考查方式多种多样,具有很大的灵活性,甚至有些试题是几种干扰方式并用。因此,我们在复习备考时需要铭记:"储备扎实的历史知识作为基础,针对材料和选项展开对应性分析,最终确定干扰类型和破解方法,只要我们有意识地去改进和总结,一定会在选择题上有所突破,为高考成功奠定基础。

附:

我跟"孙叔"学历史

——给学弟学妹的一封信

各位学弟学妹,大家好:

我是北京师范大学天津附中2021届高三毕业生李文畅。在天津的新一轮课改中,我选修了历史学科,也因此有幸跟孙叔学习了两年的历史。在今年的高考中,我选修的历史学科取得了标准分100分的好成绩。下面我把自己跟孙叔学历史的一些心得体会,以及高三阶段的历史复习经验跟各位进行一下分享,希望能对学弟学妹们有所帮助。

说到高中历史学习和高分秘诀,我将其提炼为"连、联、炼、练"四字箴言。

其一,是"连"。众所周知,历史学习离不开时空观念,其中时间与事件一一对应的庞大的工程使很多同学头痛不已。所以,整理"历史大事年表"是高三历史复习的首要任务。及时按照时间顺序将散碎的历史事件进行整合,可以让高中阶段的历史知识在头脑中初步形成脉络,有利于时空观念的形成。孙叔向我们推荐的方法是画时间轴,而且要求用不同的颜色把政治、经济、文化等内容区别开来,他还特别强调时间轴上不仅要体现历史事件与时间的相互对应,还应当划分不同的历史阶段,并标注其起止时间及对应的阶段特征。时间轴完成后,还要对照时间轴深入解读相关历史事件的背景、起因、代表人物及其影响等等。这样,既丰满了自身的知识体系,也有助于了解相连的历史事件之间的关系,为高三阶段的进一步复习打下坚实的基础。

其二，是"联"。很多人印象里的历史学习就是死记硬背，但我想说，这是一个误区。借用孙叔的话来说，单靠死记硬背绝对学不好历史，要想学好历史，必须做到死"去"活"来"，在理解的基础上去记忆。历史学习中尤其需要一点儿联想能力，才能够灵活运用历史知识，并将其展示在答卷上，历史成绩才能更上一层楼。目前的历史学科考试越来越重视学科素养的考查，中外对比、古今对比、原因剖析类的题目也越来越多。这就要求学弟学妹们万不可死记硬背已有知识，应当在理解上下功夫，尤其是对历史学习有较高要求、历史想考高分的同学，更是如此。教材可展示的内容毕竟有限，好的参考资料则可以提供补充。高三复习阶段，拥有一两份好的历史复习资料是必须的。然而，复习资料市场鱼龙混杂，很难取舍。高三一年孙叔为我们筛选两种不同类型、具有不同优势的参考书，取长补短，丰满历史知识，培养历史素养。孙叔推荐，必属精品。认真研读孙叔筛选出的重点内容，养成良好的历史思维习惯，相信你会有很多意想不到的收获。

其三，是"炼"。历史作为纯正的文科学科，要背诵记忆的知识点可以用汪洋大海来形容，甚至让一些人望而生畏。而高三阶段各学科都陆续进入紧张的总复习，那么如何在有限的时间内达到历史复习的最大效益呢？孙叔的应对之策是"一粗二细三浓缩"。这里的浓缩，即是我要重点推荐的提炼关键信息，可以是关键字也可以是关键词语，这样可以避免花费大量的时间背诵大段内容却收效甚微。高三时间和精力都很宝贵，如果只记忆一个字或者一个词语就可以使自己联想到一大块的内容，何乐而不为呢？这就像是跟自己对暗号，也可以为枯燥的总复习阶段增加学习乐趣。记得孙叔总有许多奇妙的顺口溜，比如提到康熙大帝的功业他会一本正经地念出"平三藩、收台湾；抗击沙俄、打噶尔丹"。这样的课堂瞬间总会引起全班大笑，而看似不严谨的顺口溜却让我一瞬间记住了头痛很久的知识。

第四，是"练"。作为学习经验分享，推荐"练"（习）似乎略俗了一点，但是作为高三学生，勤学苦练是每一科学习都无法逃避的过程，历史学科当然也不能"免俗"。只是这个"练",也要讲究一些方法,要清楚练什么、怎么练。同样的练习,我们要起到事半功倍的效果。无论是通史复习、模块复习,还是后期的套卷刷题,在写每一道题目时都要有自己的思考,了解这道题属于哪一模块的知识,出现错误即视为发现了漏洞,要回归到这一模块的基础知识中进行复习,反复几次便可实现对这一知识的"刷题自由",错误率就会大大减小。同时,在做高考真题这一类权威性较高的题目时,不仅要有对知识的把握,还应当有对自己做题思维是否正确的认识。研究高考真题的更大目的是熟悉出题人的思路、习惯,只有知己知彼,才能百战百胜。在每一次的错误中找寻不足,弥补漏洞,我觉得这才是我们刷题的目的。"题海无边,回头是岸。"犹记孙叔在最后阶段"三个回归"的叮嘱,即回归教材、回归主干知识、回归错题。至于应试技巧方面,要注意审题规范仔细、了解题目背后的含义、多答历史术语,这也是学科素养的体现。高三一年的时间里学弟学妹们要有意识地督促自己形成规范的答题格式,当然,也要书写清晰准确。历史书写量较大,高考网上阅卷时,字迹潦草的考生会非常吃亏,建议学弟学妹一定要抽时间练练字,不必力求书写漂亮,字迹工整清晰即可。

最后,引用孙叔常说的几句话:"强化主干知识,规范答题过程",还要记得"向错题宣战","高度关注孙叔的试卷讲评!"我跟孙叔学历史也算学出了这点儿名堂,仅作分享。愿学弟学妹们在历史的海洋里尽情遨游,祝学弟学妹们在高考中取得优异成绩!

学姐:李文畅

2021年7月30日

注:李文畅,北京师范大学天津附中2021届高三毕业生,考入北京交通大学法学院法律专业,其选修的历史学科在高考中取得了标准分100分的优异成绩。

（"得选择题者得天下"，这是高三历史教师和高三学生的一个共识。然而，历史选择题得分率不高又始终是最令人头疼的一个问题。2015届开始，曾将潜力较大且暂处瓶颈之中的高三学生集中起来，选配专门老师进行进阶训练，力求高分突破，效果良好。《选择题满分不是梦》就是其中的一次历史选择题专项训练指导讲座。略有删节。）

文史交融

　　俗话说"文史不分家"，历史与语文相互渗透，历史能使文学变得更加生动，语文能使单调的史实变得有趣，文史交融，相得益彰。

　　——北京师范大学天津附中教师、全国历史教学专业委员会优质课大赛一等奖获得者陈小兵

　　一个优秀的中学历史教师的责任，不仅在于传播知识，而且在于传播独立之精神，自由之思想；不仅在于说出真相，而且在于教会学生认识真相的能力。

　　——北京师范大学天津附中教研处主任、全国历史专业委员会说课大赛一等奖获得者陈艳

朱升从政与隐退原因之我见

在元末群雄中,朱元璋之所以能最终打败列强,推翻元朝,建立大明帝国,不仅得力于驰骋沙场的武将,而且得力于运筹帷幄的谋臣。朱升,便是朱元璋集团中的一位重要谋士。从元至正十七年(1357)献上著名的"三策"开始,他参与军政要务十余年,功勋卓著,为朱元璋建国立下了汗马功劳。然而,朱元璋建国伊始,在加官晋爵的庆贺声中,这位追随朱元璋十四年的老元勋朱升,却功成退隐,请老归山。第二年老死乡间,寿终天年。而其他留下来的功臣儒士,后来却绝大多数死于非命。

那么,为什么当年朱升不愿仕元而投奔朱元璋,又是什么原因使朱升决然隐退? 他的从政和隐退说明了什么? 本文试提出自己的一点看法,以就教于大方之家。

一

朱升,字允生,号枫林,休宁人,生于元成宗大德三年(1299),卒于明洪武三年(1370)。他在元朝度过了一生的大部分时光。作为一个封建时代的知识分子,他的仕途原先并不通坦,而他自己也不乐于仕进。他在四十六岁以后才等乡贡进士,五十岁授池州学正,五十二岁到任,任职三年即"秩满南归",从此"僻在深山""闭门著述不辍"。[1]

我认为,朱升在元朝之所以不乐于仕进,首先在于朱升所受的教育,以及宋元时期整个徽儒政治态度的相互影响。

朱升是徽州人。南宋以后,"文公为徽学正传"[2]因而徽儒多宗朱子。朱升亦不例外。史载"惟工之学,以定宇(陈栎)、资中(黄楚望)为之师,以东山

（赵方）、道川（倪士毅）为之友，而紫阳衣钵，世绪犹存”。[3]也就是说，朱升是朱熹的嫡传。

以朱熹为开山祖的新安学派，大多具有封建时代的爱国思想，他们不满女真、蒙古贵族来“扰我华夏”，因而在政治上“远夷狄而外之也”。[4]蒙古贵族入主中原以后，新安士人“不欲仕元者”比比皆是。朱升的老师陈定宇“踪迹未尝出乡里”，[5]好友赵方曾“隐居休宁之东山”，倪士毅一生“教授黟皐下”，未尝出仕。朱升在元代当了三年池州学正之后，也过着隐居似的讲学授徒的生活，他曾经这样说：“钟五行之秀者为人，吾同胞也。奚有华夷之分，内中国而外四夷也？惟中国尽其性而修其行也，夷狄戕其性而亏其行也，与禽兽奚择焉。”又说：“元主中国，天厌之久矣。”[6]作为新安学派一员的朱升，其对元朝统治的不满由此可见一斑。朱升的政治态度，是朱升不欲仕元的主要原因。

其次，我认为元时期所推行的民族歧视和民族压迫政策，尤其是当时的四等级制度，把汉人和南人中的地主阶级知识分子基本上排斥在最高统治阶层之外，加剧了其对当时统治的不满，再加上元末政治的腐败，更使其认清了“元祚垂尽”的政治前景，使他抛弃了对蒙古统治者的幻想。

主观的排斥，与客观的受压制，使朱升及与他有着相同的政治思想的人，必然寄希望于恢复汉族地主阶级的一统天下，而朱升等地主阶级知识分子之所以能投到朱元璋门下，其首要原因，当为朱升等人，同朱元璋所标榜的政治理想有着很多的相同之处。

纵观天下，在元末的各支起义军中，朱元璋所打出的旗号，正好迎合了朱升等人的反元心理。“山河奄有中华地，日月重开大宋天”，“九天日月开黄道，宋国江山复宝图”。[7]朱元璋大军的旗帜所描述的理想，对深受民族压迫的一部分地主阶级知识分子，该有多么大的吸引力！难怪许多反对蒙古贵族统治的汉族地主及其知识分子，都把朱元璋看成自己的代表，把朱元璋的“重开大宋天”视为理想境地。朱升的看法，无疑更是如此。在后来的《贺平浙江赋》中他这样写道：“驱胡虏而复圣域，变左衽而为衣冠，再造之功，于是为大，自开辟以来，帝王之兴，未有盛焉者也。”[8]正因为朱元璋的旗号及其行动同包括朱升在内的新安士人的政治理念相一致,所以,朱元璋打下徽州之后,这里的硕学鸿儒无不"欣忭之至"。朱升在奉召至金陵时,曾作一首七律,表达他此时此刻的心情。

> 西风笳鼓东南来,国本应需老手裁。
>
> 洗净甲兵过练水,早随冠冕上云台。
>
> 传宣马系门前柳,作颂人磨石上苔。
>
> 机会到时须勇进,天边莫待羽书催。[9]

推翻元蒙贵族统治的"机会"已到,自应急流勇进,无需羽书催促,一旦功业垂成,自己也当和光武初年的功臣一样,名勒云台了。想到这里,朱升的心情该是何等的激动。其欣逢机遇而夙愿可酬的快乐心情,真是跃然纸上。

当然,朱元璋所实行的笼络地主阶级知识分子的政策也是朱升等人不为其他起义军效力,而投奔朱元璋麾下的一个重要原因。

由于朱元璋从元朝的衰亡中看到了儒士的重要,更由于在长期的征战中认识到知识分子的作用,因而朱元璋"思贤若渴",千方百计地网罗人才。在朱元璋"贤人吾礼用之"的政策感召之下,各方贤士纷至沓来。朱升以及赵方、唐仲实等一大批徽儒,正是由于受到了朱元璋的礼聘,遂决心"誓效智力以谋国,竭耿耿之丹衷"[10]的。

在此后长达十余年的血雨腥风中,朱升,这位年逾花甲的老儒,运奇谋,长策划,艰于辅佐,用自己的聪明才智,建立了赫赫的功勋,赢得了全军将士的尊重。朱元璋在《免朝谒手诏》中,对朱升建立的卓著功绩,曾给以极高的评价。如今,国家初创,百废待兴,更多艰巨的守成工作正等待着这位老知识分子以及他的同僚们去完成,可以想象,摆在朱升面前的,无疑应该是崇高的荣誉和锦绣的前程。朱升,也一定会鞠躬尽瘁,以报答朱元璋的知遇之恩吧。

二

然而，就是这位准备"早随冠冕上云台"的朱升，在朱元璋称帝伊始，就产生了挂冠归里之念。洪武二年(1369)三月，正式"请老归山"，甚至朱元璋"欲赐以爵土"，都"固辞不受"。不但自己要隐退，而且连其子也"不令其仕"，说什么"臣后人福薄，不敢叨天恩也"。此时，君臣之间有一段颇有深意的对话。

朱元璋问："卿子几何？既不受吾爵，独不使辅朕乎？"朱升泣下对曰："臣一子名同，事君之忠有余，而保身之哲不足，臣所以不令其仕者，恐他日不得老死牖下也。"经过朱升再三请求，朱元璋赐朱同"免死券"以慰之。[11]

朱升此时，已经年逾七十，提出辞官，也是常情。然而，值得注意的是，在其还乡之前，对其子朱同先是"不令其仕"，后又千方百计地为其讨到一张"免死券"。朱升既然已虑及其子，当也会虑及其自身。这样看来，朱升的隐退，就绝不仅仅是年岁问题了。

有人认为，朱升本领高，功劳大，在争夺天下时为朱元璋所倚重，一旦天下到手，在朱元璋看来，朱升这样的人，就成为自己最危险的潜在政敌。[12]但实际上，并不尽然。

诚然，朱升精通天文、历数，在跟从朱元璋东征西讨中，出谋划策，"著言趋吉避凶，往无不克"，以至于朱元璋也赞叹他"知其神乎"，[13]但是，在笔者看来，在建国之初，至少在朱升隐退之前，朱元璋还不可能意识到朱升对自己的统治有什么威胁。天下是朱元璋打下来的，朱升功劳再高，也不过是出谋划策而已，何况此时的朱升已经是一位年逾七十、行将就木的老人。若说真有什么潜在政敌的话，在朱元璋看来，威胁最大的，也应该是李善长、刘基等年富力强之人。后来刘基等果然不免一死，但那毕竟是几年之后的事，这同笔者的观点并不矛盾。

然而，朱升的隐退，又确实是出于政治的原因。建国之初，朱元璋尚未意识到的问题，老于世故的朱升不仅意识到了，而且还预测到以后朱元璋很可能要大开杀戒。留下来，肯定是凶多吉少。为免除以后朱元璋的怀疑，使自己免遭杀身之祸，朱升采取了这一最为明智的办法——隐退。

朱升精通天文、历数，常常能预测吉凶，而且非常灵验。在当时的社会，这些还处于神学的包围之中，往往与占卜等求神问天的形式掺杂在一起。但实际上，朱升所做的判断，往往是以一定的客观存在的事实为依据的。也正因为如此，朱升才具有极强的预见性。而朱升之所以能够及时地抽身隐退，笔者认为至少出于以下三方面的考虑。

第一，从历史的教训看，功臣们在历尽艰辛辅佐一代帝王建立国家之后，得到的回报往往是被无情地杀戮。"高鸟尽，良弓藏；狡兔死，走狗烹；敌国破，谋臣亡。"[14]西汉开国功臣韩信被诬谋反就擒时的悲愤之辞，多少年来，已经深深地刻在了有识之士的头脑中，惨痛的历史教训，精通经史的朱升自然更不会忘记。因此，朱升尽管当时是那样地愿意辅佐朱元璋打天下，也不能不对朱元璋怀有戒心。后来的事实证明，这种高度的警惕性，的确不是多余的。

第二，从朱元璋的个人品质看，在长达十四年之久的从军生涯中，朱升通过亲身经历以及耳闻目睹的一些事情，对朱元璋的为人自然有着深刻的认识，那就是多疑、猜忌、容不得别人的错误，此人"可与共患难而不可与共安乐"。有这么两件事，是朱升一直耿耿于怀的。

吴元年（公元1367年）七月，朱升率乐舞生入见，"奏雅乐阅试之"。朱元璋亲击石磬，命朱升辨五音，朱升"误以宫音为徵音"，这本是极小的差错，谁知竟然遭到了朱元璋的指责，"卿何以宫为徵耶"。这对朱升无疑是一个刺激。接着，君臣之间还进行了一次名为谈乐，实为暗斗的旁敲侧击式的辩论。朱元璋说："古者作乐以和民，声格神人而与天地同其和。近世儒者鲜知音律之学，欲乐和固不难耶？"讽朱升这类"近世儒者"不懂音律之学，因而不能以乐和民。朱升则针锋相对："乐者不在外求，在人君一心，君心和则天地之气亦和，天地之气和，则乐无不和矣。"[15]仅仅辨错一音，便遭到一顿斥责，朱升的心中，恐怕早已留下了一道阴影。

元至正十二年（1352），朱升里友叶宗茂与婺源汪同谋起兵御"寇"，邓愈攻下徽州，授他为婺源州守。"时州境未定，非美官也。"[16]他就职以后，"修城积粮，招抚流离，在任六载，为政有声。"[17]至正二十四年（1364）升饶州知府，因"受守将诬，罢，蛰居濡须"，至正二十七年（1367）忧愤成疾而卒。对此，朱升不禁感慨万千："（宗茂）天性率直，不能曲为谦退推让，以苟悦人……宗茂之得毁言如此。"又说："甲兵钱谷，抚绥应对，岂一人之身所能备？一有不善，卒不得免焉。"朱升一时间"垂念人间世之可悲也"。[18]从这一事件中，怎能看不出朱元璋为人的刻薄与阴险？！"为政有声"者，一有不善，就是如此下场，自己将来一旦失宠，欲加之罪，又何患无辞呢？伴君如伴虎啊！想到这里，朱升不寒而栗。他对朱元璋所抱的幻想与侥幸心理，也就烟消云散了。朱升的急隐退，更是不难理解了。

第三，从朱升自身来看，"身本元臣，曾膺爵禄"，他入明以后，心存疑虑，这是必然的。诚然，朱元璋在打天下时，曾十分注意罗致人才，"不以前过为过"。但是，那是在建国以前，要想得到人才，就必须运用这样的策略与手段。事实上，朱元璋虽然推翻了元朝，建立了大明帝国，但天下并不是从元朝手中得来的，而是夺之于元末群雄。朱元璋自己，也这样说过，他的起兵，是为形势所迫，他所反对的，是元末的暴政，而不是元朝的统治，只是随着形势的发展，朱元璋最终被推上了皇帝的宝座而已。

因此，我认为，朱元璋是轻视元朝旧臣的，尤其是建国以后。为使自己的臣下能像元代以及历代忠勇之士那样地忠于自己，朱元璋大耍手段。他不仅极力赞叹元朝的忠勇之士，建国以后，对元朝的旧臣还加以嘲弄、侮辱。对于元军统帅察罕帖木儿之死，朱元璋十分痛惜，后来北伐时，还派专人前去祭祀，并亲自为之撰写了祭文，建国以后，对余阙等元朝的殉葬者也大力表彰。相反，对从元朝过来的旧臣，比如危素，则进行了无情的嘲弄，把他同入明之后不肯起舞的那头大象相比，还别出心裁，做两个木牌挂于危素肩上，一书"危不如象"，一书"素不如象"。这虽然是后来的事，但也不能不说，这暴露了朱元璋对元朝旧臣的真实思想。

正是由于朱元璋并不反对元的统治，而朱升身为元臣，投奔朱元璋后，又反过来痛斥元朝"奚有华夷之分，内中国而外四夷也……元主中国，天厌之久矣"等等，这样，朱元璋对朱升看法不佳，这是一定的了。朱升对此，也有所察觉。

朱元璋登基之后，文武功臣一个个加官晋爵，授以庄田，而朱升却无寸土之赐，虽"升本院学士，兼东阁学士，知制诰，同修国史"，可也实在是无足轻重。朱升隐退时，朱元璋确曾表示"欲赐以爵土"，但不过是空头支票，说说而已，此中之妙，老于世故的朱升怎能不明察秋毫？因此，朱升的急流勇退，也就在所必然了。

通过上述事实的考察，我们可以看出，朱升的从政与隐退，实际上都是在不同时期不同形势下其政治态度的反映。他跟从朱元璋并为之效力，是认为"变左衽而为衣冠"的机会已到，看中了朱元璋在元末的风云际会中必将成大业；而其开国之初的隐退，则因为察觉到了朱元璋"可与共患难而不可共安乐"的为人。也就是说，朱升的进与退都是根据当时的形势而决定的。马克思说过："人们的观念、观点和概念，一句话，人们的意识随着人们的生活条件、人们的社会关系、人们的社会存在的改变而改变……"[19]从朱升的从政与隐退中，不也可以得出如上的结论吗？！

参考文献：

[1]朱升：《学士朱升传》，《朱枫林集》卷九。

[2][5]清赵吉士：《寄园寄所寄》卷十一，《泛叶寄·新安理学》。

[3]朱升：《朱枫林集》卷十附录，《唐翰林(皋)祭文》。

[4][6][8][10]朱升：《朱枫林集》卷二，《贺平浙江赋》。

[7]清钱谦益：《国初群雄事略》卷一，引俞本《记事录》。

[9]朱升：《朱枫林集》卷二，《题柏山齐祈寺和唐子华韵·丁酉赴召时作》。

[11][13][15]朱升：《朱枫林集》卷九，《翼运绩略》。

[12]王春瑜：《论朱升》，《学术月刊》1980年，第9期。

[14]司马迁：《史记》卷92，《淮阴侯列传》。

[16]朱升：《朱枫林集》卷八，《叶宗茂哀诗序》。

[17][18]赵吉士等：《徽州府志》卷八，《人物·宦业》。

[19]马克思、恩格斯:《马恩选集》第一卷,P.270。

（本文是我的本科毕业论文。1984年,受我的高中历史老师刁兴奇老师潜移默化的影响,我以第一志愿考入哈尔滨师范大学历史系。由于高中阶段用力过猛,导致植物神经失调,白天犯困,一到晚上就精神。大学四年,尽管从未翘过课,但常常听不到一半就支持不住,昏然入梦,现在想来,实在是对不住我的先生们。虽然号称爱好历史,我的大学成绩倒是一般。专业课从未得过高分,更没得过奖学金,当然,也从来没有低于及格线。大学时光转瞬即逝,毕业论文选题颇费了一番周折。几经辗转,锁定了历史人物朱升。实话实说,对于写这篇毕业论文,我还是下了一点儿功夫的。我的毕业论文指导教师是施驹侯先生。论文交得有点晚,很可能是施先生指导的学生中最后一个交作业的。不过,迟交的论文仍得到了施先生的认可。记得先生拿到论文后,马上就坐在文史楼门口台阶上开始阅读,还在我的论文上做了批注。最后,施先生给我的论文打出了"优秀",真是让我喜出望外。这是我大学四年为数不多的几个"优秀"之一。另外那几个分别是古代汉语和教育实习,以及一门体育选修课——初级剑术。本文从未在任何刊物公开发表,但我还是坚持把它收入本书。因为,那是我后来教学之余偶尔写点儿东西,闲暇之时还愿意搞点儿所谓的历史研究的起点。）

绝代清官于成龙

最近这几年,有关清官于成龙的影视作品可是拍了不少,像《天下廉吏于成龙》就非常火爆。2017年中央电视台的开年大戏、电视连续剧《于成龙》的持续热播,更是让于成龙的人气一路飙升,他的名字甚至一度超过了某些"网红",登上了网络搜索热词榜单。

人们喜爱于成龙的是:他为官一任、造福一方的胸襟,他始终如一、清正廉洁的本色,他勇于担当、敢作敢为的气魄。这也正是于成龙能够穿越三百多年的时空,依然能够为现代人折服的魅力所在。

那么,这位被大清朝康熙皇帝誉为"廉吏天下第一"的绝代清官是如何炼成的呢?

一、生不逢时隐居苦读

于成龙(1617—1684),字北溟,号于山,山西永宁州(今山西省方山县)人,著名清官。

于成龙出身官宦之家,他的先祖和父亲都曾在明朝做过官。远祖于伯达、于建中、于仕贤在元朝至正元年(1341),迁至石州(今山西省吕梁市离石区)白霜里村。

明正德元年(1506),同属于氏宗族一脉的于素家族,迁居到了距石州北乡城三十公里的来堡村(今山西省方山县北武当镇来堡村),这就是后来于成龙出生的地方。

于成龙的父亲于时煌,别号龙溪,曾做过"鸿胪寺序班",这是一个从九品的芝麻小官,主要负责朝廷大典或宴会时的秩序。

于时煌生了两个儿子，他对这两个儿子期望很高。因为"于"与"鱼"同音，便以"鲤鱼跃龙门"的寓意，给两个儿子分别起了名字：长子叫于化龙，次子叫于成龙。而且，每条"龙"都给了一个与"海"有关的字，老大南溟，老二北溟。

于成龙出生在明万历四十五年（1617），这个时间点真不怎么样。因为当此之时，大明王朝在那位终日不理朝政的明神宗朱翊钧统治下，已经开始走向衰亡。

在于成龙青少年时期，又经历了明末的两位皇帝，一个是喜欢干木匠活的明熹宗朱由校，另一个是明朝的末代亡国皇帝明思宗朱由检，就是那位在闯王李自成杀入北京后，在景山歪脖儿树上自缢身亡的崇祯皇帝。

于成龙就在这样一个举国动荡的年代度过了他的青少年时期，虽然大明王朝政局不稳，但于成龙并没有虚度年华，而是埋窗苦读。

少年时期的于成龙就已经熟读经史子集，他曾经说过："经史子集千本万卷，无非四字而已：仁义礼智。"这让他的老父亲很是惊讶。

十八岁时，他对程朱理学产生了浓厚的兴趣，他把程颐、朱熹的理学专著背了个滚瓜烂熟，从中总结出四个字：天理良心。

明崇祯十二年（1639）秋天，于成龙到太原府（今山西省太原市）参加乡试，虽然没有一试中举，但是也中了"副榜"，也就有了贡生的资格，可以进入中国古代封建社会的最高学府国子监继续学习。

所谓副榜贡生，就是乡试每正榜五名备取一名，相当于今日之备取生。于成龙后来几次科考失利，因此，这副榜贡生就是于成龙的最高学历。

当时，朝廷推崇以孝治天下，所以对进入国子监读书的贡生有一项优待的政策——"依亲"，也就是可以在家陪伴父母的同时自学。于成龙选择了"依亲"的方式，回家继续读书。

明崇祯十七年（1644），也是清朝的顺治元年，李自成的起义军，东渡黄河，大举进入山西，占领大同，又直奔北京。

三月十九日李自成攻破北京，明朝灭亡。

四月，在"冲冠一怒为红颜"的明朝叛将吴三桂配合下，多尔衮率清军入关打败了李自成，开启了大清朝一统天下的历史。

这一年，于成龙二十八岁。

顺治二年（1645），清廷下令恢复乡试，但于成龙并没有参加这次考试。当时很多汉人并不承认清朝廷在中原的政权，或许这也是于成龙当时的想法。

在那个战乱年代，于成龙却度过了一段鲜为人知的隐居生活。

说是隐居，其实还是求学。当时兵马乱，社会动荡，于成龙为了更好地读书，于是效仿中国古代的读书人到寺庙去读书。因为寺院里有藏经楼，藏经楼中不仅有佛教典籍，而且诸子百家、三教九流的典籍都非常多，能够满足求学的需要。另外，出家人很多都是有学问的学者，所以在寺院里求学，不但可以博览群书，而且还有很好的老师。

于成龙读书的地方是在安国寺的读书楼，说是读书楼，其实就是一间窑洞顶着一间阁楼，空间仅供容膝，更像一只蚕茧，这才是真正的面壁读书。

于成龙在这个小阁楼里一读就是六年。也就是这六年，铸就了于成龙"为学务效实行，不屑于词章之术"的实干品行，以及坚持做"圣贤"的远大抱负，他自述："学者苟识得道理，埋头去做，不患不到圣贤地位。"

在这里，于成龙兼容并蓄了儒家、佛家、道家的核心思想，融会贯通，形成了自己独特的思想观念，那就是：

讲究天理良心，提倡清心寡欲，崇尚洁己爱民，实行德政仁政，严于奉公守法，敢于伸张正义。

于成龙也曾参加过几次清政府举行的乡试，都名落孙山。后来，他的父亲去世，全家人生活的担子压在于成龙肩上，于是于成龙放弃了科考。

二、苦行僧一样的县令

顺治十八年（1661）正月，顺治皇帝驾崩，年幼的康熙皇帝玄烨即位，清朝进入了康熙时代。

当时大清江山初定，人才奇缺，康熙摒弃了满汉之争，重用了前明朝的一干重臣。同时，他广开纳才渠道，凡是前明朝有功名的汉人，只要肯做官，朝廷都会任用。

这样，前朝副榜贡生于成龙就有了用武之地。

这一年春天，已经四十五岁的于成龙以明崇祯十二年（1639）副榜"贡生"的身份，来到了北京参加选官。

按照当时的惯例，吏部负责官员把相关职位写成签条并密封，让候选者抓阄，职位好坏，全凭手气。于成龙抽中的职位是县令，只是他的运气差了一些，抽到的是广西罗城县县令（今广西壮族自治区罗城仫佬族自治县）。

当时广西一带战乱刚刚平息，罗城县在顺治十六年（1659），也就是两年前才纳入清朝版图。其间朝廷曾先后派了两任知县，第一位莫名其妙被杀，第二位忍受不了罗城的蛮荒贫困，弃官而逃。以后，朝廷委派的官员听说要去罗城，宁可弃官不做，因此，罗城县当时一直没有县令。

家人闻知于成龙的抽签情况，悲喜交加。喜的是老爷终于做了七品正堂，悲的是天涯万里，也许一去无归。

于成龙家境并不富裕，为了筹集路费，家里卖房子典地，又雇了五个仆人，才得以成行。

安排家事的时候，于成龙对儿子于廷翼说："我做官在外不管你，你治家在里莫想我。"

家人听了，全都哭了。

带着雇佣来的五个仆人，于成龙义无反顾地骑驴登程。

路过晋南的稷山县，于成龙看望了好友武祇遹。武祇遹以广西条件艰苦、为官不易为由，奉劝于成龙不要去上任。

根据武祇遹的记载，当时的于成龙说了这样一段肺腑之言："我辈虽无科第身份，上古之皋、夔、稷、契，岂尽科目中人耶？我此行绝不以温饱为志，誓勿昧'天理良心'四字。"

这段话的意思是"我们这一代知识分子，赶的时候不好，改朝换代，没有名正言顺的科举身份，但是在上古时期的皋陶、夔、后稷和契四位贤臣也不是科举出来的。我去罗城县，绝不是为了一家人的温饱和富贵，所要做的是为了黎民百姓，不能做昧了天理良心的事"。

　　从于成龙家乡到罗城六千里之遥,在当时的交通条件下,一路的艰辛可想而知。

　　罗城县在广西北部,位于云贵高原苗岭山脉九万大山中。当于成龙主仆六人跋山涉水来到了罗城县,小伙伴们还是惊呆了。

　　只见罗城县山峦起伏,密林丛生,满眼都是茂密的蒿草。县城规模本就不大,房屋又十室九空,残破不堪,住在城里的竟然只有六十户人家。

　　县衙是前任知县修的,简陋得就像一个普通的农舍,连大门也没有,就是茅草搭建的三间堂屋。东边一间做宾馆,西边一间是书房,中间是审案办公的大堂。后面还有三间草屋,是知县的宿舍。

　　"这是什么鬼地方,真不该来这里呀!"

　　随行的仆人肠子都悔青了,本来是随着县官大老爷来享清福的,哪知道来的竟然是这么一个兔子都不拉屎的鬼地方。

　　连于成龙也后悔不迭:"哀哉,此一活地狱也!胡为乎来哉!"

　　人们常说"置之死地而后生"。

　　命运把人到中年的于成龙抛弃到这样一个绝地的同时,也把他放到了"天下第一廉吏"的起跑线上。

　　"奋不顾身为民而死,胜于瘴疠而死也!"

　　于成龙将草房稍做改造,前半截做办公之地,后半截作为居室。先把自己安顿了下来。

　　于成龙觉得,要想在罗城站住脚,把罗城治理好,首先要给老百姓办实事,收拢人心,取得信任。而当务之急是改善生存环境,吸引离散百姓返回家园。

　　于成龙经常光着头,赤着脚,穿着普通百姓的衣服,深入到百姓中访贫问苦。同他们一起劳作,一起聊天,帮助他们解决生活困难。

　　当时罗城的治安形势特别严峻。连于成龙这个知县都常常是"夜枕刀一口,床头贮枪二杆,为护身符",其安全环境可想而知。

　　那就从治理匪患开始吧。

　　于成龙采取了著名的"保甲法",将境内的百姓,按照居住地,编成了"保甲"体系。对外防御盗匪，对内是严格管理。

对付违法犯罪是绝不手软，正所谓"治乱世要用重典"。

罗城旁边柳城县西乡镇，有一大股盗匪，他们经常跑到罗城县烧杀抢掠，抢完了就跑，罗城管不着，柳城的官府不敢管也不想管，反正没在柳城犯事。

于成龙向上级汇报，但是上级官府对于这种剿匪的差事根本就不感冒，不闻不问，让他自己看着办。

上级不管我自己管。于成龙做事，讲的是"天理良心"。

于成龙把罗城的百姓组织起来，统一训练，全县联防。并修通了到西乡的道路，准备进剿西乡。

西乡的匪首一看，这新来的罗城县令是要玩真的，害怕了，赶紧派人来和谈。于成龙乘势而下，不战而屈人之兵，要求对方写下了不再犯界的保证书。

就这样，罗城县的社会治安有了明显的好转。

在治理匪患的同时，于成龙张贴安民告示，召回原来失散的百姓，甚至公布优惠政策，吸引四方流民前来耕作定居。

他带领百姓建民居、修水利、办学校、筑城墙。每当有百姓搬入新居，或者田种的好，于成龙就题一个匾，写一副对联，表扬一番。看谁家偷懒不耕种，就动员左邻右舍去好言劝告。他鼓励各民族子弟入学读书，同时教化百姓礼仪，有能读书应试者，免其徭役。

他向百姓宣布，除缴纳正税外，一律不收"火耗"钱。

在于成龙卓有成效的治理下，几年的工夫，荒芜的罗城就变得"禾穗被野，牛羊满山"，逐渐地繁荣起来，老百姓们脸上又露出了难见的笑容。

老百姓打心眼里，感谢这位县官大老爷。

于成龙依然住在那个简陋的县衙里，过着清苦的日子。

在罗城这个绝地，于成龙一待就是七年。

跟随于成龙一道来罗城赴任的仆人，吃不了这个苦，走的走，死的死。到最后，就剩下于成龙孤身一人。

起居饮食全是自己来,有时,一天就吃一顿饭。到了夜晚,就打一壶四文钱的酒,没有什么菜,喝酒驱寒解闷。

说来奇怪,全天下的县官老爷都是催租逼税,只有罗城县是个例外。于成龙治理罗城时,罗城人从来都是主动缴纳赋税,而且一定要把税银亲自交到于成龙手上。然后,再多交一些钱,放在于成龙的破桌子上。

这些善良的百姓是怕完不成赋税,影响于大人的政绩。如果再换上一个贪官污吏来做县太爷,那样就遭殃受罪啦。至于多交的那些钱,老百姓说:于老爷在正赋之外不要火耗,也不向我们要吃的穿的,我们就给老爷一点买酒的钱吧。

于成龙听了哈哈大笑,也不装模作样,真的就留下几文买酒钱,够买一壶酒即可,多了一概不收。

三、广西唯一的"卓异"

康熙二年(1663)秋天,广西乡试,于成龙临时被借调到省会桂林担任帘官,也就是监考官。再次回到桂林,于成龙还是那副穷酸相,衣装陈旧,行李简单,和其他的官员一比就显出差距来了,他倒是也不在乎。

当时的主考官是广西布政使金光祖,这个人脾气暴躁,对待下属非常严厉,动不动就要粗口骂人。但他是广西的"二把手",巡抚下来就数他了,下级官员们只好忍受。于成龙从来都是刚正不阿,在考场工作的日子里,只有他敢和金光祖顶嘴,也因此挨了更多的骂。据《治罗自纪》记载:"时藩宪峻厉异常,辄欲诟詈属官。成龙心不平,居闱中屡以抗直,不少挫辱。"

金光祖对于这个敢顶撞他的下级产生了兴趣,他发现于成龙处理政务很有章法,与他交谈时能够纵论古今,非常佩服。于是,只要有空闲,他就把于成龙请过来喝酒聊天,畅谈广西军政大事。于成龙一肚子学问,一肚子见识,这时候终于遇见了知音。金光祖想把于成龙留在桂林,委以重任。按朝廷的制度,布政使没权力直接调动、提拔官员,于是,金光祖来了个长期借调。

罗城县的百姓可是不答应了。听说于成龙大人不回来了,罗城县的百姓就组织了很多人到桂林请愿，非要把于大人请回罗城不可。结果，于成龙只好继续担任罗城知县。

不久，金光祖官升一级，担任广西巡抚，成了省里的"一把手"。就地方施政问题，金光祖几次征询于成龙的意见。于成龙两次条陈，系统阐述了澄清吏治，"弥盗""慎刑"，减轻百姓负担，改善民族关系等自己的看法，深受金光祖的赏识。

金光祖被于成龙在罗城县的所作所为折服，康熙六年（公元1667年），金光祖将于成龙的事迹上报朝廷，经吏部考核，于成龙被评为广西唯一的一名"卓异"。所谓"卓异"，即为卓越，与众不同之意。在清朝，获得这样的评价可不容易，这是一种国家级荣誉。那时候，吏部要对官员进行定期的考核，文官是三年一考，武官是五年一考。只有那些政绩特别突出、才能特别出众的官员才能获得"卓异"这样高的评价。于成龙成了全国官员学习的榜样和楷模。

四、又到了一个极苦之地

因为考核"卓异"，康熙六年（1667），于成龙升任四川合州（今重庆市合川区）知州。

于成龙在罗城县任职期间，和罗城县官吏百姓感情极深。当初金光祖要调他到省里做官，百姓们组织了一大批人，跑到桂林请愿，硬是把他请了回来。

如今于成龙真正要离任升官了，百姓们自然是依依难舍，含泪送出了数十里地（"追送数十，哭而还"）。可是，有一位瞎眼老人仍然不肯离去。

于成龙说："老人家，送君千里，终须一别，您还是回家去吧！"

老人说："于大人一向穷苦，自己的饷银大都周济了穷苦百姓，路上的盘缠肯定不足。小民有一点算卦的手艺，路上可以帮衬大人一点，就让我送您到合州吧！"

于成龙百般推托不了，只好让瞎眼老人一路送行。

这一路上连绵阴雨，难以行走，于成龙耽误了行程，身上带的那点钱还真的用光了。多亏了瞎眼老人的一路算命,解决了路途上吃饭的问题。

康熙六年(1667)九月,于成龙抵达合州上任。

然而于成龙并没有跳出苦海。由于四川久经战乱,所以人口锐减,四处荒芜。于成龙赴任的合州虽是州府,但合州历经战乱之后,其荒芜残破程度,与罗城县实在是不相上下,人口只有百余户,每年的税赋只有十五两。

当时的合州,几乎是个空州,于成龙来的仍然是个极苦的地方。

于成龙做了七年的罗城知县,有着丰富的和困难做斗争的经验。到达合州之后,他立即着手恢复这个地方的繁荣,招抚流民,开垦荒田,缉捕盗贼,判断诉讼,征收赋税,等等。在他的治理下,很快合州老百姓也过起了安居乐业的生活。

在合州,于成龙清廉本色一点未变。

他上任后,对衙门事务进行了大力的简化革新,裁撤了多余的差役,取消了轿夫车夫,拒绝了上司的摊派,减免了对过往官吏的接待,一切以省事节俭为上。

重庆知府曾经要求于成龙为他提供鲜鱼,于成龙写信说明合州的艰苦情况,请求知府大人从今以后不要再有类似要求。

这件事,于成龙胆子是真够大,竟然敢于拒绝上级的摊派。

还是那句话,不能"昧了天理良心"。

康熙七年(1668)冬天,于成龙接到了一项新的苦差事。当时,朝廷要重修北京紫禁城,需要大量的巨型木料,生长于四川等地深山老林中的楠木是首选。

这项采办工程,由四川巡抚张德地全面负责,可能是由于金光祖的推荐,张德地也十分看重于成龙的才能,这次有重大事务,便抽调了于成龙去负责勘查工作。

于成龙十一月底接到命令,只带了几名随从就冒着冬月严寒,前往林区。

林区的勘查工作是异常艰苦,于成龙寒冬腊月进的林区,一直忙到春暖花开,足足干了一百多天,连新年都是在彭水县林区的一座破庙里度过的。

堂堂的知州不在县衙耍威摆酷,却在深山老林里忍饥挨冻。

这期间,他给张德地上了一封《查采楠木详》,主要这采伐楠木的差事尽量不要征调普通百姓,可见于成龙的爱民之心。

好人有好报,于成龙兢兢业业的工作受到了上司的肯定。在张德地的保举叙功下,于成龙接到了朝廷新的任命,调到了湖广黄州府(今湖北省黄冈市黄州区)任同知。这个职务,官衔正五品,比合州升了一级,也是仅次于知府的"二把手"。

五、青天"于二府"

康熙八年(1669),于成龙到黄州(今湖北省黄冈市黄州区)上任,职务是黄州府同知,负责督粮、捕盗、海防、水利等。

按知府大人的分配,于成龙平时不待在黄州城,而是驻守在麻城县歧亭镇(今湖北省麻城县歧亭镇),这个地方有个特殊情况,盗窃案非常多,于成龙的主要责任就是"捕盗"。

黄州捕盗,是于成龙平生最精彩的故事。也带有强烈的于成龙风格:宽严相济,恩威并用。

于成龙刚到麻城,面对复杂的盗案,一时无从下手,他就来了个明修栈道暗度陈仓,招募了一些有盗匪背景的人做差役,"以盗治盗",悄悄地调研观察,寻找突破口。

功夫不负有心人,这个突破口于成龙终于找到了。于成龙手下有个叫汤卷的差役,和盗匪勾结。但汤卷为人谨慎小心,很难对付。

怎么办?上酒!

利用汤卷好酒贪杯的毛病,于成龙与汤卷结为了酒友。几顿酒下来,这个汤卷就放下了戒心。

与此同时,于成龙通过微服私访等手段,摸清了汤卷一伙人的犯罪情况。一张大网也随即张开,麻城和黄州府的"盗匪"被一网打尽。

对汤卷,于成龙按戴罪立功处理。

不过,这个汤卷事后不思悔改,仍然作奸犯科。这下于成龙可怒了。在掌握了汤卷的犯罪事实后，于成龙把汤卷抓了。

庭审之时，于成龙对汤卷说："你这样的行事，不可能在人世立足了，不如早早回去吧。"

汤卷一边磕头求饶，一边问："小人一向就在官府安身，不知该回到哪里去？"

于成龙平静地对汤卷说："回黄泉去呀！"

汤卷崩溃了，他哀告道："小人虽然该死，但家里还有老母。请大人开恩，让我回家看看老母再死吧！"

于成龙知道汤卷家有老母，于是拿出一两俸银，让差役送到汤卷家中，以尽同事之情。然后下令让汤卷自尽，算是给他留了一个全尸。

这样的捕盗故事，可谓比比皆是。

于成龙恩威并用，宽严相济，既有效地震慑了罪犯，又化盗为民，给以出路。于成龙以他的智勇信义，肃清了内部队伍，震慑了外部匪患，确保了一方平安，也得到了上司、同僚以及老百姓的认可。

后来，于成龙因为"捕盗"成绩突出，还兼理了"黄汉捕务"，也就是说黄州府和汉阳府的"捕盗"工作全都交给了他一个人，相当于他兼任黄州府和汉阳府两地的公安局长。

因为于成龙是黄州府的"二把手"，当地官民在口头上，就称于成龙为"青天于二府"。

于成龙在黄州的生活相比罗城、合州肯定是有所改善的，但是于成龙依然过得十分节俭。他晚上爱喝酒，但是黄州的酒贵一些，所以他每天只饮半壶，值银五厘。黄州百姓都说："于公过夜钱五厘。"早晨，他喜欢买一碗豆腐脑喝，也不值什么钱，大家就说："于公豆腐量太狭。"

康熙八年（1669）腊月二十五日，快过年了，大儿子于廷翼带着弟弟来探望父亲。一家人其乐融融地过了个新年。

孩子们要回家乡了，于成龙想给孩子们带点好东西路上吃，找来找去，家里只有一只咸鸭，给孩子们带上吧。

儿子于廷翼看着白发苍苍、瘦骨嶙峋的老父，死活不要，最后折中一下，给老父亲留半只，孩子们只拿了半只。

这个故事流传到大家耳朵里了，于成龙又有了一个外号"于半鸭"。当初也许只是个笑话，到后世就传为美谈了。

康熙十年（1671），黄州大旱，于成龙把自己平时节俭省下来的银子捐献出来，救济穷人。

于成龙是五品的官，一年俸禄才八十两银子，这样捐助别人，自己的生活可怎么办呢？在饥荒严重时期，他不得已，把自己平时乘骑的一匹骡子卖了，换了几个钱，主仆们买米度日。最后，实在没辙了，他就每天吃"糠粥"。什么是糠粥呢？家里的白米太少，不够蒸干饭，只能熬成稀饭，但稀饭又吃不饱肚子。于成龙就像当地穷苦人家那样，把舂米剩的糠皮炒熟磨碎，撒在稀饭里充饥。

有时来了客人，没有好饭招待，便一起吃糠粥。老百姓知道于二府以糠粥度日，又给他取了个外号叫"于糠粥"。

康熙十二年（1673），湖广总督蔡毓荣召见了他，赞誉有加。蔡总督见于成龙官服破旧，还很例外地赏了他一套新官服，这就是于成龙在几篇文章中都提到的"赐章服"。

在这一年的"大计"之中，新上任的湖广巡抚张朝珍，举荐他为湖广的"卓异"，这是于成龙第二次被举为"卓异"。

朝廷核准了他的"卓异"，很快下令升他为福建省建宁府知府，于成龙成了正四品的官员。

然而由于"三藩之乱"，湖广省急需一批精明强干的官吏办理军政大事。于成龙名声在外，走不了了。所以，还没来得及到福建报到，于成龙就被紧急调往武昌，"署理"武昌知府，办理军需事务。

也是造化弄人，刚刚上任，于成龙就摊上事儿了。

就在于成龙短期署理武昌知府期间，由于连天大雨，洪水冲垮了于成龙建的浮桥，于成龙被革职留用。这是于成龙出仕十几年来第一次受处分，他的心情之糟糕可想而知。好在巡抚张朝珍非常器重于成龙，暂时把他留在身边，帮助自己处理军需公务。

仅仅几天之后，于成龙就得到了新的任务。

六、黄州平叛

在"三藩之乱"影响下，黄州等地蛰伏多年的"蕲黄四十八寨"秘密组织，也在酝酿着揭竿而起，反清复明。

康熙十三年（1674），发生了黄州东山叛乱，起义的核心智囊叫黄金龙，而起义的领袖人物是刘君孚，是"蕲黄四十八寨"的秘密领袖之一，麻城东山曹家河人。在他的带动下，麻城东山的"蕲黄四十八寨"势力，纷纷起兵叛乱。

关键时刻，巡抚张朝珍想到了于成龙。

于成龙在黄州为官多年，长期驻守麻城歧亭，知道"蕲黄四十八寨"的底细，张朝珍就委派他到黄州去招抚叛军。

于成龙先给刘君孚写了一封信，说明了朝廷的招抚政策：缴枪不杀，还会特别重用。随后，他骑了一匹骡子，带了两个随从，亲自上了刘君孚的山寨。

刘君孚曾经做过于成龙的部下，对于成龙十分敬畏，听说于成龙来了，他不敢出来见面，却命令手下人，手持武器列队相迎。当然，他可不是以隆重的仪式欢迎老领导，他是想用这大阵势吓唬于成龙。

于成龙可不吃这一套，径直进了山寨，大马金刀地坐在了山寨的大厅里，开口就问："刘君孚我那老奴到哪里去了？怎么不出来见我？"

山寨的人很尴尬地说："刘君孚外出了，请于大人坐等一会儿。"

一些认识于成龙的人，很不好意思地一一过来拜见，其他的人，也只好跟着见礼，就好像拜见长官一样。

于成龙就在山寨的大厅里和大家拉起了家常，他没有提起兵造反的事，只很关心地询问了山中的雨水和庄稼，大家的生活怎么样。

大家只好顺着于大人的问话来回答，提起雨水和收成，大家想到了以前的太平生活，想起了妻子儿女欢聚一堂的场面。

就这样，于成龙通过与大家的交流瓦解了叛军的军心。

后来，刘君孚不得不出来相见。

于成龙轻描淡写地批评了他几句："现在朝廷政策很宽大，只要率部投降，造反的事情可以一笔勾销，朝廷还会另有重用，绝不亏待。"

人心散了，队伍也没法带了。再说，刘君孚也确实服这位老领导，一咬牙一跺脚，投降了。

再后来，一切顺理成章，于成龙通过刘君孚，又招安了其他的起义队伍。东山这股顽匪，就这样被瓦解了。于成龙单骑招抚刘君孚的精彩故事，也被载入了史册。

黄州的局势初步稳定，于成龙又拿出自己用惯了的"保甲法"，在黄州各地分区编制保甲，训练乡勇，建立了严密的组织，把这些英勇强悍容易叛乱的百姓，训练成为支持官府的准武装力量。

七月初，正当于成龙准备回武昌复命之时，没想到黄冈县李家集忽然爆发了以方公孝为首的叛乱，并且和黄金龙、邹君升的反叛势力纠集到了一起。

兵贵神速，于成龙对黄金龙和邹君升展开了围剿。

平叛只用了六天，而且没有动用官军，全是地方"保甲"队伍。

八月，于成龙上任黄州知府。

当时，吴三桂的奸细潜入黄州，联络当地豪强劣绅纷纷起事，声势浩大。

十月，吴三桂大军在江西进攻湖口，已经很接近湖北，湖北各镇驻军皆奉调前往湖南征剿吴三桂，黄州兵力空虚，一时人心惶惶。

吴三桂在进兵的同时，串联了不少反清复明的人士策应自己，湖北境内新一轮的动荡开始了。

黄州反叛头目何士荣、陈鼎业、周铁爪等纠合在一起形成了数万之众的叛乱队伍，号称十万，准备攻打黄州城。

巡抚张朝珍派兵增援黄州，但数量不多。

于成龙誓死不离开黄州，他募集乡勇与叛军对抗。

他认真分析敌情后认为，叛贼都是以何士荣为首，如果先把他收拾了，其余叛军自然望风披靡。

于是，于成龙制定了决不放弃黄州，组织乡勇相机进剿，集中兵力对付何士荣的策略。

何士荣率数万人之众，气势汹汹而来，分东西两路夹击于成龙。于成龙立马仗剑，依营门而立，从容指挥。

敌人攻势甚急，情况十分危急，部下劝于成龙避一避，于成龙大喊："今我死日也，敢言退者斩！"

于成龙挥剑上马，亲率部下与叛军展开了生死肉搏。

在他身先士卒的亡命拼杀下，官军士气大振，一举击溃了叛军的进攻，擒获了叛军首领何士荣。

在此战中，于成龙缴获了叛军的花名册。他看也不看，命令立即烧掉，并马上草拟一份宣传文告：

叛军中有能抓住叛贼者，重赏；有来投降的，免死；被挟从叛乱回来的，可闭门在家；只要没有武器，即使从了贼，也一概不予追问；若私藏武器，即使是一般百姓，也要处死。

溃败的叛军听说何士荣被擒，而叛军的花名册已经被于成龙烧掉，于是纷纷丢下武器，作鸟兽散。

几个叛军头目，一一被擒。

于成龙身先士卒，危急关头置生死于度外，指挥得当，获得全胜。

从于成龙出师，到告捷，仅用二十四天。而以乡民数千，破贼数万，于成龙立了大功。在此战中，于成龙竟然也创造了手刃四十八人的战绩。

史书上这样评价于成龙："以文吏而擅武略，屡著奇勋。"

由于于成龙的招抚工作做得非常好，到后来，就连河南、安徽境内的叛乱分子也到黄州来投降。

七、"闽省廉能第一"

东山平叛的过程中，因为招抚有功，朝廷任命于成龙为武昌知府，不久改任黄州知府。康熙十六年（1677），升任下江防道。

康熙十七年（1678）六月，六十二岁的于成龙接到朝廷的命令，升任福建按察使，从正四品官员升为正三品。于成龙的职务在短期内数次升迁变动，看来，坐镇北京的康熙皇帝已经注意到于成龙这位远在湖广的特殊人才了。

告别了工作生活了九年的湖广省，于成龙乘坐官船，离开了蕲州码头。

蕲州、黄州及附近府州的官吏百姓，舍不得于成龙离开，大家沿江相送，哭声震天。于成龙伫立船头，情不自禁，老泪纵横。

离开黄州时，于成龙仅带一床破被，一件朝衣。

为了节省路上的开支，于成龙叫随从在黄州买了几担萝卜放在了船上。

有人笑话他："这么便宜的东西，买那么多干什么呀？"

于成龙说："这是我沿路的口粮，另外还可以压船。"

两袖清风的于成龙一路咬着萝卜，乘船而下，跋涉数千里，来到福建。环境变了，职务变了，但咬着萝卜上任的于成龙，依然还是顶天立地的一个清官！

在按察使任上的时间不长，于成龙就为福建的老百姓办了件"人命关天"的大事。

事情的起源是这样。

顺治十八年（1661），朝廷下达了"迁海令"。当时，清政府为对付明朝遗臣郑成功在台湾的郑氏王朝，颁布了将沿海居民内迁五十里的"迁海令"。

虽然有森严的"迁海令"，但是福建沿海地区的海上贸易还是存在的。

于成龙到任按察使后，巡抚吴兴祚就让他处理数千名违反"迁海令"的罪犯。

怎么处理，于成龙只要大笔一挥，这数千人可就要人头落地了。

但别忘了，于成龙做官是"不能昧了天理良心"的。毕竟人命关天，何况还是数千条人命。

他仔细查阅案卷，发现这些老百姓出海捕鱼、做些贸易，都是正当的生计，并不是为了资助台湾郑经，朝廷是宁可多抓错杀，也要杜绝台湾郑经的后勤补给。

于成龙思忖再三，为了这数千条人命，决定为民请愿。

他向巡抚吴兴祚、总督姚启圣分别请示，要求释放这批人。

然而吴兴祚和姚启圣那可是官场的老油条,知道其中的利害,他们是绝不会答应的。

那就直接去找康亲王。

康亲王是福建驻军的总司令,手里握着军政大权。于成龙费尽周折找康亲王申诉,终于打动康亲王,同意案件重审。

于成龙一件一件地重新审理了案件,陆续把被乱抓来的老百姓都放了。对广大百姓而言,于成龙就是青天再世、活命的菩萨。其实,于成龙作为政府的代表,死里逃生的犯人们,在感谢青天于大人的同时,对于成龙所代表的大清政府也有了一定的好感。于成龙此举,可以说为朝廷争取了民心。

在担任按察使的几个月时间里,于成龙受到上下一致的认同。又到了"大计"之时,巡抚吴兴祚上书朝廷:"于成龙任臬台未及一年,闽省吏风为之一变,功绩昭然",称赞他是"闽省廉能第一"。

康熙帝素知于成龙廉能,接到奏疏,批示说:"于成龙清介自持,才能卓著,允称卓异。"

这是于成龙平生第三次得到"卓异"这个崇高的荣誉。

从此,于成龙得到康熙帝的赏识和破格重用。

康熙十八年(1678)十月,于成龙再次升官,由三品的按察使升为从二品的布政使。

布政使衙门的全称是"承宣布政使司",俗称"藩台""藩司",管理一省的人事、考试和财政。

在此期间,于成龙经手的钱财何止千万,但却一尘不染。

不管在什么岗位上,于成龙都能保持清官本色,始终心系百姓,为老百姓办实事,办好事。

当时,数万名八旗骑兵驻扎于福建,与台湾郑经作战,军需给养由当地政府采办,其中一项每年要征召数万名铡草的民夫,老百姓苦不堪言。

清朝初年,朝廷了解到征召劳役的问题后,曾经下令禁止军队再征民夫。但是在福建坐镇指挥的康亲王考虑到军队的利益,下达命令,要求各地照旧征召民夫。

康熙十九年（1680）正月二十四日，巡抚吴兴祚把康亲王的手谕转发给闽县、侯官等地的知县，要求征召民夫。但巡抚衙门并没有下达正式的文件。知县祖寅亮、姚震等人揣测到巡抚的真实意图，就以需要请示为由，拒绝执行康亲王这道命令。

正月二十七日，八旗官兵聚集到县衙闹事，逼迫知县派人。

二十八日，福建省地方官员集会商议，准备向康亲王请命。就在这天，很多百姓，听说了征夫的消息，聚集在街上，停业罢市，哭泣喧闹，群情汹涌，大规模的民变几乎一触即发。

官员集会之后，布政使于成龙代表各级官员，向康亲王杰书上了一封公开信，详细说明原委，请求康亲王收回成命。后来，于成龙又以自己的身份，给康亲王写信，请求康亲王看在太祖太宗世祖皇帝创业艰难的份上，为康熙皇帝分忧，收回成命，稳定民心。

或许被于成龙的诚心所感动，或许看到事情闹大了对朝廷无法交代，康亲王思忖再三，也就偃旗息鼓，收回了成命。

于成龙这件事办得非常危险，官员抗命，百姓闹事，稍微处理不慎，就会是一大片的人头落地。而且，他面对的满洲贵族和八旗官兵都骄横无比，不讲道理，弄不好，他于成龙不但有可能弄丢了乌纱帽，而且还可能有性命之忧。

为了老百姓的事，于成龙也是拼了。

八、"今时清官第一"

康熙十九年（1680）二月，康熙皇帝"特简"于成龙为直隶巡抚。这年于成龙六十四岁，已经是沧桑暮年。

京官难当。

康熙帝特意把于成龙放在了直隶巡抚这个重要位置上。

于成龙想做的第一件事就是到北京去，拜见二十七岁的康熙皇帝。到保定后，他给皇帝上了一封《请陛见疏》，大概意思是说：皇恩浩荡，但是自己才能有限，年事已高，不堪重任，恐负皇恩……

康熙皇帝的批示很简单："于成龙简任巡抚,正资料理,不必来京陛见。"不必客气了,撸起袖子加油干吧。

当时,宣府与万全、蔚州、西阳等地夏秋连旱,每天都有人饿死。上书请求赈济,等到批准施行,也要一个月时间,而这一个月,又不知道要饿死多少人。

于成龙置个人安危于不顾,先斩后奏,开仓赈济。众多炊烟断绝的贫困饥民得以存活。

等待他的,还有做不完的工作。

对于官场吏治腐败,于成龙尽自己所能,逐项予以革除。

他还经常单骑私访,遇到不法者立即予以严惩。

他把直隶治理得井井有条,很受康熙帝赏识。

康熙二十年(1681)冬,于成龙已是六十五岁高龄,他离家后也是整整二十个年头了,他的思乡之情日益浓重。十二月,于成龙向康熙皇帝请假,回家葬母。

康熙皇帝接到于成龙的奏疏后,非常感动,批复:"览奏,情辞恳切,准假三个月,回籍葬母。事竣速赴任供职。"

数日之后,康熙皇帝再次把隆重的皇恩施加给年迈的于成龙,特旨任命于成龙为两江总督,兼兵部右侍郎、都察院右副都御史,正二品。

康熙二十一年(1682)正月,皇帝再次加恩,将于成龙的兼衔改为兵部尚书、都察院右副都御史,为从一品大员。

康熙二十一年(1682)四月,于成龙抵达江宁(今江苏省南京市),上任两江总督,成为主管江苏、安徽和江西三省的封疆大吏。

这次上任,和二十多年前赴任罗城的情形当然完全不同,于成龙已经虚岁六十六,身体衰弱,家里安排幼子于廷元陪同上任,也好有个照应。

两江这个地区,是中国封建社会后期的经济中心,由于大地主大官僚盘根错节,树大根深,又长期反清,清朝统治者倍感头痛。清朝初年,统治者多次严厉打击江南势力,对这一地区异常重视。

如今,年迈的于成龙被派到两江做总督,在很大程度上还是有整治江南的意思，只是苦了于成龙。

后来，他果然受到了江南旧势力的打击报复。

老迈的于成龙做了封疆大吏之后，仍然严肃认真地为朝廷办理着各项公务。

于成龙针对时弊，提出六条戒律，即：勤抚恤，慎刑法，绝贿赂，杜私派，严征收，崇节俭。他还颁布了《兴利除弊条约》，要求各级官员革除种种积弊：严禁滥加火耗和私派，严禁馈送，严禁滥差衙役差役，严禁随便捕人入狱和私刑拷问，严禁包揽词讼谋取奸利，严禁摊派取所，等等。

他自己以身作则，身体力行。

他兴利除害，察吏安民，禁止馈赠，打击贪官。

因为工作太过繁忙，他喝酒的爱好有所节制，成天购买青菜来下饭。于是，他也有了一个新的外号"于青菜"。

官场上，因为有于成龙的表率和禁令，那种相互送礼、互相宴请的风气完全改观。

然而，晚年的于成龙却经历了一次宦海风潮，这位可敬的老人身心俱疲。

康熙二十二年（1683），风云突变。有人上书弹劾于成龙年老昏聩，为下属所欺蒙，多行不法。对此，《清史稿》一针见血地指出："势家惧其不利，构蜚语。明珠秉政，尤与忤。"其实说白了，就是于成龙在两江大力推行新政，损害了部分人的利益，断了人家的财路。这部分人与当时的权臣明珠有着密切的关系，也就是康熙朝所谓的"明珠党"，所以遭到了诬告和陷害。康熙帝一时真假难辨，迫于众口铄金，最后康熙拍板，于成龙降级留任。总督职务不变，行政降五级。这件事让于成龙百感交集。

或许是有感于仕途险恶，或许是真的年老体衰，于成龙先后两次奏疏，请求退休。康熙帝都没有批准。

康熙二十三年（1684）三月，江苏巡抚余国柱调入北京担任左都御史，安徽巡抚徐国相升任湖广总督。朝廷没有立即给这两个省派遣新的巡抚，而是下令由于成龙兼任。这一下，背着处分的于成龙竟然成了三个省的一把手。

　　毕竟年事已高，长年累月的繁忙公务压垮了这位老人。康熙二十三年（1684）五月三十一日凌晨，按照往常的习惯一样，于成龙穿好衣服，准备办公。还没等走出房门，疾病发作。诸司官员迅速赶到，于成龙强忍病痛，用尽最后一丝力气，吩咐要紧公务。还没等到吩咐家务事，这位德高望重的老总督就坐在每天批阅公文的椅子上离开了人世，终年六十八岁。

　　陈廷敬在《于清端公传》中记载："端坐而逝，至夜漏四十刻，坐不倚椅，颜色如生。"一生都讲究"天理良心"的于成龙就这样走了，仿佛高僧圆寂一般，那样坦然。

　　据陈廷敬的记载，在清理于成龙的财产后，只有一些起居用品，在堂后的瓦缸里存米数斗，盐巴咸菜、锅碗瓢盆等等。这，就是一个两江总督的全部遗产。

　　于成龙去世的消息传开后，江宁城沉浸在一片悲痛之中。文武官员们闻讯赶来，为老总督料理后事，他们真真切切地看到了老总督清廉、清苦的生活。那些对成龙有成见和敌意的官员，此时此刻，也忍不住泪流满面，感慨万端。

　　江宁城的父老乡亲们纷纷来到总督署，吊唁和祭拜这位清廉一生的老总督，也瞻仰这位天下第一清官的灵堂和后堂。每天到总督署祭拜的人数多达几万。江宁城的百姓们采取各种方式，自发地、大规模地悼念于成龙。于成龙的灵柩启运回乡时，老总督门下诸生及士民数万人，步行相送二十余里，一路哭声震天。

　　于成龙去世的消息传到北京，康熙皇帝十分伤感。下诏撤销对于成龙的处分，恢复原来的级别，按从一品大臣的待遇，追封"太子太保"，并且赐谥号"清端"。

　　据查，在古代谥法中，"清"，是指清廉；"端"，是指正直。

　　清廉正直，这是对于成龙一生的成就和风范的高度概括。

　　后来，康熙帝第一次南巡时，特地考察了已故总督于成龙在任的情况，才知道自己受了小人的欺骗，让这位老总督受了委屈。回朝后，他下诏说：

"原任江南江西总督于成龙操守端严,始终如一。朕巡幸江南,延访吏治,博采舆评,咸称居官清正,实天下廉吏第一。"

于成龙终于洗清了这个不白之冤。

在此,笔者愿意把电视剧《一代廉吏于成龙》片尾曲《长歌行》抄录如下,作为本文的结尾,也以此向百姓心目中的一代清官于成龙表达自己深深的敬意:

> 回望故乡你远在万里,带走了多少深厚的情意。
>
> 清风吹过你脚下的土地,亲人都在你的心里。
>
> 一生奔波你坦诚不渝,经历了多少凄风苦雨。
>
> 拍案而起你整肃纲纪,你的愤怒惊动天地!
>
> 你为的是天下,想的是社稷,苦了自己;
>
> 你穿的是旧衣,吃的是粗米,从不在意;
>
> 你爱的是百姓,恨的是贪吏,一身正气;
>
> 你流的是热泪,熬的是心血,勤政不惜!
>
> 啊……民心和顺四海安定欣共举……

(中国人心目中,常常有一种清官情结,本文的主人公于成龙,就是深得广大百姓爱戴的清官、好官。他身上那种勇于担当、清廉俭朴、一心为民的好作风,在当今社会也是毫不过时,甚至是依然稀缺,这也是他能穿越时空、折服今人的魅力所在。习近平总书记有一句吏治名言,"千万不要既想当官又想发财"。古往今来,为官者"不患无位而患德之不修","不患位之不尊,而患德之不崇",可见为官者不立德、不修德、不践德后果是多么可怕。只有做到"勿昧天理良心",仕途上才会一帆风顺,才能够在平凡的岗位上干出不平凡的业绩。本文曾被收录于《平民笔下值得回味的历史》丛书之《中国历史上的十大直臣廉吏》,2017年10月由天津出版传媒集团百花文艺出版社出版。略有删节。)

乾隆"千叟宴"
——史上排场最大的饭局

在经典的清宫戏里,往往都会有一些宫廷宴会的场面,比如电视剧《宰相刘罗锅》中,就有须发皆白的乾隆帝设宴款待离、退休老干部的一组镜头,给观众留下深刻的印象。

就在这部电视剧的结尾,著名影视演员张国立扮演的乾隆太上皇出场了,等候已久的老臣们立刻一片请安之声。乾隆爷乐呵呵地跟这些老臣打着招呼,开着玩笑,老臣们个个兴高采烈,笑逐颜开。文臣们自然妙语连珠,引来一片片欢笑,那些卸甲归田的老将们也毫不含糊,兴之所至,还齐声高歌一曲:

那一年,雄兵十万出玉门,御驾亲征;

全军将士胆气豪!

狼烟滚滚迷天地,大雪纷飞满弓刀!

羌笛不做杨柳怨,战鼓犹催人马嚎!

月下兵戈如流水,夕阳残红染战袍!

凭谁说,将军对镜愁白发?

几多回,梦里犹闻边陲箫!

您还别说,这帮老将打起仗来未必怎么样,但这歌唱得还真是有板有眼、豪气冲天。老态龙钟的乾隆皇帝激动得泪眼婆娑,心潮起伏,似乎勾起了无穷的回忆。

电视剧《宰相刘罗锅》里的这次御宴，就是史上排场最大的饭局——乾隆千叟宴。

一、"千叟宴"的由来

皇帝请客吃饭，历来都是政治统治的一种常用手段。而一下子请到这么多的老寿星一起来吃饭，古往今来还是并不多见，其影响力比现在的春节团拜会要大得多。

历史上的千叟宴有据可查的一共有四次，而最早办千叟宴的，则是乾隆皇帝的爷爷康熙皇帝。

康熙五十二年(1713)，适逢康熙帝六十岁寿诞。

此时的康熙帝很为自己"孜孜图治"、亲政年久而欣慰，很想搞一次规模宏大的庆祝盛典，有声有色的好好热闹一番。当时，天下承平已久，社会上对他也是一片颂扬之声。有感于皇上的恩泽，有不少老人专程从各地到京城来给康熙祝寿。有来自京畿顺天府几十里、数百里，也有从千里之外赶来的。

面对老人们这样的盛情，康熙帝非常高兴，同时觉得这么多老人来给自己祝寿，决不能让他们空腹而走、空手而归。于是发布御旨，决定在畅春园宴赏各地来祝寿的老人，而后再把他们送归乡里。

这就是历史上的第一次千叟宴。

这次宴会共分两场：三月二十五日，参加宴会的耆老达一千八百余人；三月二十七日，又宴赏了八旗满洲、蒙古、汉军大臣等年龄在六十五岁以上的老人，又是一千余人。

康熙六十一年(1722)，在紫禁城乾清宫，康熙帝又举办了一场千叟宴。宴会同样分两场进行：第一场，正月初二，宴请满蒙年六十五岁以上在职的大臣和离退休的老者共六百八十人。第二场，正月初五，宴请汉族在职的、离退休的、退斥的文武大臣，年六十五岁以上的老者共三百四十人。

在电视剧《康熙王朝》里，我们看到了这场盛宴中的一个精彩片段。陈道明扮演的老年康熙满怀豪情举杯敬酒的那段经典台词，感动了众多的"离退休"臣工;也让电视机前的每一个观众感受到了强烈的震撼,以致久久不能忘怀。

在这次宴会上,康熙帝还即兴赋七言律诗一首:

> 百里山川积素妍,古稀白发会琼筵。
>
> 还须沿齿勿尊爵,且向长眉拜瑞年。
>
> 莫讶君臣同健壮,愿偕亿兆共昌延。
>
> 万机惟我无休暇,七十衰龄未歇肩。

这就是著名的《千叟宴诗》,千叟宴由此而得名。

值得一提的是,时年十二岁的弘历,也就是后来的乾隆皇帝,作为皇孙也参加了这次宴会,千叟宴那宏大热闹的场面给少年时期的弘历留下了深刻的印象。

到了弘历执政的乾隆时期,国家更加殷实富足,好大喜功的乾隆更希望"国家景运昌期","举世威登仁寿"。于是,在乾隆五十年(1785)和嘉庆元年(1796),乾隆皇帝先后两次举办规模盛大的千叟宴。其中排场最大的,也最有影响的,就是嘉庆元年(1796)的那一次。而这次千叟盛宴,也成了历史上千叟宴的绝唱。

二、最后的盛宴

乾隆皇帝是雍正皇帝的儿子、康熙皇帝的孙子,全名是爱新觉罗·弘历(1711—1799),他活了八十九岁,是中国古代帝王中的长寿冠军。弘历二十五岁登基,在位六十年(1736—1795),仅次于他的爷爷康熙皇帝。

这还是乾隆皇帝"谦虚",不想打破祖父康熙皇帝的记录。要是加上乾隆皇帝禅位后以太上皇身份继续掌控朝政的三年,他其实才是中国历史上实际执掌国家最高权力时间最长的皇帝。

乾隆六十年(1795),乾隆皇帝已是八十五岁老人,不过,按照他当时的身体状况,他仍然可以再继续执政几年。不过,为了不逾越乾隆帝的心中偶像、他的祖父康熙帝在位六十一年的历史纪录，他决定将皇位禅让给第十五子颙琰，宣布明年归政，自己退居太上皇。

在位的皇上主动禅位，而且是心甘情愿的禅位，这在中国历史上可是绝无仅有的大事。古代有多少禅让的闹剧，其实都伴随着被逼无奈甚至血雨腥风。可这次，真的不一样。

既然是绝无仅有，那禅位大典就一定要搞得特别特别隆重才行。请全国的老寿星都来赴千叟宴，一起见证奇迹的时刻，就是这禅位大典的重要组成部分。当然，这次千叟宴也是一个谢幕的表演，是对乾隆帝六十年执政生涯划上的一个圆满的句号。

嘉庆元年（1796）正月初四，禅位刚刚三天的太上皇，在宁寿宫皇极殿（紫禁城内故宫东路上）举办千叟宴。经过乾隆帝的多次谕令和筛选，不少没官没职的平民老人也得以参加这次千叟盛宴。由于届时太上皇已是八十六岁高龄，所以特别规定了一条：来京参加千叟宴的外地老人年龄要求在七十岁以上。

到了正月初四这一天，老人们早早地就开始入场，当时的场面异常庄严、宏大，光桌子就摆了八百张。入席的有亲王、郡王、蒙古贝勒、贝子、台吉，还有六十岁以上的大臣、官员，七十岁以上兵、民一共三千零五十六人，此外，还有列名邀赏的五千人。

这是中国历史上规模最大的宴会。其中王公及一二品大臣席位陈设在皇极殿内，朝鲜、暹罗、安南、琉球、廓尔喀等藩国使臣席位布设在大殿廊下，其他老人的席位安排在殿外阶下。

读者朋友一定特别好奇：这么大的排场，这么高规格的宫廷御宴，到底吃什么？您可能想不到，太上皇最重视的这次千叟盛宴，主打的，竟然是——火锅！

前面说过，乾隆五十年（1785）曾搞过一次千叟宴，只不过，那次千叟宴有一点美中不足。正月时节，北方已是天寒地冻之时，几千个老头儿在紫禁城巨大的宫殿里吃饭，没有暖气，御膳房离得又挺远，上的又全是炒菜，保温问题很难解决。这些饱含着皇上心意的美食出锅的时候当然是热气腾腾的,等放到桌子上可就有点儿凉啦,老寿星们还得赶紧吃,但凡吃得稍慢一点儿,估计那菜就得冻上啦。

鉴于上一次千叟宴的不尽人意,这次千叟宴的组织者可是颇费脑筋。最后,据说还是乾隆最宠信的和珅和大人想出了这个好主意。吃火锅,不但成功地解决了食物保暖的问题,而且红红火火,热气腾腾,大家亲自动手,更显得千叟宴热闹非常。难怪老寿星们纷纷夸赞太上皇想的周到,连声感谢皇上的恩典。

现如今,火锅早已成了寻常之物,不但北京人爱吃火锅,全国人民都爱吃火锅,而且种类也颇多,什么四川火锅、重庆火锅、潮汕火锅、北京火锅等等,都深受广大吃货的喜爱,火锅能普及到这种程度,估计跟乾隆爷禅位大典上的这次千叟宴的引领是分不开的。

据史料记载,这次千叟宴筵席分一等和次等两级:

一等桌摆放在大殿之内和廊下两旁,主要招待王公、一二品大臣及外国使节。每桌有银、锡火锅各一个,涮菜主要是羊肉、野鸡、羊乌叉和鹿尾鹿肉,另外有青瓷碗装着的荤菜四碗,蒸食寿意一盘,炉食寿意一盘,还有两个用银螺蛳盒装着的小菜。

次等桌摆在丹墀甬路和丹墀以下,三品至九品官员、蒙古台吉、顶戴、领催、兵民等在此入宴。每桌摆铜火锅两个,只是菜品稍微少一些。

火锅的汤底都是羊肉汤和狍子肉汤,主食也都是肉丝汤饭。

都说乾隆皇帝讲究排场,果然名不虚传。这次千叟宴办得既宏大庄严,又隆重热烈,内容也非常丰富,赏心悦目。

宴会开始,中和韶乐响起。在嘉庆皇帝的侍奉下,太上皇乾隆帝升上皇极殿宝座。嘉庆帝率领三千零五十六名银须白发的老人三呼万岁,为太上皇祝寿。

面对着天下老人为自己祝寿的壮观场面,太上皇乾隆心满意得。乾隆爷从小就在宫内学习、走动,祖父康熙皇帝的雄才大略与所作所为,为他树立了不朽的榜样。继位之后,他继续推行祖父与父亲的治国方略,文治武功都有很多建树。

乾隆皇帝一生著文吟诗，以天下文人领袖自居，他还获得十次重要战争胜利，为此，乾隆皇帝晚年以"十全老人"自称。在他的统治下，国家幅员辽阔，人口繁盛，国势强盛，远超汉唐，而他一生的辉煌，在今天达到了顶点。

接下来，乾隆、嘉庆亲自给九十岁以上的老寿星斟酒。清朝皇帝一直都有敬老的传统，也一贯提倡这种道德风尚，这也是举办千叟宴的目的所在。乾隆皇帝更是身体力行，比如人们一直津津乐道的乾隆五十年（1785）的那次千叟宴上，就有这样一大亮点。当时推为上座的一位老人，据说已经一百四十岁了，耳不聋眼不花。这样的老寿星出现在本朝，这正是最难得的祥瑞呀！为此，乾隆皇帝龙颜大悦，与大才子纪晓岚联手，专门为这位亘古难寻的老寿星作了一个千古绝对：

花甲重开，外加三七岁月；

古稀双庆，内多一个春秋。

那上联的意思是，两个甲子年一百二十岁再加三七二十一，正好一百四十一岁；至于下联，说的是七十当为古稀之年，两个七十再加一，还是一百四十一岁。在后来的很长时间里，只要有高寿老人聚会，这副对联总会被人提起，而且津津乐道。

乾隆六十年的这次千叟宴，虽然没有那么高寿的老人来参加，但百岁老人也还是有的。现场一百零六岁的老寿星熊国沛和一百岁的老寿星邱成龙被乾隆称为"百岁寿民""升平人瑞"，特赏六品顶戴，其余九十岁以上的老寿星赏七品顶戴，以示太上皇和皇上敬老之意。

一方面是大清王朝敬老的传统，另一方面，大家都是太上皇和皇帝请来的客人，因此，来参加宴会的每个老人都会受到热情的款待。诸皇子、皇孙、皇曾孙、皇玄孙等受命为宗室王公、一二品大臣敬酒；皇宫侍卫们负责为檐下、殿外、阶下的各席群臣、老人行酒，并承旨分赐食物。

千叟宴进行的过程中，还穿插精彩的乐舞和百戏表演。

饮馔观剧之后，还有一个重要环节，这就是与宴人员即席赋诗。这原本就是中国古来君臣宴会上的传统,在清代达到极致。本次千叟宴之后结集的诗作共有3497首,又创造了一个新纪录——作诗最多的一场饭局。

千叟宴结束后,还要颁发纪念品。太上皇和皇帝按照官员和老者的品级或年龄,向与宴的臣民们分别赏赐和颁发诗章、如意、寿杖、貂皮、文玩、银牌等等,每个人都颇有收获。

身逢亘古未有之太平盛世,感受永生难忘的浩荡皇恩,老人们心满意足,尽兴而归。他们要赶紧回乡,把这千叟宴的盛况和太上皇、皇上的恩典分享给邻里相亲,而且传诸后代,让子子孙孙永远铭记天朝上国的荣光。

三、在地球的另一边

乾隆千叟宴是大清王朝鼎盛时期的一个缩影。其排场之大,尽显泱泱大国风范;其效果之好,让每一个参与者都无比自豪。欣逢盛世,身在天朝,皇恩浩荡,真是三生有幸。

然而,就在乾隆太上皇和这些步履蹒跚的老人们还在自我陶醉于这史上排场最大的千叟盛宴,举国上下一派歌舞升平的时候,在地球那一边,西方各国正在发生着翻天覆地的变化,翻开了人类历史的新篇章。

乾隆三十年(1765),英国纺织工人哈格里夫斯发明了新式纺纱机,引起一连串新发明出现,伟大的工业革命就此开始;

乾隆三十九年(1775),北美独立战争爆发;

乾隆四十年(1776),第二届大陆会议颁布《独立宣言》,一个崭新的国家美利坚合众国宣告成立;

乾隆四十八年(1783),北美独立战争取得最后的胜利;

乾隆五十年(1785),机械师瓦特改良了蒸汽机,实现了动力的巨大突破,人类就此进入蒸汽时代,生产力发展日新月异。

乾隆五十三年(1788),第一届美国国会召开;

乾隆五十四年(1789),民选总统华盛顿就任美利坚合众国第一任总统,民主共和成为近代各国共同的追求。

乾隆五十四年(1789),法国举行三级会议,法国大革命爆发;不久,《人权宣言》发表，天赋人权、自由平等，逐渐成为普世的价值观念；

乾隆五十八年（1793），法兰西专制国王路易十六被送上了断头台。

正当西方国家的工业革命蓬勃开展，政治变革如火如荼的时候，古老的中国还在自己农耕文明的轨道上缓慢前行。

他们对身外的世界以及这个世界急剧的变化几乎一无所知。

四、盛世掩盖下的危机

康熙、雍正、乾隆祖孙三代皇帝执政的一百三十多年，是大清王朝的鼎盛时期，也就是人们津津乐道的"康乾盛世"。乾隆千叟宴的成功举办，也在很大程度上反映了盛世的景象。

然而，就在这表面的太平盛世之下，其实隐藏着深深的危机。

在西方国家商品经济异常活跃、资本主义经济迅速发展的时候，大清帝国却依然延续着男耕女织的生产模式。尽管民间手工业与商业已经有了长足进步，为中国资本主义的发展创造了条件，但终因统治者依然固守"重农抑商"的经济政策而变为了泡影。激增的人口已经大大超过了土地的承载能力，而有限的就业岗位，却根本无法消化多余的农业人口，越来越多的人要么陷于贫困，要么离开土地成为游民。嘉庆初年的白莲教暴动，就是乾隆送给儿子"最好"的礼物。

自从明朝灭亡之后的一百多年来，中国的科学技术和教育水平几乎没有任何进步。当莫斯科大学、美国科学院、哥伦比亚大学等相继建立，科学与人文建设日新月异的时候，同时代的中国，八股取士的科举制度仍然消耗着知识分子的心血和精力。英国特使马嘎尔尼曾经感慨地说"自从北方或满洲鞑靼征服以来，至少在过去150年里，没有改善，没有前进，或者更确切地说反而倒退了；当我们每天都在艺术和科学领域前进时，他们实际上正在变成半野蛮人"。

在军事装备方面，数百年来非但没有任何进步，甚至与明朝相比也是大踏步后退。满族以骑射得天下，对火器则弃如草芥，不屑一顾。早在明成祖时中国就可以组织郑和下西洋的壮举，造船技术可以说举世无双，然而到了数百年后的乾隆时期,来华访问的英国使团却"惊奇地发现中国的帆船很不结实,由于船只吃水浅,无法抵御大风的袭击"。

至于吏治腐败和奢靡之风,在乾隆年间已经到了触目惊心的程度。"三年清知府,十万雪花银",就是对当时的吏治腐败最好的注解。乾隆宠臣和珅秉政二十余年,官场形成了以他为核心的"贪污网",可乾隆爷只打"苍蝇"不打"老虎",尤其是不动最大的"老虎"和珅,以致贪腐之风越演越烈。与权力阶层的浮华奢靡相对照的是,下层劳动人民生活艰难,贫富分化日益加剧,社会矛盾越来越尖锐。

还有一个更可怕的事情,那就是知识分子"万马齐喑",集体失语。在乾隆统治时期,文字狱盛行,知识分子动不动就因言获罪,整天战战兢兢。只能谨守"祖宗之法",终日揣摩上意,歌功颂德,唯唯诺诺,而没有人敢言创新和改革。

大清帝国的丧钟已经在"太平盛世"的歌舞中悄悄响起,盛世之下的乾隆王朝,其实就是大清帝国衰败和灭亡的前奏,忧患意识严重缺乏的中华民族,已经到了历史的拐点。

五、换个角度看乾隆

在当代众多的影视作品中,乾隆皇帝被刻画成了一个完人;在很多人的眼中,乾隆皇帝励精图治,雄才大略,是一个文治武功无与伦比的盛世之君;而乾隆皇帝自己更是以"十全老人"自诩。在执政六十年之际,用史上排场最大的饭局作为自己的告别仪式,实际上,也是对其自身的一个自我肯定和高度评价。

然而,如果变换一下视角,把乾隆放在中华民族的历史长河中,放在世界历史发展的潮流之中来看一看的话,又该怎样评价这位大清王朝的当家人呢?

人们之所以称乾隆时代是"盛世",就像北京城有"崇文"和"宣武"这样的招牌一样,其理由无非是他的文治和武功。

一说到文治,人们马上会想到乾隆倡导编撰的《四库全书》,或者想到他兴建的那些精美绝伦的皇家园林；或许还会想起，尊崇儒术的乾隆皇帝率先垂范，竟然作诗42613首，其数量几乎赶上了《全唐诗》，等等。

而说到"武功"，当然要数乾隆皇帝最得意的"十全武功"。在乾隆五十七年（公元1792年），乾隆皇帝提笔写下一篇宏文，称自己登基以来，两征准噶尔，一次平定回部，两次平定金川，一次平定台湾，攻打缅甸、安南各一次，两次攻打廓尔喀，一生共有"十全武功"，为此，他还给自己取了个外号"十全老人"。

在反击外来侵略、维护国家主权和平定边疆叛乱方面，乾隆确实作出了巨大贡献，从而确定并巩固了大清帝国的版图。大清帝国的人口也比明末增加了一倍，达到三亿。从这一点看，乾隆帝"远迈汉唐"，他称自己为"十全老人"似乎并不为过。

可问题是，事情往往还有另一面。

虽然《四库全书》的编纂有利文化保护，但清朝最大规模销毁和查禁书籍的活动，恰恰就发生在编撰《四库全书》的过程中。

借《四库全书》开馆征书的机会，乾隆禁毁的书籍有三千多种、十五万多部，销毁书版八万多块，给中国古代典籍尤其是宋代以后的典籍带来了无法估量的损失；那些劳民伤财的皇家园林，虽然已成为国之经典，但乾隆的初衷不过是为了满足私欲，不值得大书特书；至于乾隆皇帝做的诗几乎达到《全唐诗》的总和，那又怎样？评价一个领袖或政治家，关键要看他是否领导国家走向正确的方向，能否让百姓安居乐业，至于写诗、书法、绘画、通音律等等，陶冶情操可以，可对治理国家能有多大帮助？

至于"武功"，就算乾隆皇帝有"十全武功"的辉煌，但是，为了成全乾隆的"十全武功"，大清帝国付出了惨重的社会代价，仅军费开支就高达两亿两白银。

更具有讽刺意味的是，中国的军事力量正是在乾隆年间迅速衰落。不但军事装备没有任何进步，相反在火炮、造船等方面还大大退步。曾经骁勇善战、威风八面的八旗兵，失去了往日的锐气，其战斗力每况愈下。在乾隆皇帝检阅军队时，看到的竟然是"射箭，箭虚发；驰马，人堕地"的丑剧。

随着大航海的进行，人类社会越来越连成一个整体。当欧洲各国正在开展工业革命，新文明开始滥觞于世界，与之相适应的政治革命也如火如荼的时候，爱新觉罗的子孙、大清帝国的当家人乾隆皇帝却虚骄自大，故步自封，陶醉在田园牧歌式的所谓太平盛世之中，拒绝与日新月异的西方各国建立正常的外交和贸易关系。

乾隆五十八年（1793），当英国特使马嘎尔尼勋爵一行来中国的时候，自大的乾隆帝在觐见礼仪这些无关紧要的细节上纠缠不休，而当马嘎尔尼向乾隆皇帝提出扩大中英贸易的请求时，乾隆皇帝更是一口回绝。在写给英王乔治三世的回信中，乾隆皇帝竟然写下了"我天朝物产丰盈，无所不有，原不藉外夷货物以通有无"这样的传世"名言"，其观念的保守与落后，其态度的狂妄与自大，在此暴露无遗。

盛世的假象让乾隆皇帝对自我的评价丧失了客观性，也对中国在世界民族之林中的位置估计过高。他的闭关锁国的政策，使得清王朝与西方国家几乎完全失去了联系与沟通。

有着谜一样自信的这位垂老的皇帝领导着这个垂老的帝国蹒跚独行，他甚至根本不知道"工业革命"之后朝气蓬勃的西方国家，已经把迟缓的中国远远地甩在了后面。别说他不知道，半个世纪以后，他的孙子道光皇帝不是还说出了"英吉利方圆几许，与回疆有无旱路可通"的"名言"？丧失了这次与近代工业文明接触，从而认识世界，改变封闭状态的历史机遇，也就等于放弃了大清帝国的盛世与辉煌。

在乾隆皇帝逝世仅仅四十年后，远道而来的几千名英国军人，用坚船利炮轰开了古老中国的大门。在接下来的几十年里，第二次鸦片战争、甲午中日战争、八国联军侵华战争，大清帝国一次又一次战败投降，被迫签订了一个又一个丧权辱国的城下之盟。不知乾隆皇帝的子孙们在咀嚼这一个个奇耻大辱的时候，是否还会想起，就在几十年前，乾隆爷举办的那场象征着太平盛世的千叟盛宴？是否也会反思，为什么这短短的几十年，世界怎么就发生了这么巨大的逆转！

随着史上排场最大的饭局——乾隆千叟宴的结束，中国历史上最后的

"盛世"也在这场盛大饭局的喧闹中画上了一个句号。

说到底，"千叟宴"不过是封建统治者粉饰太平、自我陶醉的一场表演。它呈现的，是大清王朝乃至中国专制社会的最后一抹辉煌。

而它留给我们的，是无穷的感慨，不尽的惆怅……

（在漫长的中国历史上，治乱兴衰的活话剧周而复始，屡见不鲜。像七国之乱、八王之乱、永嘉之乱、安史之乱这样的乱世自不必说，有名的治世也有不少，什么文景之治、贞观之治、开元盛世、康乾盛世，在中国几乎是老少皆知、耳熟能详。康乾盛世是中国古代历史上最后的辉煌。在某种意义上来说，中国历史上最后的"盛世"是在一场盛大饭局的喧闹中画上了一个句号的，这就是史上排场最大的宴会——乾隆皇帝的千叟宴。本文曾收录于《平民笔下值得回味的历史》丛书之《中国历史上的十大著名酒局》，2017年10月由天津出版传媒集团百花文艺出版社出版。略有删改。）

廉洁文化　润泽心灵
——中国传统文化讲座

中华传统文化博大精深，其思想精髓被称为"中华十德"，包括仁、义、礼、智、信、忠、孝、廉、毅、和。廉洁文化是中华民族优秀传统文化的重要组成部分。我想讲这样几个问题：一是继承中国古代优秀传统——崇尚廉洁，二是把权力关到制度的笼子里——以史为鉴，三是让廉洁文化润泽心灵——立德树人。

荷花，也叫莲花，我本人非常喜欢。古人也非常喜欢，大家都背过周敦颐的《爱莲说》，写的非常精彩。莲，其谐音就是"廉"。

自古以来，很多人就把"出淤泥而不染，濯清涟而不妖"作为自己的座右铭，意思就是做一个不随俗浮沉、质朴高洁的人。这同样也是任何一个正直的人都应该做到的基本原则。

天津博物馆五楼，"青蓝雅静"明清瓷器珍品展厅，其中有一种赏瓶，特别值得一看。所谓赏瓶，顾名思义，是皇帝赏赐给大臣的花瓶。这些青花赏瓶上，画的最多的就是莲花，其寓意就是提醒大臣们能够保持清正廉洁。

什么是廉洁？

廉，公正不贪；洁，清白无污。

一、继承中国古代优秀传统——崇尚廉洁

中国历史上有一大批名垂青史的清官廉吏，永远活在民众的口碑之中。

（一）老百姓的清官情结

在老百姓的心中，始终有一种清官情结。贤良方正、清正廉明的好官，

被尊为"青天"。

我们熟知的包青天——包拯，就是其中最为著名的一个。包拯留给家人的遗训中就有这样的警示之句："后世子孙仕官，有犯赃滥者，不得放归本家；亡殁之后，不得葬于大茔之中。"

敢于为民请命的明朝大清官海瑞被称为"海青天"；清代还有一位"于青天"。

2017年，中央电视台播出了电视连续剧《于成龙》，主人公于成龙是深受百姓称道的"于青天"，外号"于青菜"。曾经三次被评为"卓异"。他天南地北当了二十年官，历任知县、知州、知府、道员、按察使、布政使、巡抚和总督、加兵部尚书、大学士等职，等于将大清的主要官职全都干了一个遍。康熙号称千古一帝，而于成龙号称天下第一廉吏！

（二）知识分子的抱负和追求

因为儒家知识分子往往具有天下情怀，抱负远大，以至于廉官文化成为中华传统文化中的一种特色、一个传统。高中语文教材中有这样一个词语——孔颜之乐，"饭疏食饮水，曲肱而枕之，乐亦在其中矣。不义而富且贵，于我如浮云。"这些出自《论语·述而》，讲的儒家知识分子的追求。这方面的名言警句不胜枚举。

我们熟知的亚圣孟子，就曾经说过：富贵不能淫，贫贱不能移，威武不能屈。

"鞠躬尽瘁，死而后已"，这是诸葛亮的精神写照，他是官员申报财产的第一人；

"先天下之忧而忧，后天下之乐而乐"，我们从北宋范仲淹的名句，看到了一位知识分子的胸怀；

"为天地立心，为生民立命，为往圣继绝学，为万世开太平"，这是北宋五子之一张载的追求，也是古代知识分子的历史使命。

还有《石灰吟》，"粉身碎骨浑不怕，要留清白在人间"，是领导过北京保卫战的明朝兵部尚书于谦留下来的诗句；

顾炎武：“天下兴亡，匹夫有责。”

曾国藩说：“大丈夫当以澄清天下为己任。”

左宗棠说：“身无半亩，心忧天下。”

特别值得回味的，还有明清官员的座右铭《官箴》：“民不畏我严，而畏我廉；民不服我能，而服我公。公生明，廉生威。”

古代优秀知识分子以国家和民族的发展为己任，以百姓的疾苦为动力，在历史长河中，留下了永恒的印记。也给后来的知识分子和官员树立了榜样，提供了标杆。

（三）古代皇帝的真知灼见

吏治的优劣，直接关系着民心的向背和封建王朝统治的安危，是国家盛衰治乱的关键。为了王朝的长治久安，历朝历代有远见的封建统治者，无不注重整饬吏治，倡廉惩贪。我们高中《历史》教材中提到的几位著名皇帝，都有这方面的真知灼见。

比如唐太宗李世民，他在位二十三年，使唐朝政治清明，经济发展，社会安定，出现了空前的繁荣，创造了“贞观之治”这个著名的盛世。唐朝典籍《贞观政要》中有他的这样一句名言，“为政之要，惟在得人”，意思是说国家治理的关键在于得到人才。唐太宗特别重视吏治改革，用法律手段整顿吏治。《唐律》十二篇五百条，其中涉及官吏的法律条文，就占据了大部分。他执法既严，又注重公道，亲自惩罚了一批包括皇亲国戚在内的赃官，使国家吏治大为好转，出现了“官吏多自清谨”的局面。

比如朱元璋，他要求选拔官吏“以德行为本，而文艺次之”。“德才并重，以德为先”是他的一条基本的用人经验。他起于草根阶层，对贪官污吏更是毫不留情。

再比如康熙帝，康熙九年（1670），即在他除掉权臣鳌拜、真正掌握大权的第二年，他发布了重要的治国纲领《圣谕十六条》，其中第五条就是“尚节俭，以惜财用”。康熙的廉政兴国方略说道：“做官之要，莫过于公正清廉。”“崇尚清节，乃国家为治之要务。”康熙皇帝在位期间，把以崇尚清节为核心的澄清吏治作为重要的施政大计、当务之急加以实施。噶尔丹是清朝蒙古准噶尔部的首领，是与康熙不共戴天的敌人，多次进攻清朝，制造分裂，康熙曾三次亲征，最后将其平定。康熙曾对大臣们说"朕恨贪污之吏更过于噶尔丹"，"凡别项人犯尚可宽恕，贪官之罪断不可宽"，可见他对贪官污吏的愤恨程度。

（四）选官制度中的道德要求

汉代选官制度被称为察举制。察举制不同于以前先秦时期的世官制和从隋唐时建立的科举制，它的主要特征是由地方长官在辖区内随时考察、选取人才，并推荐给上级或中央，经过试用、考核再任命官职。其考察的标准，就是"孝""廉"，比如董仲舒、张衡都是举孝廉为官的。当然这里的"廉"的含义，不仅仅是廉洁，还有邻里关系和睦，人与人之间不计较小事、得失之意。

至于隋唐科举制，我们都知道是通过考试录取官员，其实科举考试通过，也仅仅取得进士及第或明经及第的出身，还需吏部铨选。吏部铨选的标准是身、言、书、判。"身"指体貌丰伟，"言"指言辞辩正，"书"指书法遒美，"判"指文理优长。"四事皆可，则先以德行取；德行一样，则先取才能"。

至于学校教育与策试、考试。学校培养官吏的后备人才，儒家经典为其必读之书。正身修己、清白做人等基本价值观也通过学校教育灌输到他们心中。历代帝王也经常用策试、考试的方式灌输廉政观，促使欲为官或已为官者先要学习廉洁为政。如汉文帝策试晁错的题目是"吏之不平，政之不宜，民之不宁"，康熙多次以吏治为题考问贡士。

（五）古代监察机制的不断完善

中国古代监察机制形成于秦汉，成熟于隋唐，明清时期达到顶峰。这套机制的特点：一是系统独立，垂直管理，直属皇帝领导；二是监察官员位卑权重，以小制大；三是建立多重监察网络，多种监察方式并用。

从历史经验看，治理腐败既要有决心又要有耐心，既要雷厉风行又要做长远打算。古为今用，历史上反腐倡廉的长期实践和丰富经验可以给我们提供借鉴和启示。第一、减少政府权力,简政放权;第二、强化对权力的约束,建立有效的权力制衡与约束机制;第三、建立合理的薪酬水平。

从历史上反腐倡廉的长期实践看,解决腐败问题,保持官吏的廉洁,奖惩并举、疏堵结合。集中打击与制度建设、政权建设相结合。

历史上,统治者面对严峻的腐败形势时,常常采用严刑峻法,用疾风暴雨的方式打击腐败。这样做对于震慑腐败、扭转风气,纾解民怨、缓和矛盾一般都能起到一定作用。但是,治理腐败还要有长远打算,必须坚持不懈,持之以恒。

二、让廉洁文化润泽心灵——立德树人

最近,廉洁文化进校园活动方兴未艾。

说到反腐倡廉,有人认为,廉政教育的对象应该是成年人,与未成年人没有关系,"大人生病,小孩吃药",是本末倒置,完全不对路;有人认为,让学生接受警示教育,过早接触社会阴暗面,是"未识芳草,先尝毒草"。

廉洁文化,应该讲给谁听。

我也曾经非常困惑,直到我看到这样一句话,新加坡前总理李光耀说中国在21世纪的发展变化取决于三个条件:

第一是中国的下一代有没有信仰;

第二是中国的下一代有没有责任感;

第三是中国的下一代能否实现廉政。

在这三句话里,每一句话都提到了"下一代"。

谁是下一代? 在座的各位就是下一代。

21世纪中期,中华民族将实现伟大的复兴。那个时候,正是在座的各位同学年富力强,大显身手的时候。而青少年时期接受的思想将决定人生的走向。

教育的根本目的在于立德树人,因为:国运兴衰,系于教育;三尺讲台,关系未来。

墨子说过:"染之苍则苍,染之黄则黄。"人生下来就像洁白无瑕的丝,染

什么颜色就是什么颜色。"防腐疫苗"应从娃娃打起,才能赢得主动。

那么,作为学生,我们该怎么做?

用不着说什么高大上的东西,我觉得,做到下面这几点就很好:

第一、要敬畏规则。

规则是应该被遵守的,校规、班规是规则,国法更是规则。每年高三年级,学生百日誓师大会召开,一同进行的,往往还有十八岁成人仪式:佩戴国徽,手拿宪法宣誓。了解法律法规知识,知道自己什么该做什么不该做,自觉地约束自己,不做违法的事。重要的是养成良好的习惯,要从小事做起,敬畏规则,心存敬畏,有分寸和底线。

第二、要诚实守信。

大家可以注意一下"诚信"这两个字的写法——诚实守信,方能成人。

第三、要勤俭节约。

李商隐《咏史》有这样一句:"历览前贤国与家,成由勤俭败由奢。"当你的生活是简朴的,你的非分的欲望就可能少了,你非分的想法就可能有一些约束和限制。

只有这样,我们才能够逐渐让自己的个人修养变得完善起来,我们个人修养的境界才能越来越高。个人修养的最高境界才能建立起来。

同学们可能会问:个人修养的最高境界是什么?

请大家看这两个大字——"慎独"。

什么叫"慎独"?

《大学》是这样解释"慎独"的:"所谓诚其意者,毋自欺也。如恶恶臭,如好好色,此之谓自谦,故君子必慎其独也。"通俗的理解便是,当一个人独处之际,要有一种高度的道德自觉,做个诚实之人,不管是群居之中,还是独处之时,都不能自欺。

独居的时候仍然能够严格要求自己,这才是个人修养的最高境界。

要想成为一个有道德的人,清正廉洁的人,需要好好地约束自己。

特别喜欢这样一句话,跟大家一起共勉:

"克己者,方能成大器!"

　　（2018年秋，廉洁教育进校园活动启动，附中党委书记冯蕾老师委托我给附中的学生干部和学生代表搞一个廉洁教育讲座，产生了较好的反响。此后，河西区教育局德育科邀请我为梅江中学、四十二中、计算机职专部分学生代表，以及河西区教育系统德育干部做中国传统文化专题讲座。再后来，应冯蕾书记邀请，我又在附中红色讲堂系列讲座活动中，为附中全体老师做了相关主题的讲座。几场讲座，主题相近，内容相关，根据受众不同各有侧重和增删。本文根据梅江中学讲座录音整理，有删节。）

教师从事实践性研究的最好方法,就是不断地说出一个个自己从教生涯中的真实故事。

——天津市河北区教师发展中心历史教研员、正高级教师李学敏

在面对历史结论时,要进行理性反思,不能简单地肯定或否定。要搜集、辨析相关史料,运用一定的历史观,加以理解和解释,做出因果判断或价值判断,最后形成对历史结论的合理认识和评价。

——天津市滨海新区教师发展中心高中教研室主任、历史特级教师熊国荣

一个中学教师眼中的"三十年"

——改革开放三十年人生片段回顾

今年,是改革开放三十年。

作为千千万万的改革开放受益者中的一员,我曾亲眼看见和亲身经历了这三十年的巨变。对于这三十年,相信每一个过来人都有说不完的感慨、感激和感叹。

这里,我想截取本人在这三十年中的几个人生片段,来纪念那些难忘的岁月。

一、1978年,心中开始有梦想

1978年,是改革开放第一年,也是我永生难忘的第一个人生坐标。因为就在那一年,我上初中了。从祖国最东北黑龙江省乌苏里江边前哨农场的一个基层连队,到离家五十里的农场场部上学,开始了我的中学生活。大通铺、煤油灯、盐水煮白菜、四壁上霜冰窖一样寒冷的宿舍、远在六里外的教室,和教室里那永远烧不热的火炉子,那是我们对初中寄宿生活永远抹不去的记忆。关节炎、夜盲症、胃病、痉挛、冻疮、肾炎,这几乎是我们那一批学生共同的疾病。生活之清苦,条件之恶劣,今天的孩子们绝对无法想象。

奇怪的是,当时没有人觉得苦。

因为,就是从这一年开始,我们每个同学的心中,都开始揣着一个梦想,那就是考学。1977年,刚刚复出的邓小平抓的第一件事就是恢复高考制度,这一巨大的喜讯跟之后的十一届三中全会一样,给人们带来了无限希望。尽管恢复高考对我们来说只是增加了一个机会,一个通过全国统一考试,进入高等院校深造的机会，但它却有着不同寻常的意义，那就是命运从此掌握在了自己手中。

今天的孩子们可能不知道，我们这个国家，曾经有整整十年时间，高等院校不能正常招生。离开校门的初高中毕业生，失去了继续深造的机会，就业也没有那么多的岗位。家在农村的，回乡务农；家在城市的，上山下乡，到农村落户。太多太多的年轻人不得不到荒凉贫瘠的农村去接受贫下中农再教育，在艰苦而单调的重复性劳动中耗费着大好的青春。

我是个幸运儿。初中三年后，我幸运地考上了刚刚组建的农场管理局重点高中——建三江一中。老师和学生，则从建三江农场管理局所属的十个农场中学中选拔出来。我的高中老师们，大多是上过中学的下乡知青，他们有的甚至刚刚从最基层劳动岗位上紧急抽调上来，一边自学，一边教我们中学课程。在把我们这些学生送进大学之后，我的几位高中老师也相继考上函授大学。在我所在的哈尔滨师范大学，甚至，在我就读的历史系进行函授学习，成为我的校友或系友。

二、1988年，开始我的教师生涯

1988年是改革开放的第十年。这年7月，我从哈尔滨师范大学历史系本科毕业，分配到大庆市的一所职工子弟学校，开始了我的教师生涯。

我是学校第一个历史专业的老师，也是师范大学本科毕业的屈指可数的几个老师之一。在我任教的学校里，知青老师绝大多数已经返城，像我们这样从正规师范院校毕业的老师逐渐增多。在此后的每一年，都有一批师范院校毕业生加入教师行列，学校的教学质量迅速提高。

开学之初，学校安排我教高一历史，兼班主任（差一点还兼政治课）。

刚教了两个星期历史课，由于一位初中语文老师调出教育系统，我被学校领导紧急安排到语文组救急，担任初一（3）班班主任，兼两个班语文课。学校先后为我指定了资深语文教师李品正、陈洪章老师做我的师傅。他们未必接受过太多的专业训练，而且风格迥异，截然不同，但从他们身上，我还是学到了不少东西。李老师授课不拘一格、注重实效，做事举重若轻；陈老师备课严谨细致、认真负责,写作反复锤炼。这些,似乎在我身上都打下了深深的烙印。

初中的孩子们,精力极其旺盛而又性格各异。爱好学习的固然不少,调皮捣蛋的也大有人在。我的初一学生们,有的整天围着老师叽叽喳喳、东聊西问,对年轻老师充满好奇;有的兴趣广泛、学习刻苦、成绩优异,对未来有自己的规划和设计;还有的无所事事、天天琢磨老师,时刻都能惹出点事儿来。作为一个满腔热情而又年轻气盛的教师,我在与学生"斗智斗勇"的过程中,自然也发生了许多值得回味和反思的教育故事。和学生们在一起学唱歌、聊大天、搞春游、办影展、分享语文课本中的历史故事,我的初中语文教学经历中也有着不少的乐趣。

社会上,尊师重教的风气逐渐形成,以往学生严重扰乱课堂纪律、谩骂甚至殴打老师的现象已经绝迹。教师待遇越来越好,地位也越来越高,老师们的心气儿和干劲也越来越足。

三、1998年,喜事乐事何其多

1998年,改革开放第二十年。在我的记忆中,这一年的喜事乐事似乎特别多:

重回历史组已经四年,送走两届高三毕业班,1998届历史会考和高考综合测评竟然又一次获得大庆市第一名;

这一年,我还第一次荣获市级荣誉称号——大庆市高中学科教学先进个人;

也是这一年,我评上了高级职称,成为大庆市最年轻的中学高级教师之一;

还是在这一年,我购买了一套宽敞明亮的商品房——两室一厅,从此告别蜗居,有了真正属于自己的房子。因为评上高级职称的缘故,我还享受了开发商的优惠,以及学校的住房补助,让很多人心生羡慕。

在我的新家,我自己间壁出一个小小的书房,虽然不大却乐在其中。我还花费一万元巨资,购买了一台当时国内最高配置的联想电脑——奔腾586,让我在同事们面前骄傲了好一阵子;我甚至还买了一台激光打印机,从此教案和资料告别手写，直接打印。

还是在这一年，为了更好地从事我所热爱的教育事业，我参加了东北师大历史系研究生课程班学习，为自己充电加油。那是东北师范大学和黑龙江省教育学院联合办学的第一期研究生课程班，我们这批学员则被戏称为"黄埔一期"。授课教师自然是著作等身的专家大咖，学员里也是名师云集，藏龙卧虎。聆听大师的授课，重温大学校园学习生活，学员之间交流碰撞，取长补短，每个人心里都觉得很愉快、很充实。

四、2008年，享受生活、享受人生

2008年，改革开放进入第三十年。人们的生活态度不经意间又有了新的变化，一个重要的变化，就是越来越希望享受生活的乐趣。

五年前，也就是2003年，爱人调到中国石油华北销售天津分公司工作，我也随之离开自己深耕十五年的"老根据地"，到天津进行第二次创业，应聘到北京师范大学天津附属中学。这所新建的国家级示范校，不但面积巨大，楼宇巍峨，环境优美，设备先进，而且招聘老师也是大手笔，花费巨资从全国各地招聘优秀老师。现如今，这所学校的门槛已经是硕士研究生，教师队伍中也已经出现了博士。

天津作为环渤海经济圈的核心，发展速度越来越快，快得让人目不暇接，惊喜不已。就在2008年，中国第一条城际高铁正式开通，从天津到北京，不到一个小时的车程。早饭后乘高铁去北京看奥运比赛，晚上坐高铁回天津吃晚饭、遛弯，已经变成现实。人们的谈话中，也常常蹦出诸如"新楼开盘""奥运现场""有氧锻炼""港台旅游""自驾出行"等等新鲜词语，不断撩拨着我的心。

我的同事们有些已经购买了第二套住房，买私家车的人也越来越多。每到周末，自驾出游成为时尚，有的去蓟州区爬山，或去秦皇岛游泳；有的去保定看直隶总督府，或去沧州吃红烧狮子头；也有的，干脆玩起无景点旅游，开车到周边随便一个什么地方小住几日，细细品味当地的风土人情，享受着自由的假期。就在上周，历史组一位高三女教师利用三天假期，驾车去了沈

阳,参观游览了向往已久的沈阳故宫……

我也喜欢旅游,也爱好摄影,还喜欢收集所到之处的地图,比较和回味历史的变迁。尽管我已经走遍了半个中国,但那大都是乘火车或飞机出行,而且只能利用寒暑假,平时只能老老实实待在天津。现在,我购车的欲望越来越强烈,越来越希望能像我的同事们那样,去周边地区享受自驾旅行的自由与快乐。

于是,我先到小区物业预定停车位。物业大姐说,"您先登一下记吧,要是有想退停车位的,我一定优先通知您"。

…… ……

这,就是我在这三十年中最难忘的几个人生节点和片段。

在这三十年中,我与改革开放同步成长,亲身经历、也亲眼见证了祖国三十年的巨变和辉煌。我很幸运,也很自豪。

只有体验过生活的贫困,才会珍惜这来之不易的幸福;只有亲身经历过社会的巨变,才会对改革开放政策由衷地拥护和感激。

年近七十的老父老母,一生辛劳。作为五六十年代的山东支边青年,他们为开发北大荒吃过大苦,流过大汗,也遭过大罪。现在,他们回到山东日照老家,每天含饴弄孙,锻炼身体,安度晚年。亲人团聚之时,一家人常常回忆起那些难忘的岁月。父母感慨之余,常常会念叨要"再活三十年"。

一众儿女则深深地点头,"一定会的"。

是啊。再过三十年,我们的生活,我们的社会,我们的国家又会变成什么样呢?

不敢想,也想象不出来。

或许,三十年后,当我写《一个中学教师眼中的"六十年"》的时候,在我的笔下,应该出现"和谐社会""全面小康""祖国统一""民族复兴"这样的结论性词语了吧。

一定会的!

（2008年是改革开放三十周年，全国各地都举办了各种形式的纪念活动。学校党务干部左洪新老师动员我写篇文章，参加中共河西区委组织部的征文比赛。我也觉得在这个重要的时间节点，作为改革开放的亲历者、见证者和受益者，作为一名历史教师，自己也的确应该写点儿什么。本文获河西区委组织部"纪念改革开放三十年"征文活动二等奖。左老师告诉我，这是本次征文活动河西区教育系统最高奖。）

上海、苏南地区教育考察报告

2001年1月下旬,我们在南京师范大学接受教育部"跨世纪园丁工程"国家级培训的历史、化学、数学班学员一行一百多人对无锡、南通、上海等教育发达地区进行了考察,重点考察了江苏无锡天一中学、南通一中和上海育才中学等名校。在考察中,我们随堂听了若干节中青年教师的多媒体辅助教学课,观看了相关教师制作的课件,与相关学科教师进行了座谈,还聆听了上海师范大学校长杨德广教授和著名教学法专家周卫教授的专场报告。

无锡、南通和上海等地,都是经济极为发达的地区。然而,也正因如此,他们不得不共同面对着当代教育的诸多的困惑:人民日益高涨的优质教育需求、素质教育全面推进的要求与投入现状之间的矛盾,长期计划经济模式下的固有惯性与市场观念指导下的改革与发展之间的矛盾,现行教育内容、制度不能满足时代需要的人才素质要求的矛盾,诸多矛盾之下基础教育的发展趋向问题,等等。面对挑战,无锡天一中学、南通一中和上海育才中学等学校都用行动做出了令人信服的回答。下面试对较有特色的几所学校典型做法予以简单介绍。

一、无锡天一中学的教育历程及教学环境

无锡天一中学于1946年建校,1978年以后,成为江苏省16所重点高中之一,1998年通过国家级示范高中验收,1999年获得江苏省模范中学称号,2000年荣获全国德育先进学校称号。

在天一中学,流传着一个很特别的说法:"不要提什么'一流',因为我们培养的不是人才,而是'坯才'。"面对市场经济大潮和素质教育全面推进的

时代大背景,天一人敢于追求面向明天的教育,要为学生的终身成功奠定基础。天一中学明确提出,学校的卓越不再表现为一种形式——分数;学校的卓越也不再表现为一个侧面——升学率。明天的学生应当具有创新意识和能力,今天的学校应为明天的学生奠定就业和创业的基石。

在经济高度发达的背景下,天一中学积极探索"全社会共同参与"的办学新路。天一中学每年两千万元的投入中,只有五百万元为政府投入,其余均由学校自筹。他们利用天一中学的名校效应,在转变教学模式的过程中,通过种种途径自筹了大量资金,为学校的建设和发展奠定了雄厚的经济基础。

据天一中学王校长讲,为了调动教师更好地钻研现代化教学手段的积极性,进一步提高教育教学水平,学校准备近期为每一位教师配备一台手提电脑。今后,天一中学的教师上课所必带的将不再是手写的教案,而必须是手提电脑;天一中学的每一个教师,都必须熟练地运用多媒体辅助教学,否则,将视为不合格教师。

天一人的超前意识和魄力,从他们那现代化的场馆中也可感知一二。在天一中学颇具特色的现代化图书馆中,不但有百万册以上的藏书,有可容纳百余人的开架阅览厅,还有多功能电子阅览室,楼顶还设有对学生开放的天文观测台,图书馆所有资料和设施全部向学生开放,学生可以凭自己的兴趣和爱好在这里自由吸取各种营养,为明天积累资本。在著名的天一中学"博士廊",我们看到了自20世纪80年代以来,从天一中学毕业后获得博士学位的50多位校友的挂像及其成就介绍。这50多位博士的挂像,仿佛在向人们诉说着无锡天一中学教育改革辉煌的过去,更昭示着天一中学美好的未来。

二、南通一中浓厚的科研风气和危机意识

南通一中创办于1919年,1980年被定为江苏省重点中学,曾连续16年被评为省级文明单位,并且是OEH多媒体教学实验单位。现有学生3000人,教职工232人,其中特级教师3人,高级教师78人。学校的培养目标是"全

面、优秀、充分"。国家教委副主任柳斌同志曾给南通一中题词："走五育并举道路,育全面合格人才"。

在南通一中,最吸引我们的是这里的教师们那种浓厚的科研风气和危机意识,以及他们辉煌的教研成果。据南通一中王校长讲:"'科研兴校'不能仅仅当成一句口号,中学不搞教研就没有出路。"南通一中目前正扎扎实实地进行十年整体优化改革,学校老师们已经形成了自觉的教研教改意识,每一个教师都有自己的研究课题。近几年来,南通一中教师已在省级以上报刊发表论文500余篇。

在南通一中设备齐全的多功能教室,我们历史骨干班的学员们与南通一中的优秀教研组——历史组进行了座谈。年轻的历史教研组长施洪燕老师为我们介绍了历史组的有关情况。历史组现有10位教师,除两位50岁左右的老教师外,其余均在30岁左右。其中有一位硕士研究生,另有三位研究生课程班结业,他们"探索精神十足"。据施老师讲,在教学中,他们特别重视第一、第二课堂的结合,他们搞的活动课"祖国的宝岛——台湾"曾获得广泛好评;近几年来,南通一中历史组在提高学生对历史学科的兴趣方面下了很大的功夫,并取得了令人满意的成果;为了进一步督促历史教师提高业务水平,历史组每年都推出两位历史教师在全校上公开课。座谈会上,四位历史教师现场为我们演示了他们制作的部分课件,引起了我们浓厚的兴趣。施老师还向我们透露了历史组的一个宏伟计划,他们准备用四年左右的时间,完成历史学科全部多媒体教学课件的制作,分工负责,成果共享。临别之时,施老师的一句话引起了我们的深思:"历史教师要努力争取自己的地位,否则就会被埋没。"是啊,我们所缺乏的,不正是南通一中的老师们这种强烈的危机意识吗?

三、上海育才中学的教改措施和办学特色

上海育才中学,建于1901年,是一所"年轻"的老校。

原来的学校地处闹市,占地面积仅九亩,条件较差,硬件不足。1995年11月经上海市政府批准,投资两个亿,兴办高标准的现代化寄宿制高中,校

址也由静安区迁到嘉定。新校址占地270亩,1997年7月动工,1998年9月上课。现在的育才中学,有着全国一流的硬件设施。他们那高达八层、雄伟壮观的现代化教学楼,高标准的体育场,绿草如茵的美丽校园,让我们这些来自祖国各地的老师流连忘返。但更吸引我们的,是育才中学在教育改革方面的独特做法。

据育才中学校长介绍,育才中学把自己定位在实验性示范学校上。其办学方案是:继承"敢为天下先"的教改传统,融入现代特征,以学生为本(符合社会发展和学生身心发展的规律)。其战略目标是:扎扎实实推进素质教育,摸索上海乃至全国新型人才的培养模式。

育才中学的创新之处很多,尤其是下面这几种作法给我们留下了深刻的印象:

(一)改革管理机制

1.董事会领导下的校长负责制

董事会由下列成员组成:市、区政府代表,上海七所大学的校长,若干企业和银行老总。这样在政府扶持、教育理论、财政支持等方面就有了可靠的保证。

2.设立"四部一室"

"四部"为教育管理部、学生工作部两个一线部,教育服务部、生活服务部两个二线部;"一室"当然就是校长办公室。几个部门各负其责,相互协调,依法治校。

(二)课程设置改革

育才中学每天的五节必修课均在上午完成,每堂课40分钟;下午上两节选修课,外加一小时自主发展。其选修课内容非常丰富,有三四十门之多、学生可根据自己的兴趣等实际情况选上规定数目的选修课程;其自主发展课是指每天下午拿出一小时的时间,由学生完全根据自己的兴趣和爱好,利用学校提供的条件和设施进行的自主学习,相关教师则到指定地点等待学生咨询、为学生提供帮助。这种以学生发展为本，真正体现素质教育的做法，深受学生的欢迎和家长、社会的认可，取得了极好的社会效益。

(三)生活服务社会化改革

为了有效地剥离人员编制，使校领导集中精力进行教学管理，集中使用经费，学校将食堂、保安、医院、物业公司、洗衣服务公司、绿化养护公司等社会服务完全社会化。这样学校大大减少了后顾之忧，后勤服务的质量也空前提高。育才中学校长自豪地说："生活服务社会化改革，为育才中学提供了优质的后勤服务，很好地配合了当地的再就业工程，甚至成为当地经济的一个新的增长点。"

(四)学生管理方面的要求

德育是学校的灵魂。育才中学实行"宽严结合，引导为本"的做法。学生作息时间极为严格：早6:00起床，晚10:00熄灯。但下午一小时的自主学习时间，除不许回宿舍、不许去球场外，学校所有设施一律开放，供学生自由使用。学校注重学生参与管理，很多大型活动（包括运动会）均由学生主持，以此来培养学生的自主意识和多方面的能力。

四、考察归来最深的感受

考察归来，感慨颇多。上海师大校长杨德广教授指出："中国的教育目前正面临着巨大的挑战。这种挑战是多方面的，包括国际人才大竞争的挑战、国际经济大开放的挑战、高新技术大发展的挑战、知识经济大崛起的挑战以及多元文化大汇合的挑战。"的确，"教育可以兴国，教育也可能误国"。面对来自四面八方的挑战，我们实在不能再无动于衷消极等待，甚至袖手旁观。必须转变教育观念，改革一切不合理的教育制度，全面实施素质教育。这是时代的要求，也是我们教师的历史责任。

这次考察，我亲眼看到了经济发达地区的教育发展状况，看到了实实在在的素质教育，同时也深深感受到了自己在教育观念、教育方法和教学手段等方面存在的差距。如果问这次考察之后，时常萦绕在我脑海之中的挥之不去的想法的话，那就是：面对着这场关系到国家前途和民族命运的教育改革，作为一名教育工作者，我们应该做些什么？在今后的教育教学中，我该怎么做？

（2000年10月，笔者有幸参加了教育部"跨世纪园丁工程"中小学骨干教师国家级培训。培训期间，培训单位南京师范大学组织受训学员赴苏南、上海等教育发达地区进行了教育考察。本文就是当时所写的一篇考察报告。现在看来，这些学校的很多做法早已遍地开花，甚至更加争奇斗艳，异彩纷呈。但在世纪之交的当年，这些走在时代前面的学校敢为天下先的理念和魄力、智慧和成效，曾带给我们这批参观者巨大的震撼和冲击，也在很大程度上深深影响了我们这些受训学员。如今，曾一起在苏南、上海等名校参观的很多老师都已经成长为著名的特级教师、正高级教师、名校长，但每当谈起当年的参观经历，仍感觉历历在目、影响至深。本文从未在任何刊物公开发表，仅在培训结束后，在原单位大庆市第五十六中学教育科研系列讲座中作为讲稿使用过。作为一个中学历史老师成长经历中的一个重要组成部分，现照原样抄录在此，以做纪念。）

发挥历史育人功能 培养学生责任意识

2006年7月，我曾作为河西区非英语专业骨干教师赴澳大利亚，进行为期20天的教育培训。培训期间，我对澳大利亚那无处不在、卓有成效的爱国主义教育感触颇深，并写下了《别再让爱国主义教育流于形式》一文，表达自己对当前的爱国主义教育的忧虑和反思。

访澳归来的日子里，我越来越深刻地认识到培养学生责任意识的重要性。托尔斯泰说过："有无责任心，将决定生活、家庭、工作、学习的成功和失败。"的确，没有责任感的人根本无法肩负起历史赋予的重任。几年来，我利用自己的历史课堂，进行了一些尝试。

下面以高中《历史》必修三的教学为例，谈谈我的一些思考和做法。

一、淡化自豪感教育，加强危机感教育

缺乏忧患意识，是我们这个民族的一大弊端。传统的历史教学充斥着民族自豪感教育，却很少进行危机感教育。这种一厢情愿式的"爱国主义教育"，使学生不能了解真正的中国，也就不能形成强烈的危机意识，更不能产生强烈的责任意识。

在学习《古代中国的发明和发现》一课后，我没有像以往那样使学生沉浸在祖先曾经的辉煌之中，而是引用鲁迅的话："外国用火药制造子弹御敌，中国却用它做爆竹敬神；外国用罗盘针航海，中国却用它看风水。"进而提出了这样的问题："为什么中国的四大发明推动了西方的社会进步，在中国却起不到应有的作用？"引导学生反思问题的根源和解决的办法；在学习《近代以来世界的科学发展历程》时，我又提出了这样的疑问："中国古代科技成就

曾经长期领先于世界，为什么近代的科技成就中缺少中国人的身影？""中国传统文化中哪些因素阻碍了我们的创新和进步？"这些问题，引起了学生们思索，也使学生们意识到如果再不反思历史，奋起直追，进而寻求改变，总有一天会被历史淘汰。

二、拒绝否定思维，客观公正地对待前人的贡献

否定思维是我们历史研究和教学的一大弊端。很多对国家和民族做出过贡献的人物及其功绩，可能因为阶级立场或政治观点不同就被我们忽略和淡化，这不符合实事求是的态度，对培养学生的责任意识也相当不利。

在学习《近代中国的思想解放潮流》时，我对曾国藩、李鸿章等人顶着巨大的压力和阻力"向西方学习"，艰难地迈出了中国近代化的第一步给予了充分的肯定。对康有为、梁启超，对胡适、陈独秀，也都进行了积极的评价。我希望我的学生明白：思想的解放、社会的进步，都是继承发展、由浅入深的一个过程。不能因为后人的进步就否定前人曾经的努力，更不能因为政见分歧而忽视和淡化他们对国家、对民族的历史贡献和功绩。所有为国家和民族做出过贡献的前辈都值得我们尊敬和感恩。只有更多的人具有了社会责任感，中华民族的伟大复兴才能早日实现。

三、发掘儒家知识分子的闪光之处，弘扬民族精神的精髓

儒家思想是中国传统文化的主流思想，历经数千年的传承，浓缩了太多精华，对我们民族性格和民族精神的形成都产生了深深的影响。其中一个非常值得关注的地方就是儒家知识分子那种强烈的社会责任感和使命感。

在学习《中国传统文化主流思想的演变》单元时，我与学生一起深入分析了儒家思想诞生的社会背景，并得出了这样的共识：面对春秋时期那个动荡不安急剧变化的时代，面对尖锐的社会矛盾和人与人之间关系紧张的情况，孔子提出以"仁"为中心的儒家学说。儒家思想的诞生就是为了解决当时社会所面临的各种问题。而孔子周游列国，四处碰壁而无悔，就是在用自己所掌握的学问、知识和能力积极主动地去解决当时的社会问题，并以此为

己任的最直观的表现。

在进行本单元总结时,我进一步引导学生回顾在儒家思想和精神的熏陶之下,一代又一代仁人志士的爱国行为。我和同学们一起朗诵孟子的"老吾老以及人之老,幼吾幼以及人之幼"、范仲淹的"先天下之忧而忧,后天下之乐而乐"、文天祥的"人生自古谁无死,留取丹心照汗青",一起研究张载的"为天地立心,为生民立命,为往圣继绝学,为万世开太平"、顾炎武的"天下兴亡,匹夫有责"、林则徐的"苟利国家生死以,岂因祸福避趋之",体会古代知识分子那种忧国忧民的报国之情,感受古代先贤的崇高气节与追求。当这些平时并不太陌生的名言集中到一起的时候,学生们很自然地领悟到儒家知识分子的闪光之处和传统民族精神的精髓,那就是强烈的社会责任意识和历史使命感。

这次赴澳培训,使我能够"开眼看世界",提高了自己的责任意识;同时,对澳大利亚爱国主义教育的感悟与反思也最终改变了自己的课堂,对我的学生也产生了积极的影响。文科班学生李坤就曾这样写道:"以前从没想过我们所学的历史与自己有什么关系;听孙老师的历史课,不知不觉就产生了一种对国家的使命感和责任感。"

是啊,爱国主义是一个永恒的主题。在培养学生责任意识、切实进行爱国主义教育的道路上,我会继续探索。

(2011年,河西区教育局对外交流科拟对近年来接受过对外交流的骨干教师进行回访和反馈。本人曾受学校和教育局对外交流科派遣,于2006年赴澳大利亚接受教育培训,并曾有培训总结报告《别再让爱国主义教育流于形式》一文在《河西教育》2007年第1期发表,所以也在回访和反馈之列。本文原载《河西教育》2011年第3期《对外交流之教师境外培训专刊》。)

把历史课堂还给学生

——《和平与发展：当今世界的主题》课后反思

人教版《历史》选修三《和平与发展：当今世界的主题》一课，是《历史》选修三的最后一课。由于本课知识点琐碎，理论性较强，教材表述又相对枯燥，很多老师视为畏途。然而我对这节课的讲授却比较满意。

本课的准备过程并没有什么特殊之处，首先是占有足够资源，为此我先后精读数遍教材，包括人教版和岳麓版《历史》教材的相关内容，还向政治老师借阅了《思想政治》必修二《政治生活》并阅读了相关内容，还下载了一些比较好的课件供自己参考。当然，上这节课时我没有使用课件，因为我觉得，教材和练习册上的图片资料已经足够丰富。

对于教材的处理，我没有拘泥于教材的标题，而是立足教材知识，超越教材认识，增加了"时代主题的历史演变"，提炼出了"和平与发展的辩证关系""当今世界的安全形势""中国扮演的角色及其表现"等几个问题作为标题，并补充了部分实例。从教学效果看，比较令人满意。

这堂课最值得我高兴和引起深思的，不是我对教材的把握和处理，而是一贯"一言堂"、喜欢唱"独角戏"的我，在这节课上稍加变动，却收获了许多意外的惊喜，学生参与程度与以前判若两人。

在讲授20世纪下半期时代的主题之前，我首先设计了这样的问题："如果说当今世界的时代主题是和平与发展，那么，请你谈谈20世纪上半期的时代主题又是什么，你判断的依据是什么？"

这个问题《历史》教材没说，《政治》教材也没有，学生一时也猜不准，但兴趣却已经被激发了出来。在老师的引导下，同学们回顾了必修一的相关内容,归纳出了"战争与革命"这个主题,并找到了相关的依据;在研究和平与发展的辩证关系时,学生也能够给出较明确的答案,并且举出比较精当的历史;在探究当今世界的安全形势,研究当前潜在的战争因素时,同学们则纷纷提到中东和平问题、阿富汗战争、朝鲜半岛和平问题、北约轰炸利比亚、美国干涉叙利亚等等具体的事例,陷入具体的事件之中。

为此,我及时引导同学们归纳为:(1)地区性冲突和局部战争(宗教、民族、种族矛盾,领土、资源纷争等);(2)霸权主义和强权政治——主要根源;(3)恐怖主义、分裂势力和极端势力;(4)贫富差距的拉大等几大方面。

在归纳富国与穷国贫富悬殊也可能是潜在的战争威胁时,有同学主动介绍了教材上没有的一幅著名的获奖经典照片《非洲饥饿的小女孩》,甚至一度哽咽,我分明看到许多同学眼中都闪动的泪花。

我设计了这样的结尾:"因为珍爱和平,我们回首战争",今天,在《20世纪的战争与和平》这本教材的讲授即将结束的时候,我有几句话要跟大家分享,那就是"战争没有赢家、文明没有优劣、地球没有备份"。这几句结束语,再一次引起学生的共鸣。

下课后,一贯不太爱问问题的同学们围住我问这问那,直到下一节课的铃声骤然响起,才意犹未尽,依依不舍地回到座位。

通过这节课的讲授,我忽然有了这样一种想法,那就是,过去学生之所以不爱问问题,不爱动脑筋,等着吃现成的,在很大程度上是因为老师讲的过多,讲得过透,一节课讲下来,头头是道,从背景到经过,从结果到影响,有条有理,你都说清楚了,学生已经没有了思考的余地和空间,因为老师的思考代替了学生的思考。难怪有人说:"教师太聪明了,学生就傻了。"

谁是课堂的主体? 谁是课堂的主角?

学生!

这是新一轮课改最提倡也最为看重的观念和意识。

然而,几轮教改下来,一切又恢复了老样,"星星还是那个星星,月亮还是那个月亮",老师还是把"一言堂"坚持到底。有人说,中国教育改革,最大的阻力来自教师,尤其是那些教学多年,有丰富的教学经验的骨干教师群体。

这话，当时听不以为然，现在想来，还真是很透彻。

课堂不是教师表演的舞台，而是师生之间交往、互动的平台；课堂不是对学生进行训练的场所，而是引导学生发展的场所；课堂不只是传授知识的场所，更应该是探究知识的场所；课堂不是教师控制的预设的过程，而是师生共同建设的动态生成的过程。

中国传统绘画中有一种技法，叫"留白"，就是画家有意识地在画面上留出一定的空间，来让观者思考。这一做法，非常值得历史教学借用。因为历史学科的特点，很容易使教师沦入"一言堂"的境地。当画家把自己看到的一切都搬到画面上，整幅画面堆砌着各种想看到的东西时，这幅画就失去了回味的余地；同样，当历史老师把所有的问题都讲到，都替学生想到的时候，学生可不就变成了不会思考、只会记忆的工具了吗？

如此看来，教师，尤其是中学教师，不能越俎代庖、太过"勤奋"。

否则的话，老师就成了百家讲坛唱独角戏的学者，学生就只好做听众和看客。

应该把课堂还给学生。

毕竟，他们才是历史课堂真正的主角。

（有人说：简单的事情认真做，你就成了赢家；认真的事情重复做，你就成了专家。还有人说：一个老师写一辈子教案不一定能成为名师，坚持写三年反思则可能成为名师。不管怎么说吧，有一点是相同的，就是要想成事，一定要有常性、有恒劲儿。笔者知道写教学反思的好处，也写过几篇反思类的东西，但有决心、没毅力，有意识、没坚持。所以这辈子没成为什么名师，也没什么成就，实在怪不得别人，怨不得社会。比较可惜的是，有些文件明明在电脑或软盘里保存了很久，却由于一些低层次的原因不知所踪，真是习惯决定命运！从教三十年了，忽然想把过去写的东西梳理一下，出本书，给自己留个念想。在保留下来的故纸堆里翻找一通，觉得这篇反思还有那么点儿意思。这是当年自己下课后随手在几张纸上记下的东西，现转录于此。是真实记录，也是真情流露；是展示，也是警示。）

在同伴互助中进步　在校本教研中成长

著名历史特级教师吕准能说过这样一段话：搞好新课改，角色转变是前提，营造氛围是依托，全员参与是关键，讲究方法是保证，学会学习是目的。

2006年秋，天津开始实行高中课改。新课程改革，给我们带来的既是机遇，更是挑战。面对全新的教材、全新的理念，我们有太多的困惑和迷茫。大家都在同一个起跑线上，对于怎样教教材以及如何用教材教，都没有现成的经验，更没有什么捷径。教了这么多年历史，突然不知道该怎样教了。在这种情况下，大力开展校本教研，充分发挥集体备课的作用，同伴互助，共同提高，就显得非常重要和必要。以下是我们的具体做法：

一、提前准备，未雨绸缪

俗话说："手中有粮，心里不慌！"要想自如应对这次课改，必须未雨绸缪，提前准备。2006年3月，听说天津要实行新课改，于是，我们历史组就在附中党总支书记、历史特级教师卞永海老师的指导下，申报了"新课程背景下提高历史教学效率的途径研究""高中历史模块教学的理论与实践研究"等几个市、区级课题，并有意识地着手收集相关信息。

暑假期间，除了参加天津市的新课程培训，更新观念之外，我们亲自到北京人教社自费购买了《历史》必修和选修全套共九本新教材；还自费邮购了岳麓出版社《历史》必修三本教材；下载人民出版社《历史》必修一。与此同时，我们还给每个人布置了任务，多方搜集教学资料，下载相关文章和课件，最后资料共享。

二、精心备好第一课，上好亮相课

好的开始，是成功的一半。新教材必修一，讲的是政治文明的历程专题，知识跳跃性大，缺乏连续性和系统性，难度非常高。而其第一单元第一课《夏商周的政治制度》，更是最难的内容之一。生疏的概念，全新的内容，让历史老师们望而生畏、束手无策。烦琐的内容，枯燥的教材表述，也很可能泯灭学生们对历史的最后一点兴趣。我们深知备好第一课，打好第一仗的重要性。为此，我们下了大力气。仅暑假期间就进行了三次集体备课。短短四十五分钟的一节课，竟然准备了三个星期。精诚所至，金石为开，结果，这一节课的教学效果非常之好，在一定程度上打消了学生对历史课的顾虑，为下一步教学开了一个好头。

三、加强教师协作，促进同伴互助

新课程特别强调教师的合作意识。老师不但要广泛涉猎其他学科的知识，丰富自己的课程资源，而且更需要教师间的相互协作，共同探讨课改之路。

教师之间的协作，首先是同学科老师之间的协作。

不同的教师在教学处理、教学方法、教学整体设计等方面的差异是明显的，这也是宝贵的教学资源。每个人都有自己的特点和强项，汇集到一起，就是无比强大的力量。每当有老师要讲观摩课的时候，我们都会尽自己所能提供帮助。比如在河西教学节上，左彦老师要代表学校，提供一节观摩课，她选的是《古代雅典的民主政治》。这节课完全是教材新内容，教材本身又存在很大的漏洞，教学难度很大。在准备这节课的过程中，不但高一备课组老师全程参与，而且高二、高三的历史老师也参与其中进行指导。大家多次听课，反复讨论，对学生设计的课本剧多次审改，最终这节课获得很大成功，给听课老师留下了深刻的印象。

在学习《精耕细作的古代农业》一课之前，我们还请到了高三的赵秋祥老师给我们专门介绍了古代农具知识。这些都是同学科之间的协作。

其次,教师之间的协作,还表现在不同学科教师间的协作。

新课程强调学科之间的整合,所以教师应该加强与其他学科的交流。何况有很多专业性比较强的知识我们确实需要向专家请教。比如在讲《领先世界的古代手工业》一课时,我们向化学组老师追问钢铁是怎样炼成的,陶瓷是怎样烧制的;还向美术老师请教不同时代陶瓷的区别。最后我们从美术组借来一堆陶器、瓷器,搬到历史课堂上,猜它们的价格,进行"鉴宝"活动,引起学生极大的兴趣。

此外,我们还同兄弟学校进行了交流与合作。

2006年10月8日,天津四中高一历史备课组一行四人,在杨伟云老师带领下来到附中,随堂听了我的《甲午中日战争和八国联军侵华》,以及陈艳老师的《辛亥革命》两节课。随后两校高一历史老师,进行了充分的交流和探讨,并进行了下一阶段教学的集体备课。这种兄弟学校历史教师之间的协作,也是促进教学水平提高的有效途径。

四、鼓励个性化教学

每个人教学风格不尽相同。即使进行了集体备课,甚至使用同一个课件,课堂上也会明显不同。所以在某些问题的处理上,完全不必拘泥于形式上的统一。比如对于教材的整合问题,在讲到必修一第五单元《现代中国的对外关系》一课的时候,陈艳老师提出一个想法,把第五单元同第九单元《当今世界政治格局的多极化趋势》进行整合,可能会更顺。怎么办?试验一下再说。最后我和陈小兵老师按原定计划按部就班地进行教学,陈艳老师和左彦老师进行整合试验,结果,陈艳老师和左彦老师的展示课《世界多极化趋势下的中国外交》非常精彩,陈小兵老师的展示课《世界多极化趋势的出现》,也非常成功,赢得老师和同学们的广泛好评。相比之下,整合后的讲法的确更加可取。

高一下学期,北京市西城区部分骨干教师,包括北京四中、西城区教研员等来我校听课,高一历史备课组提供了两堂高质量的观摩课,分别由陈艳和陈小兵两位老师承担,我们有意识地就同一节课《对外开放格局的初步形成》进行了完全不同的处理,给听课老师留下了深刻的印象。在课后的交流过程中,听课老师对两位老师的观摩课都给予了高度的评价。

充分发挥集体备课的作用,在校本教研中不断成长,是我们附中历史学科组的传统,也是取得一些成绩的重要经验。几年来,在学校制定的"内涵发展、强师兴校","大力开展校本教研"的方针指引下,历史学科组充分发挥集体备课的作用,相互补台,相互配合,形成了比较浓厚的教研气氛,在青年教师培养方面,先后指导青年教师王运获得河西区基本功大赛一等奖;指导左彦获得天津市青年教师论坛一等奖;陈小兵老师获得市级说课大赛一等奖;2005年7月,陈小兵老师代表天津历史教师,获得全国优质课大赛一等奖,历史学科组也被评为河西区优秀学科组。校本教研,让我们尝到了甜头,取得了成绩,坚定了信念。在校本教研的过程中,每个人都受益匪浅。今后,我们会进一步加强校本教研活动,争取在同伴互助下获得更大的进步。

(校本教研,同伴互助,相互激励,共谋发展,这是附中历史组多年以来的风气和特色,也是附中历史组作为一个团队,屡创佳绩的公开秘密。附中出品,必为精品,这是多年来历史组自觉遵循的一个原则和标准。本文是2006——2007学年度历史学科组课改总结材料。这一年,附中历史组被评为河西区优秀学科组。)

三步走,顺利步入高中生活

——在2018级高一迎新大会上的讲话

尊敬的各位老师,亲爱的同学们:

大家上午好!

首先,我要对刚刚步入附中的高一新同学,致以衷心的祝贺和热烈的欢迎! 预祝你们在新的环境中,健康成长,快乐起飞!

刚刚过去的愉快假期,我们还恋恋不舍,新的学期已经悄然而至。在高中生活即将开始的时候,我要先请各位思考这样几个问题:

同样是附中的学子,今天站在同一起跑线上,高中三年之中,为什么有的同学越学越轻松,越学越有效,最终考入名校,得偿心愿? 为什么有的同学初中还不错,上了高中越来越不适应,成绩每况愈下,最终跟自己理想的学校擦肩而过,甚至名落孙山?

这是每一位同学都应该认真地思考和回答的问题。

今天,我想跟大家聊一聊如何顺利完成初高中衔接,如何以最好的状态进入高中生活。

我发言的题目是:三步走,顺利步入高中生活。

我想讲三个问题:认识两大变化,把握自我;克服两种心理,征服自我;培养三大习惯,超越自我。

一、认识两大变化,把握自我

初中和高中这两个学段,有着截然不同的特点。

最直观的,就是科目增多、难度增大、能力要求大大提高。还有"模块加专题"的全新教材，众多的必修和选修课程，以及走马灯一样你方唱罢我登场的任课教师。

其实，这都不是最重要的。

最大的变化就是教学方式的变化和学习方式的变化。

（一）教学方式的变化

初中老师会"紧盯着你学"。讲授和灌输，重复性训练，加强学生做题的熟练程度，是看护式教学方式。

高中老师"引领着你学"。一般不会再像初中老师一样全方位"盯防"，再加上难度增大，需要教材深化延伸，很多知识不可能讲得面面俱到，有些需要学生自主学习、自我消化。

（二）学习方式的变化

初中学生大多"被动地学"。

初中学生习惯于跟着老师转，让家长和老师看着学，不太善于独立思考和刻苦钻研。看得不紧就偷点懒。就像关在笼子里的鸟，时间长了，等有一天打开了笼子，它反倒不知道怎么飞了。

高中学生应该"自主学习"。

学会自主学习是成功渡过初高中衔接期的一个重要标志。

高中不可能像初中那样，老师会要求学生能独立完成各个环节的任务，比如预习、听讲、记笔记、课后复习、独立作业、单元小结、考后分析、错题整理等，对学生的学习较为放手。你们一定要有主动求知的欲望，要有自主学习的意识，还要有极强的自控能力。老师不仅要求完成课后作业，还要求你们根据自己的实际进行自我调整，查出自己的不足。如果不了解这些，还是用初中划重点、死记硬背、考前突击这老一套，在高中，不灵了！

二、克服两种心理，征服自我

（一）克服放松心理

中考过后彻底放松了两个月，步入高一，整个身心很难一下子进入学习状态；还有人考上好高中，觉得"考大学是三年后的事，早着呢！先松口气再说"。

举例：2015届毕业生孟某某，当年以高分进入我校。素质和潜力都非常好。考上高中后过于放松，难以自拔。等到浑浑噩噩地过完了高一，忽然发现，自己居然什么都不会了，已经被同学远远地落在后面。后来拼了命追赶，仍然与自己的理想学校擦肩而过，最后勉强考上一所一般学校，悔之晚矣。

（二）克服自卑心理

高中不是义务教育，它是选拔精英的教育，竞争很激烈。有一些学生上高中后，看到别人优秀的表现，就自惭形秽了。有的上课不主动回答问题，生怕答错了让同学和老师笑话；也不敢找老师问题，总觉得别人瞧不起自己。学习成绩越来越差了。

其实，即使在强手如林的新环境中，也不能气馁，应该永不言弃。何况，附中老师办公室的大门随时向学生敞开，只要你愿意付出努力，老师就一定会让你不留遗憾。

举例：2009届毕业生周某刚，是一名择校生，我的历史课代表，入学成绩年级倒数。但他勤学好问，毫不气馁，通过扎扎实实地努力进入年级前列，最终以优异的成绩考入天津财经大学，现在天津某银行就职，工作非常如意。

三、培养三大习惯，超越自我

（一）寻找自身原因的习惯

一个学生是否对自己负责，是否对学习负责，对家长负责。看什么？就看他面对问题、面对成绩不佳的时候，他能不能真心诚意地寻找自身原因。不要为失败找理由。即使有多种客观原因，比如自己身体不佳、老师判卷不公、题量太大，偏题怪题等等，也不能逃避自己的责任。

举例：坑爹的苏小妹。

2018年，河南考生苏某某，平时成绩500分左右，高考估分600多，实际高考成绩300多分。由于无法向家人交代，只好谎称高考答题卡被人调换。结果当检察官的老爸真信了，实名举报高考答题卡被调换，还在网上大造声势。省纪委，国家相关部门严查，查验笔迹，调看录像，最后发现根本不是那么回事。这苏小妹平时作弊成瘾，实际根本没那个水平。这就是典型的坑爹，没法收场。

（二）立刻就动手的习惯

立刻就动手，意味着把学习上的失败消灭于萌芽状态。不要等到问题成堆了，形成严重的知识缺陷，为时已晚。临高考前找多少个家教，也不可能在短时间内赶上去。

（三）牢记根本的习惯

"牢记根本的习惯"就是牢记基础知识、基本能力的习惯。这是一个学生取得好成绩的本钱，天津高考比较侧重基础知识和基本能力的考察，所以，什么时候都不能忘记基础知识和基本能力的培养这个根本。顺便告诉大家一个夯实基础的秘诀，苏联教育家凯洛夫说过："理解加复习等于良好的记忆"。

同学们，刚才说的这些话，是一位从教三十年的老教师对你们的肺腑之言。只要我们认识两大变化，把握自我；克服两种心理，征服自我；培养三大习惯，超越自我。

相信大家一定会以最好的状态进入高中学习，非常期待和大家同舟共济，教学相长，共度三年学习时光。

（本文是2018年8月20日,我在高一迎新大会上的讲话。开学之初,年级组长商晖老师委托我给高一新生讲入学第一课,我很荣幸。2018级新生,是天津的"摇一代"。这一新的学情给我们带来的困惑与挑战,将会伴随我们三年的时光。另外,这一届学生,又恰好是老教材新高考的最后一届,太多太多的问题将等待着我们在接下来的三年中不断地应对。都说好的开始,是成功的一半。我把开学第一课的主题确定为"三步走,顺利步入高中生活"。希望师生脚踏实地,共同努力,再创辉煌,未来可期。）

克己者，方能成大器

——在2015届高三学生毕业典礼上的讲话

尊敬的各位家长、各位老师、亲爱的同学们：

大家下午好！

首先，请允许我代表高三全体老师，对圆满完成高中学业、即将踏上新的征程的全体同学表示热烈的祝贺！向为你们的成长倾注了满腔热情的所有家长表示衷心的感谢和敬意！另外，我还特别要对辛勤培养你们，呕心沥血、甘于奉献的所有老师们，表示深深的感谢和敬意！你们辛苦啦，谢谢你们！

亲爱的同学们，在你们人生最关键的三年，老师有缘与你彼此相伴、一路同行。或许，直至今日，我还叫不准你的姓名；或许，若干年后，我记不得你属于哪一届、来自哪个班。但我清晰记得，三年前，青涩的你们带着纯真和自信，满怀憧憬和梦想，来到附中的美丽校园。从此，操场上荡漾着你们飞扬的青春，校园里洋溢着你们亲密的友情。教室里有你们伏案苦读的身影，教学楼内回荡着你们琅琅中的书声。作为师长，我们有幸见证了你们成长历程。尤其是高三那段难忘的时光，有成功时的欢呼雀跃，也有失利时的泪洒考场。三年的朝夕相处，我们之间不仅是知识的交流，更有师生情感的交融……现在，这一切，都成为美好的回忆。老师真诚地期待着听到你们金榜题名的喜讯，愿意分享你们梦想成真的欢乐！

人们常说：扶上马，还要再送一程。在同学们即将奔赴新的征程之际，面对你们将来的人生旅程，老师有四句话想送给你们（对己、对人、对事，还有对学问）：

对己：要学会认识自我，约束自我，完善自我。人生的大河不可能永远风平浪静，生活的道路一定有荆棘和鲜花相伴左右。成功时要保持一份谦逊，失意时也不要自弃。请记住，人生是一场自己和自己的比赛，成长之路没有终点。老师送给你们的第一句话就是："克己者，方能成大器。"

对人：要善待身边的每一个人。"海纳百川，有容乃大。"要学会理解他人，善待他人。没有宽容的胸怀，怎能期待别人的肯定？没有宽广的胸襟，又怎能拥有更广阔的天地？老师送给你们的第二句话是：善待身边的每一个人。

对事：要勇于担当，多传递正能量。遇事要学会沉着冷静，不要抱怨，因为抱怨对解决问题于事无补，反而徒增负面情绪。生活中要多一点阳光，照亮自己，也可以温暖他人。走过人生五十载，我始终坚信："生活中的阳光多一点，这世上的黑暗就会少一点。"所以，送给你们的第三句话：要勇于担当，多传递正能量。

对学问："不要抛弃学问"。这是著名学者胡适先生1929年在学生毕业典礼上说的一句话。高考并不意味着学习的终结，走进大学也不意味着达到知识的顶峰。20世纪80年代曾造出一个词语"知识爆炸"；时至今日，大学毕业生知识的半衰期更已缩短为五年。知识的更新日新月异，让人目不暇接。所以，要坚持不懈地更新知识，不断充实自己，与时俱进的人才有可能成为真正的精英。为此，老师送给你们的第四句话："不要抛弃学问"。

人们常说："铁打的营盘流水的兵"。从教几十年，送走过一批又一批的毕业生，每到毕业季来临之时，老师的心情总是既兴奋、欣慰，又留恋、不舍。记得印度大诗人泰戈尔说过："无论黄昏把树的影子拉得多长，它总是和根连在一起。"现在我最想说的是："亲爱的同学们，无论你们将来走得多远，我们的心总是和你紧紧相牵。"

就让老师把这份不舍化为美好的祝福吧。

祝同学们前程似锦，在人生的大舞台，每个人都拥有一个美好的明天！

（2015年6月，附中举行高三毕业典礼，笔者受邀作为高三教师代表发言。我们这个高三团队践行了"脚踏实地、精心筹划，竭尽全力、不留遗憾"的铿锵誓言，2015届高三毕业生也不负众望，最终实现了附中历史上、也是本年级组创造的又一次辉煌。毕业典礼现场出现太多感人至深的场景。大屏幕上，记录师生三年来共同拼搏历程的一幅幅照片滚动播出，勾起师生的难忘记忆；微电影《"孙叔"的故事》首次与观众见面，让同学们再一次领略到附中高三教师的情怀和风采；年级组长商晖老师的动情歌声，虽数度哽咽，却荡气回肠，引来无数留恋的热泪和潮水般的掌声。"只有离别时刻，才知时光短暂，纵有万语千言，难述心中留恋。"对于这届学生，我们付出的太多，感情似乎也格外深厚些。写稿子的时候，一幕幕暖心的场景像过电影一样在脑海闪过，不知不觉，我流泪了。）

以德立教　严谨治学

——在附中2017年秋季开学典礼上的讲话

尊敬的各位领导、各位老师,亲爱的同学们:

大家早上好!

非常高兴能代表全体教师在这里讲话。

首先,我谨代表附中全体老师,对刚刚步入我校的新教师和初一、高一的新同学,致以衷心的祝贺和热烈的欢迎! 预祝你们在新的环境中,健康成长,快乐起飞! 同时,也祝愿所有的老同学、老朋友们百尺竿头,更进一步,全面发展,心想事成。

人们常说:国运兴衰,系于教育;三尺讲台,关系未来。作为教师,我们倍感责任重大。从考入师范大学的第一天起,我们就牢牢记住了这样的八个大字——学高为师,身正为范;从进入北师大天津附中的第一天起,我们就深深感受到了"以德立教、严谨治学"的优良教风。我们深知,要成为一名优秀教师,不仅需要广博的知识,树立终身学习的意识,不断提高专业水准,还应该具有高尚的品德和情操,彰显强大的人格魅力。

作为一名从事教育工作二十九年,并且在附中工作和奉献了十四年的老教师,我想自豪地告诉大家,附中的老师是特别值得信赖的。因为在咱们附中,有一大批爱教育、有情怀、"以德立教、严谨治学"的优秀教师。比如爱生如子、忘我工作的赵凤琴、褚国华、王艳、沈福顺老师,比如刻苦钻研、水平高超的张晓、姜腾、于国红、夏广峰老师,比如严格管理、深孚众望的马莉莉、陈宝艳、李芸、商晖老师,再比如引领全市学科教学的张丽晶、于旭珩、齐琳、秦晓明老师,还有才华横溢的陈艳、王艳辉、陈小兵、马晓丽老师等等等等。

他们成就斐然，深受学生的爱戴和家长的信任。

由于时间关系，我无法一一列举附中这些优秀教师的名字。作为一名附中教师，我为自己的学校有如此优秀的教师群体而骄傲，更为能成为他们中的一员而自豪。

人们常说：爱，是教育的前提；爱，是教师的天职。沐浴在附中这样一个充满爱和尊重的氛围之中，有这么优秀的教师团队的谆谆教诲、精心呵护和倾情奉献，在附中求学的各位同学，你们应该充满自信，充满自豪，你们未来的发展，一定会更有保障。

"人间春色本无价，笔底耕耘总有情"。

作为附中教师，我们早已做好准备，那就是：脚踏实地、精心筹划，竭尽全力、不留遗憾。因为，选择了教师这个职业，就注定我们的梦想和荣誉都与你们连在了一起：你们是幸福的，我们就是快乐的；你们是进步的，我们就是欣慰的；你们是成功的，我们才是优秀的。

真诚的希望来附中求学的学子们能够珍惜这段时光，更希望大家能够深刻地理解"学生"这两个字的含义。高考状元也许只有一个，但为梦想而奋斗的过程却是自己独一无二的美好回忆。在人生最关键的中学阶段，希望同学们在快乐学习的同时，做好人生规划，塑造良好品格，"做一个最好的自己！"

最后，身为一名高三毕业班老师，我特别想对毕业班同学说几句话：作为北京师范大学天津附中的初、高三学生，你们应当有一种灵气，纳天地之精华，明一己之得失；应该有一种大气，不以物喜，不以己悲；应该有一种霸气，敢为人先，舍我其谁！

请大家记住，在你们挑战自我、超越自我的征途上，附中老师一定会陪伴着你们，共同见证属于你们的辉煌！

谢谢大家。

　　（2017年8月28日，全校师生两千余人齐聚大操场，北京师范大学天津附中秋季开学典礼隆重举行。受德育副校长贾志云老师委托，我作为教师代表，在开学典礼上发表讲话。学校给这次讲话确定的主题是"以德立教、严谨治学"，我深以为然。于是，就有了这样一篇讲话。）

永恒的精神财富

——看电视剧《奠基者》有感

　　《奠基者》这部电视连续剧，情节生动，感人肺腑，真实地再现了新中国石油工业的艰难创业史。电视剧中的很多情节让我倍感亲切，因为，我曾经就是一名大庆人，在大庆工作了整整十五年。大庆人那种艰苦创业、无私奉献的精神和扎实工作、雷厉风行的作风，我既耳闻目睹，又耳濡目染。"曾为大庆人"的这段经历，让我一生受用不尽。

　　人是要有点精神的。

　　中国石油工业的奠基者们所创造的"爱国、创业、求实、奉献"的大庆精神和铁人精神，是我们中华民族永恒的精神财富。今天，我们仍然需要这种精神，需要创新，需要奋斗。

　　那么，我们从石油工业的奠基者们身上学什么呢？

　　我以为主要有三点：怎样对待工作，怎样带好队伍，怎样面对挑战。

一、怎样对待工作——求实精神、科学态度

　　精神的力量是巨大的。

　　一提起大庆精神，人们就想到艰苦创业，这很正常。要工作，就会遇到很多很多困难。铁人王进喜说过："有条件要上，没有条件创造条件也要上。"这句掷地有声的豪言壮语告诉我们：办法总比困难多。不同的时代有不同的困难。而克服困难，解决问题，既需要勇气，更需要智慧和方法。

　　但大庆精神，绝不仅仅是艰苦创业。实际上他们那种讲求科学，"三老四严"的求实精神也同样重要，岗位生产责任制等好多规章制度就是大庆人

创造的。

求真务实，调查研究，从群众中来，到群众中去。这些好做法、好作风，在石油工业的奠基者们身上体现的那样突出。办公室里未必能想出解决问题的万全之策。搞好调查研究，尊重科学规律，工作才能更有针对性。

二、怎样带好队伍——关爱下属、干群同心

在这部电视剧中，我们看到一个又一个个性鲜明的优秀领导干部形象：余秋里、康世恩、王进喜……他们的人格魅力和领导艺术，造就了中国石油的辉煌，也为我们留下了带好队伍的宝贵经验。

比如维稳，这是当前的一项重要工作。其实，老一辈奠基者们也曾经遇到过严重的队伍稳定问题。当几万会战大军从全国各地集中到千古荒原，准备石油大会战的时候，遇到严重的困难，严寒、缺粮，甚至连住的地方都没有。面对常人无法忍受的极端艰苦条件，很多人当了逃兵。但是，老一辈奠基者们没有被困难吓倒。没有房子住，自己动手建干打垒；没有粮食吃，自己开荒种地。硬是解决了一个又一个的困难，稳定了队伍，打开了局面。仅仅几十年的时间，就把大庆变成了一座现代化的工业城市。为职工着想，解决好员工的实际困难和后顾之忧，这就是《奠基者》告诉我们的维稳之策。

要想带好队伍，当好领导干部，就要像余秋里、康世恩、王进喜那样：光明磊落，做企业的好班长；身先士卒，做员工的领路人；关爱下属，做群众的贴心人。这就是老一辈石油人教给我们的领导艺术。

三、怎样对待形势——大局观念、奉献精神

观看《奠基者》，一个非常突出的感慨就是老一辈石油人的大局观念和奉献意识非常强。服从大局、服务大局，才能无私奉献。老一辈石油人已经给我们做出了很好的榜样，从他们身上，我们可以吸取到取之不尽的力量。

我想，作为新时代的党员，尤其作为领导干部，更应该有这种大局观念。要像老一辈石油人那样，开动脑筋，开拓创新，做好自己的本职工作；要以身作则，公平公正，做好群众的思想工作；要稳定教师队伍，为我们今后各项工

作，为学生一生的发展，为天津教育的腾飞，打下坚实的基础。

如此看来，作为新一辈的我们，又何尝不是奠基者。

（《奠基者》的播映，在天南地北石油人心目中勾起了太多的感慨和回忆。或许是曾为大庆人的缘故，我对与大庆有关的人和事总是特别关注。1988年7月，我作为大庆市林源炼油厂委托培养的大学生，从哈尔滨师范大学历史系毕业，到林源炼油厂职工子弟学校、也就是后来的大庆市第五十六中学任教。林源炼油厂坐落在大庆市大同区，著名的大庆油田松基三井距离我厂仅二十余千米。1959年9月26日，松基三井喷出工业油流，由此发现特大型油田。时值建国十周年大庆前夕，当时的黑龙江省委书记欧阳钦把这个新发现的特大型油田命名为大庆油田。1971年，中国人民解放军沈阳军区黑龙江生产建设兵团从四个农场抽调精兵强将，在大同区八村创建兵团炼油厂，后来转隶于中国石油天然气总公司。我读过厂志，也接触过很多的建厂老人，深知即使到了七十年代初，在茫茫荒原上创建一个现代化炼油厂，其艰苦程度丝毫不逊于大庆的创业者。我的岳父郭玉海先生就是当年建厂的元老之一。这个一身正气的抗美援朝退伍老兵，带着他的第55基建工程连，承担了极其繁重的基建任务，但从没叫过一声苦，喊过一声累。从他以及很多建厂老人身上，都能找到当年大庆创业者的影子。本文是笔者在观看电视剧《奠基者》时随手写下的一个观后感，从未想过在哪里发表，只是想表达后来人对石油前辈们的敬意和感恩。同时，也表达自己曾为大庆人的一种骄傲和自豪。）

天道酬勤

——《平民笔下值得回味的历史》顺利出版

2017年岁末，我们自己的心血之作《平民笔下值得回味的历史》终于拿到手中。

看到自己的汗水变成铅字，看到丑小鸭一点点变成了白天鹅，看到自己付出的心血化作一套精美的书籍，两年来的一切付出都觉得那么值得，那么有意义。

作为一群历史爱好者，平时聊聊历史，是一种乐趣；一旦变换身份，化身作者去搞历史创作，才觉得异常的艰难。

写作的过程漫长而又艰苦，两年的业余时间，几乎全都投入到这项艰苦的工作之中。多少个假日，我们在图书馆披沙拣金；多少个深夜，我们在灯下苦苦思索；多少次讨论，我们因为一个细节或观点争得面红耳赤；多少次写不下去了，暗想着就此罢手吧，别再这样自讨苦吃……

庆幸的是，我们坚持下来了。

回顾这段难忘的历程，几乎所有的作者都有一个共同的感觉，那就是——我们都非常享受这个过程。

流下的是一滴一滴的汗水，收获的却是遨游历史长河无穷的快乐。

这，就是历史的魅力。

"三人行，必有我师"；二人行，你必我师；团队行，必互为师。

本书创作过程中，我们深刻地感悟到了这样几句话。

为此，我们把这句肺腑之言写到封底《编者的话》之中。希望我们记住，只有谦虚互助，方能砥砺前行。

感谢丛书主编孙伟宏先生的眼界、魄力和亲手搭建的平台,没有您的精心筹划、科学指导、时时鞭策和鼓励,就没有这部著作的诞生;

感谢编委会诸位编委和作者两年来的艰苦付出,没有您的不懈的努力与辛勤汗水,就没有这套丛书的问世;

感谢为本书提供书法、绘画和摄影作品的诸位作者,您捧出的这一幅幅精美作品让这套历史丛书锦上添花。

还要感谢天津出版传媒集团百花文艺出版社的诸位领导和编辑。

到底是著名的出版社,看看那精美的设计和包装,才知道什么叫水准,什么叫匠心。能得到您的认可,我们很骄傲。

还有太多太多要感谢的人,纸短情长,都记在了心里。

值得回忆的2017已经过去,值得期待的2018已经向我们走来。

"幸福都是奋斗出来的","要把蓝图变为现实,必须不驰于空想、不骛于虚声"。

希望读者们在品读《平民笔下值得回味的历史》的同时,"一步一个脚印,踏踏实实干好工作",我们一起创造一个更加美好的未来。

(2017年10月,笔者参与编写的历史丛书《平民笔下值得回味的历史》付印,由天津出版传媒集团百花文艺出版社出版。手捧着印刷精美的五本新书,嗅着新书特有的书香,翻找着自己写下的一段段文字,耳听着翻书刷刷的响声,还真有一种爱不释手的感觉。回想两年来紧张工作之余,不厌其烦查阅资料、点灯熬夜辛勤创作的艰苦历程,有感而发,随手写下这样一段文字。在上传到"北国游子的QQ空间"的同时,转发到丛书作者微信工作群,引来一片点赞和热情的回应。这篇小文应该符合《杏坛流年》这本书的主旨,故不揣鄙陋,转录于此,作为纪念。)

假如来生自主择业

——从教三十年教师代表感言

今天是我们七位从教三十年的老教师最难忘的日子。

此时此刻,我很激动,百感交集,有太多的话想说,浓缩起来只有俩字——"感谢"。

首先,感谢附中领导的精心筹划,让我们这些从教三十年的老教师有这个机会回顾和纪念自己逝去的芳华。

其次,感谢北师大天津附中我亲爱的同事们。当老师三十年,一半的时间在附中工作,感谢与我合作过的每一位班主任、每一位老师,感谢你们对我的支持鼓励和无私的帮助。和你们相识相处,我非常充实和愉快!

第三,还要感谢我的学生们。学生信任和期待的目光,让我在工作上始终不敢有丝毫的懈怠。学生真诚的祝福和感谢,让我倍感欣慰,心态也和你们一样,始终年轻。

此外,特别要感谢"教师"这个光荣的职业。这张沉甸甸的证书,饱含着自己从教三十年的光荣与梦想、责任和担当;同时,也浸润着辛苦和汗水、困惑和迷茫。但我想说,如果下辈子还能够自主选择职业,我还会毫不犹豫地选择教育、选择老师。

最后,我祝愿我的每一位同事,都能在自己的职业生涯中找到幸福和喜悦;

祝愿在座的每一位老师,都能真正享受到作为一名人民教师的快乐和尊严!

（2018年9月10日，在附中教师节庆祝大会上，我从校领导手中接过了从教三十周年证书。作为从教三十周年的教师代表，我接受了主持人张琳老师的现场采访。这篇不到两分钟的讲话，赢得了全体师生多次热烈的掌声。回想1985年，全国第一个教师节设立时，我还是哈尔滨师范大学历史系大二学生。在历史系教师节庆祝大会后，八十岁的历史学者、著名女书法家、德高望重的游寿先生接受黑龙江省电视台专访，那年也是先生从教六十周年。我和胡利胜等同学作为晚辈学生出镜，陪游寿先生漫步校园，边走边谈。弹指三十年，我也成了"德高望重"的老教师了。"人生有多少个三十年，奉献给了我们这帮小朋友，孙叔，祝您天天都能快乐。"这是教师节当天，曾经的学生、如今的同行郭菁老师发给我的祝福短信中的一段话。2015年高考前夕，附中筹拍微电影《"孙叔"的故事》，当时还是安徽师范大学历史文化学院大三学生的郭菁同学就是作为我的学生在微电影中出镜的。恍惚间，一种薪火相传的感觉油然而生。）

后　记

时光如水,生命如歌。

从1988年七月参加工作以来,我已经在教学一线工作了三十三年。在中学历史教学工作中,也进行了一些探索和积累。

在成长过程中,我遇到过许多的"贵人"。他们就像一盏一盏的明灯,照亮了我前行的路。

原黑龙江省建三江一中历史教师刁兴奇老师,是引导我爱上历史并选择教师职业的恩师,后来我甚至喜欢上这样一首歌曲——《长大后我就成了你》;原大庆教育学院历史教研员王秀艳老师对我有奖掖之恩,也是指引我走上教学研究之路的领路人;天津师范大学教育学部陈光裕教授对这部书稿极为关注,在百忙之中通读全稿并欣然为本书赐序,使这本小书增色不少。调入天津之前我就常读陈先生的文章,本书中有不少灵感其实就来自于陈先生为代表的专家学者的著述。

感谢北京师范大学天津附中为本书的出版提供经费资助,在促进教师专业发展方面附中向来是不遗余力。本书能顺利出版,还要特别感谢杨伟云校长的关心和鼓励,以及附中教研处陈艳主任的帮助。杨校长特别爽快地答应为本书作序,使我备受鼓舞;陈艳主任为本书的出版提供了宝贵的意见和建议,具体且一针见血。

感谢历史组同事陈健老师为本书题写书名,灵动潇洒的行书我非常喜欢;感谢美术学科组长秦晓明老师为本书设计精美封面,他还对本书装帧提出许多美妙的设想;感谢我的徒弟张宇老师承担本书的校对工作,这项工作烦琐而乏味,她非常认真且有耐心……感谢所有曾经关心和帮助过我的人!

感谢我的妻子和儿子,家庭始终是我最温暖的港湾。没有家人的理解、爱护和支持,我不可能潜心教学、忘我工作这么多年。军功章上,有我的一半,也有他们的一半。

感谢天津人民出版社认可并出版拙作,感谢责任编辑吴丹老师的热心、耐心和为完善本书而付出的艰辛,感谢所有为本书出版付出心血的工作人员,他们对待书稿一丝不苟的精神和追求完美的工作态度让我既敬佩又感动。

凝聚在文字里的行与思,已成为往日的剪影。对历史课堂的眷恋,似乎与日俱增。带着不变的追求和理想,我还会继续前行。

2021 年 8 月 17 日